Nuala O'Faolain

Nur nicht unsichtbar werden

Ein irisches Leben

Aus dem Englischen
von Renée Zucker

WELTBILD

Die englische Originalausgabe erschien 1996 unter dem Titel
Are You Somebody?
bei New Island Books, Dublin.

Genehmigte Lizenzausgabe für Verlagsgruppe Weltbild GmbH,
Steinerne Furt, 86167 Augsburg

Übersetzung: Renée Zucker
Umschlaggestaltung: Kathrin Kanstinger, Ettlingen
Umschlagmotiv: zefa, Düsseldorf
Gesamtherstellung: GGP Media GmbH,
Karl-Marx-Straße 24, 07381 Pößneck
Printed in Germany
ISBN 3-8289-7586-0

2007 2006 2005 2004
Die letzte Jahreszahl gibt die aktuelle Lizenzausgabe an.

Nur nicht unsichtbar werden

Nur nicht unsichtbar werden

Vorwort

Das Dublin, in dem ich geboren bin, hatte mehr mit der Vergangenheit als mit der Gegenwart gemein. Ich war eines von neun Kindern, was damals nicht einmal als besonders große Familie galt, zumindest nicht unter all den namenlosen armen und kinderreichen Iren um uns herum. Ich war ein typischer Niemand, aus einer unbekannten Ahnenreihe von Niemanden hervorgegangen. In einem konservativen katholischen Land, wo Sexualität gefürchtet und selbst das Wissen über den eigenen Körper verboten war, musste ich darauf gefasst sein, dass man es als Mädchen und Frau nicht leicht haben würde im Leben. Aber zumindest, so hieß es, war man von der Last befreit, den Lebensunterhalt verdienen zu müssen. Irgendwann würde mich einer heiraten und für mich sorgen.

Doch die Welt um Irland herum veränderte sich und Irland auch. Ich war Teil dieser Veränderung *und* ihre Nutznießerin. Ich war mir dessen nicht bewusst, bis ich meine Geschichte aufschrieb. Ich war zu eingesperrt gewesen in meinem eigenen Leben und blind von einem Tag zum nächsten gestolpert. Dabei führte ich eigentlich ein ganz normales Leben – ich wuchs auf dem Lande auf, machte die Schule fertig, verliebte mich, entdeckte die körperliche Lust, lernte, arbeitete, reiste, war mal mehr, mal weniger gesund und munter; und doch kam es mir so vor, als hätte ich mit alldem nichts zu tun. Ich habe nie innegehalten, um mich selbst oder das, was ich tue, zu betrachten. Ich achtete mich nicht, nahm mich nicht wichtig, nicht ernst genug. Nicht einmal für mich selbst habe ich darüber nachgedacht, ob mein Leben irgendein Muster, irgendeine Bedeutung hatte. Ich war genauso ein Zufall wie die meisten Leute auf diesem Planeten: Man wird geboren, man stirbt. Es gab mich einfach, ohne jeden Grund.

Und doch: Irgendwie brannte das Leben in mir. Mochte es sein, wie es war – es war das einzige Zeugnis von mir, das Einzige, was ich selbst gestaltete, und irgendetwas in mir weigerte sich, dies als bedeutungslos anzusehen. Es war, als hätte etwas in mir nur darauf gewartet, sich zu erheben und zu fordern, dass auch ich zählte. Denn als sich die Gelegenheit bot, über mich zu sprechen, packte ich zu. Ich bin sowieso allein, dachte ich, was habe ich schon zu verlieren. Aber ich musste reden, ich musste es hinausschreien.

Als ich so um die vierzig war und wieder in dem Dublin meiner Kindheit lebte, begann ich, als Kolumnistin für die *Irish Times* zu arbeiten, die angesehenste Zeitung des Landes. Das war ein phantastischer Job, den ich mir nie hätte träumen lassen, schon gar nicht, dass ich, eine irische Frau, meine Meinung in einer Zeitung äußern konnte. In diesen Kolumnen schrieb ich über politische oder soziale Fragen oder über Alltagskultur – aber nie über Persönliches. In ihnen tat sich eine selbstsichere öffentliche Stimme kund. Meine Leser glaubten wahrscheinlich, dass ich immer so selbstsicher war, aber ich wusste, dass das nicht stimmte. Zu Hause, in meinem Privatleben, war ich einsam und kleinmütig. Ich hatte zwar Einfluss in meinem Land, aber ich hatte nichts vorzuweisen, was eine Frau normalerweise ausmachte – weder für die Öffentlichkeit noch für mich selbst. Ich hatte weder einen Geliebten noch ein Kind. Es kam mir so vor, als ob alles, worauf ich zurückblicken konnte, ein einziges Scheitern war.

Nachdem ich etwa zehn Jahre lang meine Kolumnen geschrieben hatte, kam ein Verleger, der ein paar von ihnen herausgeben wollte. Ich fand das gut. Niemand würde meine Arbeiten bis zu den ersten Zeitungsnummern zurückverfolgen, aber ein Buch kommt doch ganz schön unter die Leute. Vielleicht würde es einmal das einzig Lesbare in einer nepalesischen Berghütte sein. Es wäre im Katalog der National Library verzeichnet. Meine Großnichte, die jetzt noch ein Kind ist, könnte es später einmal lesen. Aber die alten Kolumnen interessierten mich eigentlich gar nicht. Ich hatte versprochen, ein Vorwort zu schreiben, und das reizte mich. Was würde ich über mich schreiben, über die Frau, die diese Kolumnen verfasst hatte? Wie sollte ich mich den Lesern präsentieren?

Ich bin recht bekannt in Irland. Ich war oft im Fernsehen, und über meiner Kolumne steht mein Foto. Aber ich bin kein Star. Die Leute müssen zwei- oder dreimal hingucken, bevor sie auf meinen Namen kommen. Manchmal, wenn ich in einer Bar etwas trinke oder in einem Geschäft bin, dann kann es passieren, dass eine Frau bei meinem Anblick stutzt und sagt: «Sind Sie nicht jemand?» Nun ja, bin ich jemand? Ich bin nicht jemand x-Beliebiges, aber wer entscheidet eigentlich, wann jemand ein Jemand ist. Wie ist ein Jemand gemacht? Wie die meisten Menschen habe ich nie etwas Bemerkenswertes getan. Trotzdem finden sich die meisten, wie auch ich, bemerkenswert. Ich fing an, mich wichtig zu nehmen. Plötzlich hatte ich den dringenden Wunsch, Rechenschaft über mein Leben abzulegen. Ich war das Versteckspielen leid. Ich setzte mich also hin, um das Vorwort zu schreiben, nahm meinen ganzen Mut zusammen und – schrieb meine Memoiren.

«Was glaubt die denn, wer sie ist?» So stellte ich mir die hämischen Reaktionen meiner kleinen irischen Welt vor. Aber dann war alles ganz anders. Die Welt, in die meine Geschichte geriet, stellte sich als viel, viel größer heraus, als ich angenommen hatte. Und sie war voller Menschen, die mich kannten, die Brüder und Schwestern waren, obwohl wir uns nie getroffen hatten. Sie freuten sich, dass ich aus dem Dunkel herausgetreten war, und sie wollten nun selbst aus dem Schatten heraustreten, der auch ihr eigenes Leben verdunkelte. Ich, die ich einst stumm gewesen war, hatte meine kleine Stimme erhoben und wurde von einem riesigen Chor begrüßt! Wo immer meine Geschichte auch beginnen mag – sie fing an, als ich überhaupt noch keine Sprache hatte …

Als ich Anfang dreißig war, ging es mir ziemlich dreckig. Ich lebte allein in London und arbeitete bei der BBC als Producer. Der Mann, der mich zehn Jahre meines Lebens gekostet hatte und den ich sogar heiraten wollte, hatte mich verlassen. Ich kam nach Hause, und da lag ein Zettel auf dem Tisch: «Dienstag zurück». Ich wusste, dass er nicht wiederkommen würde. Und er kam nicht. Ich hätte es auch nicht wirklich gewollt. Es war vorbei. Aber mit mir allein wusste ich auch nichts anzufangen. Jede Nacht saß ich lesend im Sessel und trank billigen Weißwein. Ich sagte «Hallo», wenn sich der Kühlschrank rumpelnd in Bewegung setzte. Silvester wünschte ich dem Sprecher im Radio «Ihnen auch ein frohes neues Jahr». Ich war sehr depressiv. Ich bat den Arzt um eine Überweisung zum Psychiater.

Der Psychiater saß in seinem Büro. «Lassen Sie uns doch mal mit Ihrem Namen beginnen», sagte er aufmunternd. «Wie heißen Sie?» – «Ich heiße … ich heiße …» Ich konnte meinen Namen nicht sagen. Ich weinte. Der Rest der Sitzung versank in einem Meer von Tränen. Ich war einfach zu traurig, um auch nur ein Wort herausbringen zu können. Und ich war in England am falschen Platz. Mein Name war hier eine Hypothek.

Der Psychiater sah das ganz anders. Ich ging nur noch einmal zu ihm, aber da brachte ich zumindest ein bisschen über meine Geschichte und mein derzeitiges Leben heraus. Irgendwann aber sagte er etwas, das den Schleier über meinem Unterbewusstsein ein bisschen lupfte: «Sie steuern direkt auf eine Katastrophe zu», sagte er. «Sie wiederholen das Leben Ihrer Mutter.» Schon als er es aussprach, wusste ich, dass er Recht hatte. Mammy hatte immer lesend in ihrem Sessel gesessen und getrunken. Bevor sie im Sessel saß, lag sie im Bett. Manchmal raffte sie sich auf und wankte hinunter zum Pub. Danach schleppte sie sich nach Hause und setzte sich in ihren Sessel. Dann ging sie ins Bett. Jahrzehntelang war sie in der Tretmühle gewesen, neun Kinder zu füttern, sauber zu machen und anzuziehen. Nun waren alle bis auf einen aus dem Haus. Mein Vater, sie und das letzte Kind waren umgezogen, und nun saß sie da. Sie hatte Geld von meinem Vater – allerdings nie genug, um ihr die Angst zu nehmen. Sie hatte nichts zu tun, und es gab auch nichts, was sie tun wollte, außer zu trinken und zu lesen.

Und hier war ich – halb so alt wie sie, von niemandem abhängig und nicht müde; ich saß nicht in der Falle, ich hatte einen interessanten, gut bezahlten Job, war gesund, und manchmal sah ich sogar ganz gut aus. Trotzdem war ich auf dem besten Weg, ihr Ödland um mich herum nachzubauen.

Es zieht sich wie ein roter Faden durch mein Leben, dass ich immer wieder versuchte, ihrem mächtigen und zerstörerischen Beispiel zu entkommen – in jeder Hinsicht. Für sie zählte nichts im Leben außer Leidenschaft. Sie hatte sie erlebt und hielt diesen Mythos von leidenschaftlichem Glück zumindest die ersten zehn Jahre ihrer Ehe aufrecht. Andere Arten von Beziehungen bedeuteten ihr gar nichts. An Freundschaft war sie nicht interessiert. Wenn sie je irgendwelche Gedanken oder Vorstellungen gehabt haben sollte, so hatte sie die nie mitgeteilt. Sie ähnelte eher einem scheuen Tier am Rand einer menschlichen Siedlung als einem Menschen mittendrin. Sie las die ganze Zeit, aber nicht, um darüber nachzudenken, sondern weil sie finster entschlossen war, jede Reflexion zu vermeiden.

Was hatte sie so werden lassen? Ihr Vater – mein Großvater – hatte seine Memoiren hinterlassen, ein paar mit Füller geschriebene Seiten in einem linierten Schulheft. Er war eines von vierzehn Kindern eines Kleinbauern gewesen, und vielleicht hatte er sich deshalb immer mit so überschwänglichen Gefühlen an seine Familie erinnert, weil er sie, wie auch seine Brüder und Schwestern, so früh verlassen musste: Kinder wie er mussten sehr früh erwachsen werden. Sie wurden mit nichts als einem Pappköfferchen in die weite Welt hinausgeschickt – gerade noch hatten sie gemütlich bei ihrem Stamm gesessen, da mussten sie schon die Treppen irgendeines Bahnhofs hinunterlaufen in eine Welt, in der sie völlig auf sich alleine gestellt waren. Nach außen hin wirkten sie überaus tüchtig, aber in Wahrheit waren sie noch Kinder.

Irgendwann in diesen Jahren, die meine Mutter nahezu aufgefressen haben, hatte es zu viele Kinder und zu wenig zu essen gegeben. Sie selbst war die mutterloseste Frau, die man sich vorstellen kann. Ihre eigene Mutter – so war dem wenigen, was ich von ihr hörte, zu entnehmen – war energisch und cholerisch gewesen. Sie hatte eine kleine Änderungsschneiderei im vorderen Raum des roten Backsteinhauses in der Clonliffe Road von Dublin besessen und nächtelang Leichenhemden für die Toten der Gemeinde genäht, bis sie langsam an Tuberkulose dahinstarb.

«Einmal warf sie ein glühend heißes Bügeleisen nach mir», war alles, was meine Mutter jemals mit düsterer Miene über sie erzählt hatte. «Sie meinte, ich hätte dauernd die Nase in einem Buch.» Aber da war meiner Großmutter schon ein Kind weggestorben. Und eine erwachsene Tochter starb zusammen mit der Mutter ebenfalls an Tuberkulose. Sieben wurden in einen für diese Zeit ganz normalen, ordentlichen irischen Haushalt gegeben. Die Frau dort verließ niemals das Haus, hatte nie Geld und hörte nicht auf, Kinder zu kriegen. Meine Mutter tat alles, um zu diesem Leben so weit wie möglich auf Distanz zu gehen. Sie wuchs auf, ohne etwas gelernt zu haben. Sie wusste weder, wie man sich unterhält noch wie man ein Frühstück zubereitet, ein Paket verschnürt oder wie bestimmte Bäume oder Blumen heißen.

Als ich meinen Großvater kannte, war er schon seit Jahren verwitwet. Er träumte von Champion Greyhounds und humpelte die Clonliffe Road hoch zu einer Parkbank, wo er sich schleppend mit anderen alten Männern unterhielt. Ich wusste nicht, warum meine Mutter ihn fürchtete. Er aß Pfefferminzbonbons und las The-Saint-Krimis. Von seinem müffelnden Bett aus sagte er zu mir: «Gib mal die Hosen rüber.» Dann fummelte er in den Hosentaschen rum und gab mir ein paar Pennys. Er saß auf dem Stuhl, wenn er seine langen Unterhosen anzog, und sein Penis sah aus wie eine purpurne Versteinerung, die man vom Meeresboden hochgeholt hatte. Er erwartete, dass man ihm seinen Tee und ein Butterbrot zum Stuhl brachte. Die Verantwortung dafür, dass drei seiner Kinder exzessive Alkoholiker waren, hätte er im Zweifelsfalle weit von sich gewiesen. Seit Generationen werden die kinderreichen irischen Familien vom Alkoholismus zerstört, und niemand will dafür die Verantwortung übernehmen.

Meine Mutter wollte nichts mit Kindererziehung oder Haushalt zu tun haben. Aber sie musste. Weil sie sich in meinen Vater verliebt und ihn geheiratet hatte, war sie dazu verdammt, ein Leben als Mutter und Hausfrau zu führen. Sie hatte sich falsch entschieden. Manchmal treffe ich Frauen, die mich an sie erinnern, wenn ich in diesen Bed-and-breakfasts auf dem Land bin. Sie schütten Zucker aufs Feuer, damit es angeht, sie wischen den Boden mit einem stinkenden alten Lappen, und sie schicken nach wie vor die Kinder zum Einkaufen. Und sie fragen mich, halb kritisch, halb versonnen: «Und Sie – wollten Sie denn nie heiraten?»

Nur über eins wusste meine Mutter ganz genau Bescheid, und das war ihr Körper. Sie flog aus der Klosterschule, weil sie zu eng mit einem Mädchen getanzt hatte, das sie anbetete. Sie war über diese Strafe verblüfft, hatte sie doch noch nie etwas von Lesben gehört. Ich erinnere mich, dass einmal ein Roman von Henry Green bei uns herumflog, als ich ein Kind war. Auf dem Umschlagbild tanzten weiß gekleidete Mädchen zusammen im Halbdunkel. Als meine Mutter das sah, blühte sie für einen Moment auf: «Genau so war es damals gewesen, als ich in der Aula mit ihr tanzte.»

Jahrzehnte später, kurz bevor sie starb, kam eine etwas ältere Dame mit leuchtenden Augen in den Räumen des damaligen Council for the Status of Women auf mich zu. «Wie geht es Ihrer Mutter?», fragte sie, und es stellte sich heraus, dass sie die Angebetete von damals war. Ich habe mich nicht getraut zu fragen, was seinerzeit wirklich passiert war. Aber viel entscheidender war die Diskrepanz zwischen dieser lebhaften Frau, die durchaus statusbewusst war, und dem armen, unschuldigen und ignoranten Wrack, das meine Mutter darstellte, die in ihrer kleinen Wohnung zwischen Tatterich und runtergewürgtem Gin die Tage hinter sich brachte, während ihr Ehemann unbekümmert seinen Geschäften nachging. Dahin hatte ihre große Leidenschaft sie gebracht.

Ihre Urgroßmütter hatten noch erfahren, was Frauen tun mussten, um von ihrem Stamm beschützt zu werden. Aber als mein Großvater 1910 aus dem Exil in London zurückkam und beim Dubliner General Post Office arbeitete, gab es schon keinen Stamm mehr. Meine Mutter war auf sich selbst gestellt, aber ohne Hoffnung auf Unabhängigkeit. Heutzutage verliert man selbst im öffentlichen Dienst nicht seinen Job, wenn man schwanger ist. Aber 1940 war Irland für Frauen die Hölle.

*

Für Männer sah die Welt ganz anders aus. Zeitungen und Rundfunk waren gerade dabei, sich zu öffnen. Mein Vater hatte als Lehrer in den dreißiger Jahren angefangen, und wenn er dabei geblieben wäre – jeden Nachmittag zu Hause und den ganzen Sommer lang Ferien –, dann hätten seine Kinder einen wunderbaren Vater gehabt. Aber er hatte viele Talente und er war ehrgeizig. Die Sommer über reiste er in Europa herum, er war sportlich und sprachbegabt, ein glücklicher, stolzer Patriot und unglaublich attraktiv.

Es gibt Fotos von ihm und meiner Mutter am Strand von Ballybunnion, alle beide mit weißen Zähnen und starken Gliedmaßen. Man sah ihr an, wie gut er ihr tat. Sie waren von Anfang an verrückt nacheinander. Sie wanderten über Howth Head, Bray Head und auf die Dubliner Berge, wo sie im Stroh miteinander schliefen. Er brachte ihr ihren ersten Drink, einen heißen Port an einem kühlen Abend. Sie heirateten sehr rasch eines Januarmorgens, weil meine Schwester Grainne sich schon unter Mammys Kleid wölbte.

Der Zweite Weltkrieg begann. Mein Vater trat 1939 in die Armee ein, er liebte das Soldatenleben. Bald darauf war meine Mutter wieder schwanger; er radelte vom Curragh Camp zum Rotunda Hospital, um mich zu begrüßen. Meine Kindheit verbrachte ich in Donegal, wo er stationiert war. Es gibt noch die ersten Seiten eines Briefes von ihm, in dem er versuchte, meiner Mutter den Umzug schmackhaft zu machen. Sie war nämlich erneut schwanger.

«*A chroidhe dhil*», schrieb er, «geliebtes Herz». Jahrelang konnte ich diesen Brief nicht lesen, wo es doch so böse mit ihnen endete! Er schrieb von Fort Dunree, oben auf der Halbinsel von Inishowen. Er hatte ein kleines Häuschen für seine Familie gefunden – er legte eine Skizze bei – und fuhr fort: «Für Grainne und Nuala gibt es Ruhe, Luft, Sonne und See, Hühnchen für Grainne und ganz zu schweigen von gelegentlichem *bó*. Für dich dasselbe, zusätzlich mich, plus hier und da einen Wochenendtrip nach Derry und Abende in Buncrana. Pater Dolan hat jede Menge Lesestoff, den er dir sicherlich zur Verfügung stellen wird. Es gibt auch Eier, Milch, Kartoffeln.

Heute ist Mittwoch – und ich habe gerade gemerkt, dass ich meinen Sold erst morgen bekomme, aber ich werde mir Geld für eine Briefmarke leihen. Es ist erst eine Woche her, dass wir uns gesehen haben, aber mir kommt es vor wie ein Monat. Ich zähle die Tage, bis wir wieder alle zusammen sind. Heute schien zwölf Stunden lang herrlich die Sonne, und ich hatte von neun Uhr morgens bis sechs Uhr abends Dienst auf einem grasbewachsenen Felsen.»

Inzwischen hatte er einen Brief von ihr erhalten. Er schrieb weiter: «Normalerweise kriege ich bei deinen Briefen ein schlechtes Gewissen, aber dieser war nicht so schlimm wie sonst. Ich stelle fest, dass du von mir gelernt hast. Du sagst jetzt ‹ein bisschen schwierig›, wenn du ‹total verzweifelt› meinst. Braves Mädchen.» Aha, dachte ich, sie machte ihn also doch schon verrückt mit ihrer Verzweiflung. Aber schließlich hatte sie in vier Jahren drei Kinder bekommen!

In diesem Brief behandelte mein Vater meine Mutter als Partner. Er arbeitete als freier Journalist und sie half ihm. Aber so weit ich zurückdenken kann, sehe ich ihn immer ausgehen, und sie blieb zu Hause. Niemand behandelte sie von Gleich zu Gleich. Als sie ein paar Jahre nach ihm gestorben war, fand man diesen Brief in einer alten Keksdose aus Blech, ihr einziger Besitz, außer ein paar Kleidern. Ihr gehörte überhaupt nichts in der kleinen Wohnung, kein Buch, keine Platte. In der Keksdose lagen auch noch ein paar mit Füller und Filzstift bekritzelte Seiten von Buchrezensionen, die sie geschrieben hatte. Sie waren wenigstens ein Dutzend Mal umgezogen, sie musste sich alle Mühe gegeben haben, dass dieser Brief und die Rezensionen nicht verloren gingen. Einige ihrer Besprechungen waren auch veröffentlicht worden. Das war das einzige Geld, das sie jemals verdient hatte, abgesehen vom Kindergeld. Darüber hatte sie oft geredet, über Geld. Aber das Geld war nicht der Grund, warum sie das ganze zerknitterte Zeug in der Blechdose aufbewahrt hatte, als sie nichts mehr besaß. Aus ihr hätte eine respektierte Person werden können, wenn die Dinge anders gelaufen wären. Sie hätte etwas ganz anderes als die Sklavin sein können, die sie war.

Es sieht so aus, als ob sie schon wenige Jahre nach der Hochzeit kapitulierte, und entweder erkannte mein Vater es nicht, oder er war hilflos. Die Veränderung, die meine Mutter durchmachte, muss sich in kürzester Zeit vollzogen haben. Eine Frau, die für meine Eltern gearbeitet hatte, als sie von Donegal kamen, erzählte mir, dass Grainne und ich immer so hübsch gekleidet waren. Ich hingegen erinnere mich daran, wie mich meine Lehrerin einmal ins Büro rief, an meiner schmuddeligen Strickjacke herumfingerte und fragte: «Kann dich deine Mutter nicht mal etwas besser für die Schule anziehen?»

Sie war dreizehnmal schwanger, neun Kinder überlebten. Sie hatte nie genug Geld. Jahrelang hatte sie ihr Bestes gegeben. Sie machte Marmelade von wilden Äpfeln. Sie gab uns Brote und Milch mit auf Picknicks. Sie kaufte uns Wellington-Stiefel für den Winter. Sie suchte unsere Haare nach Läusen ab, während wir vor ihr knieten und den Kopf in ihren Schoß beugten. Wenn ich nur an die ganze Kleidung denke, die sie hatte kaufen, waschen, trocknen, aussortieren müssen.

Wir lebten in einem gemieteten Häuschen für Farmarbeiter im dünn besiedelten nördlichen Landkreis von Dublin. Um das Haus herum waren Felder mit Wassergräben und Weißdornhecken. Auf der anderen Seite des Rübenfeldes führte die Eisenbahnlinie von Dublin vorbei. Manchmal sprang Daddy vom Zug und ließ sich den Damm hinunterrollen, um den Weg abzukürzen. Aber irgendwann kam er nicht mehr so oft nach Hause.

Nach der Armee war er im Irish Tourist Board angestellt, fing dann bei Radio Éireann zu arbeiten an und bekam Jobs, die ihn völlig absorbierten. Sein Leben wurde von Tag zu Tag aufregender. Er brachte eine solche Lebensfreude mit, wenn er durch die Felder geschritten kam, wo wir gerade mit Matsche und Steinen «Häuser» und «Geschäfte» bauten. Wir hörten das hell gepfiffene «Beidh Aonach Amárach» oder eine andere irische Melodie und rannten hinunter zum Zaun: «Daddy ist da! Daddy ist da!»

Für meine Mutter wurde das Leben schwerer. Wenn die Gasflasche unter dem Zweiflammenkocher leer war, hatte sie weder Telefon noch Auto, um eine neue zu besorgen. Die Wäsche musste sie mit Kernseife auf einem Waschbrett waschen. Wir waren kein Trost. Einmal, als mein Vater wegen eines Jobs über Land reisen musste, hatte sie die ungeschriebene Regel gebrochen und gewagt, nach Dublin zu fahren und ihn auf dem Bahnhof zu überraschen, als er aus dem Zug stieg. Er war mit anderen zusammen. Er beugte sich zu ihr herunter und zielte einen Kuss auf ihre Wange, bevor er davoneilte. «Nicht mal die Zigarette hat er aus dem Mund genommen», erzählte sie mir immer wieder in den darauf folgenden Jahren.

Ich stelle sie mir vor, wie sie allein den ganzen Weg zurück zu uns Kindern geht. Sie war noch so jung. Sie fuhr mit dem Bus bis zur Endstation, dann lief sie bis zur letzten Straßenlaterne, die dunkle Landstraße runter bis zum Tor, dann musste sie sich unter den Zaun ducken und den Trampelpfad durchs hohe Gras bis zum Haus ... und dort nichts weiter als Kinder.

Einmal – es war spätabends, aber ich war noch wach, weil ich zum zwanzigsten Mal mein Kommunionsgeld zählte –, hörte ich ihn heimkommen und sie aufschreien: «Das ist nicht mein Lippenstift!» Das muss so ziemlich am Ende jener von ihr als so perfekt gerühmten zehn Jahre gewesen sein. Zu der Zeit kam eine dieser Frauen (sie hatte eine Tochter von ihm, die sie perfiderweise auch noch Nuala genannt hatte) zu uns raus, um mit meiner Mutter zu verhandeln. Die Frau besaß Geld. Sie bot meiner Mutter eine großzügige Unterstützung, wenn sie meinen Vater nach Australien gehen ließ. Ich kann mich an diese Frau erinnern, wie sie durchs Feld rannte, mein Vater hinter ihr her und hinter ihm meine heulende Mutter. Dann fiel Mammy in einen Grashaufen. Es war Sommer und die Kühe lagerten friedlich auf dem Feld um sie herum. Wie eine kleine Kuh lag sie da im Gras.

Kurz danach hatte meine Mutter eine Affäre mit dem Freund meines Vaters, obwohl sie den gar nicht leiden konnte. Aber welche andere Waffe hatte sie, um meinen Vater auf sich aufmerksam zu machen? Keiner der beiden Männer beachtete sie. Sie schluckten ihren Protest, und er spielte weiter keine Rolle zwischen den Freunden. Und ihr blieb nichts mehr, womit sie sich wehren konnte.

Allmählich wurde sie immer unglücklicher. Sie war linkisch. Ihre Schwester, die manchmal nach Irland zurückkam und ein bisschen Lachen ins Haus brachte, war wesentlich charmanter. Ich glaube, sie war gern mit uns zusammen. Sie war auch bei uns, als wir mit nur ein paar Kleidern und ein bisschen Geschirr in einen ausgebeulten Ford Prefect gepackt wurden. Wir hatten das Haus räumen müssen und endeten in einer kleinen Stadt noch weiter von Dublin entfernt.

Es war diese kleine graue Stadt, in der meine Mutter zu trinken begann. Sie ging abends in einen Pub. Sie begann sich nach Apotheken und Drogerien umzusehen, wo sie Schlankmacher bekommen konnte. Wir lebten damals in einem heruntergekommenen Pfarrhaus mit wunderschönen Salons und einem wild wuchernden Garten, in dem es einen Hundefriedhof hinter den Apfelbäumen gab und gekachelte Spülküchen voller Spinnen. Im ersten Jahr hörte man überall die weiche amerikanische Stimme von Perry Como: «Don't let the stars get in your eyes, don't let the moon make you cry ...» Daddy war in Amerika. Zu Weihnachten brachte er Mammy ein hautenges Kleid mit. «Ich mag dich schlank», sagte er. Inzwischen war mein Vater der Journalist Terry O'Sullivan geworden und schrieb für die *Sunday Press*. Ihre Schwester, die lebenslustiger war als meine Mutter, begleitete ihn manchmal, wenn er unterwegs war. Ausgeschlossen, dass meine Mutter mitging – sie hatte für sieben Kinder zu sorgen.

«Ich mag dich schlank.» Sein Erlass echote auch mein ganzes Leben lang in mir sowie in dem von manchen meiner Brüder und Schwestern. Auch ich ging wie meine Mutter auf die Suche nach Drogerien. Ich übernahm ihre Panik, dass ich vielleicht nicht schlafen könnte. Ich war jahrelang abhängig von Schlaftabletten. Es ist hart für ein Kind, das, was die Mutter tut, als falsch zu erkennen.

Ich fragte einmal einen Freund, den Rundfunkmoderator und Schriftsteller Sean Mac Réamoinn, der meine Eltern in den Fünfzigern kannte, zu welcher Klasse wir eigentlich gehörten. Wir hatten wenig Geld, im Vergleich zu anderen Wohnungen war unsere kahl, aber meine Mutter las die ganze Zeit, und mein Vater brachte uns deutsche Lieder bei, wir hörten «Schwanensee» auf dem Grammophon und führten Theaterstücke auf.

«Gehörten wir wohl zur Arbeiterklasse?», fragte ich. «Mittelstand waren wir nämlich unter Garantie nicht.» – «Ihr wart Bohemiens», antwortete er. Aber Bohemiens kümmern sich um Musik, Literatur oder Kunst. Meine Eltern hatten kein richtiges Fundament, genauso wenig, wie sie irgendwelche Werte hatten. Sie scherten sich nicht um so etwas wie Ansehen – sie «kannten ihren Platz» nicht. Mammy schickte mich mit der Miete zu dem großen georgianischen Haus, in dem die Vermieterin lebte, weil sie es hasste, die Miete zu bezahlen. «Schmeiß es ihr vor die Füße», knurrte sie. Meine Eltern waren auch keine praktizierenden Katholiken. Wir mussten selbstverständlich zur Kirche gehen, sie nicht. Alles, was in ihrer Familie einst gegolten haben mochte, war für ihre Generation nicht mehr gültig – aber sie hatten für diesen Verlust keinen Ersatz anzubieten. Sie scherten sich einfach um gar nichts.

Nur wenn ich zurückblicke, kann ich die Geschichte meiner Eltern von allem anderen unterscheiden. Ich wusste nicht viel über sie, obwohl ich dort unten auf dem Meeresgrund meiner Kinderwelt sehr wohl die Turbulenzen mitbekam, die sich auf der Wasseroberfläche abspielten. Nachts schaukelten wir uns stundenlang; zwei Kinder in einem Bett, eins oben, das andere unten, die Arme verschränkt, schaukelten wir und schaukelten.

*

Aber ich lebte nicht nur in dieser Welt. Ich hatte noch eine andere. In der Schule ruinierte ich das Weihnachtsbild der Nonnen. Ich war der Erzengel Gabriel und sollte hinter Maria und Joseph und dem Jesuskind auf einem Küchenstuhl stehen, fromm auf sie heruntergucken und meine Arme über ihnen ausbreiten, an denen eine riesige Flügelkonstruktion befestigt war. Aber dann sah ich im Publikum ein Mädchen, das ich kannte, und ich winkte ihr mit dem Flügel zu. Die Nonne war danach so wütend auf mich, dass sie den Stuhl entzweibrach und mich mit einem seiner Beine verprügelte. Als ich heimging, ließ ich immer einen Platz zwischen mir und dem Straßenrand für meinen Schutzengel. Für eine Weile gingen wir dann zu einer anderen Grundschule. Meine Mutter schaffte es manchmal morgens nicht aus dem Bett, und wir mussten ohne etwas zu essen los. Aber später kam sie dann angeradelt und reichte eine Schüssel voll Kartoffeln in Salatsoße durch die Gitter des Schulhofs.

Wenn wir Lunchpakete hatten, legten wir sie zu denen der anderen in den Schrank im Klassenzimmer. Manchmal hörten wir daraus schmatzende Geräusche. «Miss, Miss, die Ratte ist im Schrank!» Die Lehrerin riss die Schranktür auf und erschlug die Ratte mit der Kohlenschaufel. Auf dem Heimweg von der Schule kletterte ich oft in einen Steinbruch, wo sich ein kleiner See aus Regenwasser gebildet hatte. In diesem See lag eine rostige Tonne auf der Seite, und wenn ich mich hinlegte, sah ich auf der Wasseroberfläche in der Tonne wunderschöne kleine Elfen mit ordentlich gescheitelten blonden Haaren und rosafarbenen Ballettröckchen. Sie waren so groß wie Fliegen.

Ich war auch schon von zu Hause weg gewesen. Meine Eltern hatten mich zu den Verwandten nach Kerry geschickt. Ich musste dort Kohl essen, um den ein fettiger, gebratener Schinken drapiert war, aus dessen fader Haut noch die Schweineborsten staken. Aber samstags abends wurde ein grellfarbener Pudding im Wohnzimmer unter einem weißen Tuch aufgestellt, den wir nach der Sonntagsmesse essen durften. In den North Dublin Fields, wo wir lebten, war es still und trübe, deshalb war es für uns wie eine New-York-Reise, wenn wir zu unseren Großtanten nach Athlone geschickt wurden. Sie arbeiteten in einem winzigen, meist leeren Pub, Egan's of Connaught Street. Mr. Egan hielt ein grunzendes Schwein in seinem Gärtchen. Tante Kit und ich sind oft in öffentlichen Parks herumgekrabbelt, um ein ganz spezielles Unkraut für das alte Borstenvieh mit den wässrigen Augen zu pflücken. Der Schuppen, in dem das Schwein schlief, war voll von zerfledderten Notenblättern aus Kits Jugendjahren, als sie in Listowel Stummfilme am Klavier begleitet hatte. «Me and Jane in a plane/Soaring up in the sky;/No traffic cop/Will ever stop/Me and Jane in a plane.»

Ich liebte die Straßen von Athlone: die Lichter, die Frittenbude, Brodericks Backstube ein paar Türen weiter, wo es eine Maschine gab, die Brot schnitt. Unter den Jungen und Mädchen auf der Straße galt ich sogar als etwas Besonderes, weil sie glaubten, ich sei aus Dublin.

Und dann war da noch die große Welt, die für uns isoliert aufwachsende Kinder voller Rätsel war. Eines Tages beobachtete ich in einem Geschäft, wie sich die Frau hinter der Theke zu einer anderen Frau hinüberbeugte und ihr große Fotos zeigte. Sie sprach mit gedämpfter Stimme und tat sehr geheimnisvoll. Ich konnte einen flüchtigen Blick auf die Bilder werfen und sah knochige Finger, die verzweifelt unter hölzernen Barackenwänden hervorlugten. Finger wie Stöcke. Es waren Fotos vom Holocaust. Ich sah Gasöfen. Knochenberge. An dem Abend kamen unsere Freunde rüber, damit wir wie üblich über die Bahngleise in Williams Obstgarten klauen gingen. Aber auf dem Weg dorthin erzählte ich ihnen, wie böse es in der Welt zuging, und wir beschlossen zu büßen. Wir gingen nach Hause, drehten die Küchenstühle um, knieten nieder und beteten einen sehr langen Rosenkranz.

Ein Jahr später – wir lebten damals in einem Ferienhäuschen – fiel das Dienstmädchen, das nie bezahlt wurde und niemals ausging, plötzlich um und gebar ein Kind. Man munkelte, dass sie Sex mit dem Fleischer gehabt hatte. Das Baby kam zur Mutter des Dienstmädchens. Wenige Wochen darauf rief meine Mutter zufällig bei ihr an. Das Baby war apathisch, ausgezehrt und dem Tode nahe. «Sicher, wer will es schon haben?», sagte die Großmutter. Soweit ich weiß, starb es. Das war 1953. Dann kamen wir wieder auf eine neue Schule. Wir hatten uns in der Aula einzufinden, um die Radioübertragung der Krönungsfeierlichkeiten von Queen Elizabeth in Westminster Abbey anzuhören. «Mädchen, denkt immer daran», sagte die Nonne, «dass ‹God save the Queen› die edelste Melodie ist, die je in acht Takten niedergeschrieben wurde.»

Ich fing an, die Dinge genauer unter die Lupe zu nehmen. Wir kamen öfter in die Stadt, um meine Oma, Vaters Mutter, zu besuchen. Ich weiß nicht, wieso es erlaubt war, aber sobald wir in ihrem Haus in der Clonliffe Road waren, ganz in der Nähe von dem Haus, in dem meine Mutter aufgewachsen war, ging ich wieder raus und stiefelte los. Ich konnte nicht genug von Dublin kriegen, damals immer noch das Dublin von James Joyce, braun, staubig und voller Leben auf den Straßen.

Später erzählte mir dann mein Vater von der Stadt. Er beschrieb, wie das Meer früher den North Strand überflutete – weshalb es dort Strand heißt – und wie Fairview Park nach dem Aufstand mit dem Ruinenschutt der O'Connell Street wieder aufgebaut wurde. Sie hatten Schienen gelegt, um den Schutt auf Draisinen abzutragen, und manchmal schwangen sich Nachtschwärmer in ihren Roben und Fracks auf die Karren und rasten damit die Stadt hinunter.

Aber als ich als Kind durch Dublin wanderte, kannte ich nichts weiter als das, was ich mit eigenen Augen gesehen hatte, wie ein Spion hinter den feindlichen Linien. Ich lief durch Summerhill, damals eine Schlucht von alten Mietshäusern, wo die Frauen den ganzen Tag lang auf den abgetretenen Vordertreppen saßen. Ich ging in protestantische Kathedralen, hinunter zu den Kais und bis hinter die Schnapsbrennerei in Smithfield, und ich blieb überall stehen, um zu schauen: ein

Pferdekarren, der rückwärts in einen Hof fährt, eine Frau, die aus dem Fenster ruft, ein Metzger, der einen Eimer mit rosafarbenem Wasser in den Gully ausleert. Niemand sieht ein Kind, das beobachtet. Ich hatte nie Angst, bis ich als Elfjährige den «Messias» im Theatre Royal anschaute und dort ein Mann mit seiner Hand unter meinen Rock ging und mir wehtat.

*

Vielleicht war es diese Art des Beobachtens, die mir den Job bei der *Irish Times* verschafft hatte. Wenn ich mich richtig erinnere, hatte ich in den späten Achtzigern das Angebot bekommen, doch mal probehalber ein paar Kolumnen zu schreiben.

Es war nach einem Radiogespräch über die Schönheit der Küstenlandschaft im Norden von Dublin, als ich noch ein Kind gewesen war. Ich hatte mich darüber mit Gay Byrne in seiner Show unterhalten. Damals war ich Producer bei RTÉ, Radio Telifís Éireann. Ich hatte irgendwo gelesen, dass man in den Fernsehproduktionen eines Jahres nur drei Prozent Frauen über fünfzig oder fünfundfünfzig sehen kann; ältere Frauen tauchten sonst nur in Werbefilmen oder *soap operas* auf. Also hatte ich eine Serie mit Kurzfilmen gemacht, in denen ältere irische Frauen einfach ihr Leben in die Kamera hinein erzählten. Die Persönlichkeiten der Frauen, das Auf und Ab ihres Lebens und die eindringliche Wirkung, die ein Gesicht hat, das den Betrachter anschaut, ohne dass sich ein Fragender dazwischenschaltet, das alles zusammen hatte etwas ungeheuer Intensives. Die Serie gewann den Jacob's Award. Und nach der Verleihung des Preises interviewte mich Gay Byrne.

Er erinnerte mich an meinen Vater – den er natürlich kannte. Als er zum Rundfunk kam, hatten mein Vater und Eamonn Andrews eine Art von «Wohin heute abend»-Sendung auf Radio Éireann. Die beruflichen Werdegänge der drei Männer hätten überallhin führen können. Dass sie dort gelandet waren, wo sie nun waren, war mehr dem Zufall als ihrem Talent geschuldet. Alle drei hatten diesen unverbindlichen Charme – diese Fähigkeit, in einem Raum derjenige zu sein, dem man es nett machen will, und nicht etwa derjenige, der es anderen nett machen will. Jedem von ihnen gelang es, trotz all der Schmeicheleien in einer kleinen Stadt, seine Würde zu wahren.

Gay ruft in mir – ohne es zu wollen – immer wieder die leichte und wohl ausstaffierte Kindheit meines Vaters in der Clonliffe Road in Erinnerung, wo niemand jemals die Vordertür benutzte, die mit gestreiften Segeltuchjalousien geschmückt war, und wo meine Großmutter im Souterrain die Chenilletischdecke mit den Bommeln mit einem kleinen Tischhandfeger nach den Mahlzeiten sauber fegte, nachdem sie meinem Opa und meiner Tante Kaninchengulasch und Reispudding serviert hatte, wenn die zur Abendbrotzeit von der Arbeit nach Hause kamen. Ich glaube, Gays Familie und die meines Vates waren sich ziemlich ähnlich. Die Frauen gingen jeden Morgen und an allen Feiertagen in die Kirche und jedes Mal selbstverständlich auch zur Kommunion. An Weihnachten spielten alle Karten, ab und zu gab es eine Flasche Starkbier, die verheirateten Söhne kamen zu Besuch und die alten Freunde riefen an. Nie sah man neue Gesichter, nie gab es neue Ansichten, die das Bestehende hätten in Frage stellen können. Die einzige Literatur in diesem Haus waren die belehrenden Fabeln auf der Rückseite der «Messenger of the Sacred Heart»-Heftchen. Sogar Geschichte wurde als Angeberei verachtet. Ich quetschte meine Großmutter über den Aufstand von 1916 aus. «O ja, da ging es in der Stadt wirklich schrecklich drunter und drüber», sagte sie und legte ihr Gesicht in missbilligende Falten. «Wir kriegten ja von hier aus alles mit.» Plötzlich hellte sich ihr Gesicht auf: «Aber 1916 haben wir Gemüsesorten gegessen, die wir weder vorher noch nachher bekommen haben. Die Karren aus Rush konnten gar nicht in die Stadt hineinfahren, sie kamen nur bis Drumcondra, hier auf der Höhe der Clonliffe Road, und wir sind dann hingegangen und haben das beste Gemüse für fast nichts bekommen!»

Gay und mein Vater haben diesen familiären Hintergrund überwunden, wenngleich sich Gay im Gegensatz zu meinem Vater seinen Werten noch mehr verpflichtet fühlt. Wenn ich mir die beiden jetzt vorstelle, dann sehe ich zwei elegante, zierliche Männer mit attraktiver Stimme und schneller Auffassungsgabe, die beide ihre Umwelt mit Charme und Höflichkeit auf Distanz halten. Gay steht für ein ordentliches und solides Leben, mein Vater für das nackte Chaos.

Aber 1950, die Zeit, über die Gay und ich im Radio sprachen, in dieser noch unberührten Landschaft nördlich von Dublin mit seinen aneinander gereihten Küstenorten, da ging es meinem Vater und unserer Familie gut. Er konnte sich sogar an der Stille des Landlebens erfreuen. Er streifte mit uns durch die Wälder und zeigte uns, wie man im Gänsemarsch bleibt. Er baute Kartoffeln an und benannte die aufgeschütteten Hügel nach Bahnstationen der Dublin-Belfast-Linie. Wo wir lebten, war es damals wunderschön, nicht die großen, flachen Felder um das Haus herum – obwohl ich dort eines Winternachmittags meinen ersten Reiher sah, der sich aus einem Teich hoch, grau auf grau, in den Himmel erhob –, sondern die Strände und die Kornfelder und die alten Wälder. Und die kurvenreichen Landstraßen um Malahide, Rob's Walls und den Anfang von Portmarnock, die damals so wenig befahren waren und auf denen sich der verwehte Sand ansammelte. Im Winter schmetterten große, wilde Wellen den Sand gegen Portmarnock und brachen über der Straße, und gegenüber den Dünen gab es einen Pub in einer kleinen Holzhütte, einige Ferienhäuschen und dann wieder Felder. Die Straße um die Mündung herum nach Baldoyle wurde im Winter schnell und leise überflutet, und wir rannten dann zwischen silbernen Wasserlachen an der Böschung entlang zur Schule. Es gab keine neuen Häuser dort. Die Parks und feinen Villen der Gutsherren erstreckten sich nahezu bis zur Stadtgrenze. In unserer Nähe gab es ein verlassenes, großes Haus, das stumm und mit verschlossenen Fensterläden mitten im Wald stand. Die zurückgelassenen Pfauen waren verwildert und schrien die ganze Nacht. Wir liefen eine ganze Meile bis dahin, wo der Bus von Dublin umdrehte. Es war ein Überlandbus, der auf seinem Weg in die Stadt an jedem kleinen Pub hielt, den es in jedem kleinen Weiler gab. Alles war sauber und strahlend.

Am Ende der schäbigen Hauptstraße von Malahide, wo die Luft von einer kleinen Bonbonfabrik gewürzt war, ging es eine heruntergekommene elegante Terrasse hinunter bis zum Wasser. Von dort wurde man von einem Mann mit einem Ruderboot bis nach Malahide Island gebracht, wo unzählige Eier von Seevögeln verstreut herumlagen wie einst bei der Schöpfung. Am Ende des Tages läutete man eine große Glocke, und der Fährmann kam über die stille, glänzende See gerudert und brachte einen wieder zurück. Oder man stand am Strand von Malahide mit einem Marmeladenbrot und einer Milchflasche, und die Leute im Haus kochten einem für einen Penny das Teewasser.

Über diese glitzernde Welt sprach ich mit Gay Byrne im Radio. Er hatte seine ganz eigene Sicht davon, wie idyllisch Nord-Dublin gewesen ist und was wir alles verloren haben. Ich hingegen versuchte ihn davon zu überzeugen, dass Irland ein viel erträglicherer Ort geworden ist, obwohl wir durch den Fortschritt an Schönheit verloren haben.

Nach dem Interview ging ich wieder an meine Arbeit. Conor Brady, damals stellvertretender Herausgeber der *Irish Times*, rief mich an. Ich hatte ihn nie kennen gelernt, aber ich wusste, wer er war. Er hatte mich im Autoradio gehört. Ob ich Lust hätte, mich an ein paar Kolumnen zu versuchen? Das waren also die Umstände, die dazu führten, dass ich in meine derzeitige und wohl befriedigendste Lebensetappe eintrat, und natürlich dazu, dass ich dieses Buch schrieb.

Das Beste,

das ich in meiner Kindheit mitbekam, ist das Lesen. Vor kurzem war ich auf einem Selbsterfahrungsworkshop. Ich hatte gehofft, dort zu lernen, wie man eigentlich lebt. Eine der Übungen bestand darin, dass man die zehn wichtigsten Ereignisse seines Lebens auflisten sollte, die berühmten Schlüsselmomente, die einen von der Geburt bis dahin gebracht haben, wo man jetzt stand. Nummer eins auf der Liste lautete: «Ich wurde geboren», und dann konnte jeder mit dem weitermachen, was ihm wichtig war. Ohne groß darüber nachzudenken, schrieb ich den zweiten Punkt hin: «Ich lernte lesen.» Wahrscheinlich ist das nicht gerade der Schlüsselmoment, der den meisten Leuten einfallen würde, aber ich wusste, was ich aufschrieb. Geboren werden, das war etwas, was mir widerfahren war, aber mein eigenes Leben und was ich daraus machte begann, als ich zum ersten Mal die Bedeutung eines Satzes begriff.

Ich kann mich noch genau daran erinnern. Es war eine Doppelspalte, ein Bericht über die Zeugenaussage in einem schottischen Mordprozess, keine Ahnung, wie der bei uns gelandet war. Ich rätselte gerade an einer Zeile herum, als ganz plötzlich die Bedeutung eines Wortes, das ich verstand, zum nächsten Wort übersprang, das ich auch wieder verstand, und weiter zum nächsten – bis ich genügend Worte zusammen hatte, die plötzlich einen verständlichen Satz bildeten. Ich war überwältigt vor Freude. Ich war noch klein, gerade mal vier. Ich rannte quer übers Feld, raste durch die staubige Hitze die Straße hinunter – es ist mir, als wär es gestern gewesen – zum Laden, der ziemlich weit entfernt war. «Ich kann lesen! Ich kann lesen!», schrie ich, und die Ladenbesitzerin beugte sich zu mir runter. «Was bist du nur für ein tolles kleines Mädchen!»

Ich glaube, ich habe das schon bei meiner Mutter mitbekommen, dass Lesen ein Schutzwall ist. Dass «sie» einen nicht kriegen können, wenn man ein Buch hat. Nur mit dem Unterschied, dass in meinem Fall meine Mutter «sie» war. Jede Forderung, die sie stellte – hol mal Holz zum Feuermachen, geh mit dem Baby spazieren –, störte mich beim Lesen. Ich fand Ruhe und Trost in Büchern. Die kleine Carnegie-Bücherei unseres Dorfes, mit so staubigen Exponaten wie einem elfenbeinernen Kratzhändchen aus einem ägyptischen Grab angereichert, erwies sich als Fundgrube für mich, obwohl die Bücherregale nur halb voll waren. Ich glaube, es gab noch nicht mal eine Kinderabteilung dort. Ich habe alle Bände von James Agates Tagebüchern gelesen, obwohl ich nicht wirklich wusste, was ein Theaterkritiker tat. Ich habe ebenfalls alle Folgen von «Stories from the Opera» gelesen. Die Bücherei bekam nicht gerade oft neue Bücher. Eine Lehrerin lieh mir «Anne of Green Gables» und «The Road to Avonlea». Ich war vor Freude völlig aus dem Häuschen. In der Newcomen-Mall-Bücherei fand ich «Heidi», und ich las die leichten Stellen in «Ulysses». Ich nahm alles, gleich ob Kinderbücher oder Erwachsenenliteratur. Eine Zeit lang hatten die Amerikaner eine Bibliothek in Dublin; meine Mutter lieh dort Bücher aus, und ich las sie dann nach ihr: Dos Passos, Dreiser. Und es gab ein paar Bücher zu Hause. André Maurois' «Ariel oder Das Leben Shelleys», einen Thriller von Francis Stuart, dem die letzten Seiten fehlten, in denen der Fall aufgeklärt wurde, und «Bright Day» von J. B. Priestley, bei dem ich meine ersten Shakespeare-Zeilen las.

Ich mochte die Worte genau so gerne wie die Geschichten. In einem Schundroman mit dem Titel «The Kansas City Milkman», von dem meine Mutter halbherzig abriet, sagte ein Mann über eine Frau: «Was sie braucht, is 'ne Nummer im Heu.» Ich wusste zwar nicht, was das bedeuten sollte – ich sah eine Scheune vor mir –, aber ich liebte es als Metapher. Auf dem halben Weg nach Malahide hoch gab es eine Bank mit einem kleinen Schild, auf dem stand PRO BONO PUBLICO. Und auf dem Etikett der Gewürzflasche, die immer bei uns auf dem Tisch stand, gab es jede Menge Wörter. «Pikant» war eines. «Pikant», sagte ich zu mir selbst, wenn ich auf meinem Schulweg an den gurgelnden Abwasserrinnen vorbeilief, «pikant und sehr appetitlich!»

Mein Liebstes aber war der Beginn des Gebetes, das damals am Schluss jeder Messe kam: «Am Anfang war das Wort und das Wort war bei Gott und das Wort war Gott.» Ich liebte die Melodie und dass es so bedeutungsvoll klang, obwohl ich die Bedeutung gar nicht verstand. Bei uns zu Hause liebte man Worte und niemand schämte sich für sie. Aber die richtig ordentlichen Leute waren sehr vorsichtig mit dem, was sie sagten. Die Mädchen in der Schule waren oft sauer mit mir, wenn ich ein ungewöhnliches Wort benutzte. «Hast 'n Duden verschluckt, oder was?» Sie waren zu klug, sich in einem Aufsatz zu exponieren, der eventuell vorgelesen werden konnte. Und meine Aufsätze wurden immer vorgelesen. Da stand ich nun, eine verwirrte und emotionale Exhibitionistin, und auf der anderen Seite waren sie, schweigsam und schlau. Als phantasievoll zu gelten stempelte einen auch zum Außenseiter. Ich war für sie jemand, der sich inszenierte, prahlte, übertrieb, ja, sogar log. Ich war mehr der Klassenclown als eine ernst zu nehmende Schülerin, weil das, worin ich gut war, so nutzlos war wie Englisch. Mädchen waren gut in Englisch, Jungen nicht. Unsere Englischlehrerinnen gaben ihre Bücher weiter an Gleichgesinnte, wie früher die Russen ihre verbotenen Samisdat-Schriften im Untergrund herumreichten. Ich habe sieben Schulen besucht und in keinem Fach war ich gut, außer in Englisch. Ich brauchte die Zuneigung, die ich von meinen Englischlehrerinnen bekam, und ich erwiderte sie, und ich erwidere sie bis heute.

«Schwester, ich weiß nicht, ob sie intelligent ist», sagte mein Vater zur Oberin der letzten Schule, auf der ich war, «aber sie und ihre Mutter sind richtige Leseratten.» Ich sehe ihn noch heute, wie er in dem braun glänzenden Salon vor ihr sitzt und automatisch versucht, sie umgehend mit seinem Charme einzuwickeln. Das sollte ein Kompliment für mich sein, aber eins, was seine eigenen Fähigkeiten keineswegs schmälerte. Und seit ich wusste, dass meine Mutter von ihm abhängig war und nicht umgekehrt, fand ich es auch nicht mehr so toll, mit ihr in einen Topf geworfen zu werden.

In der Oberstufe gewann das Lesen an Tiefe, und ich studierte Englisch. Erst am University College Dublin Englisch, dann an der University von Hull, wo ich über mittelalterliche englische Liebesprosa gearbeitet habe, um wieder nach Dublin zurückzukehren und schließlich meinen Magister in Oxford zu machen. Ich glaube, ich habe mein ganzes Leben hindurch alle paar Tage ein Buch gelesen. Abgesehen von ein paar Schriftstellern, die nichts weiter als ihren Mangel an Innenleben kaschieren – Chaucer, vieles von Balzac, Scott, der fröhlichere Dickens, Salman Rushdie –, und abgesehen von ein paar Schriftstellern, mit denen ich absolut nichts anfangen kann – Lamartine, Hawthorne, Richardson –, habe ich alles genossen, was ich gelesen habe. Ich würde immer noch lieber etwas nicht so Gutes lesen als irgendetwas anderes tun. Ich mag einfach den Akt des Lesens an sich, wenn man einer Zeile folgt – nicht

Neue Anschrift ab ca. 6. Sept. 2007

Hedi und Siegfried Schallert
Burkardusstraße 3
„ Haus Linde“
97688 Bad Kissingen

Tel. (0971) 7237-222

nur der Geschichte, sondern dem Rhythmus, dem Klang, dem Gefühl für all das, was sich bis dahin angesammelt hat und was jetzt wohl kommen mag – und man allmählich ein Gespür dafür bekommt, was der Schriftsteller sagen will. Englisch war mein Lieblingsfach. Ich mochte alles, Lesebücher, Sprachbücher – manche Tage begann ich mit Reim- und Sprechübungen, wunderlichen Worten wie «bramarbasieren, Anapaest oder Onomatopöie». Ich hatte Englischprüfungen gern – ich erinnere mich, dass ich einmal ein Diagramm von Shelleys «Ode an den Westwind» aus dem Kopf als kleine Belohnung für den Prüfer aufs Löschpapier gezeichnet habe.

Bestimmte Bücher waren eine komplexe und ganzheitliche Erfahrung. Als ich Studentin in Dublin war, lebte ich eine Zeit lang in einem schmutzigen Kutscherhäuschen; der Vermieter hatte Peitschen an seinem Bettgestell hängen. Ich entsinne mich dessen nur, weil ich mich eines Sommermorgens in dem mit Unkraut überwucherten Garten niedergelassen hatte, um «Madame Bovary» zu lesen. Stunden später, die Sonne stand mittlerweile im Westen, wurde ich mit starkem Herzklopfen von Flaubert in das letzte Kapitel geleitet. Ich weiß noch, wie ich nach Luft schnappte, als Henry James ein Netz nach dem anderen um die Protagonisten von «Die Flügel der Taube» wob, bis zwischen Kate und Densher nur noch Leere herrschte.

1970 lebte ich für ein paar Monate in einem Hotel in Teheran. Es war kurz vor der Revolution. Unten in der Lobby patroullierten Männer mit Maschinenpistolen. Die schummerigen kleinen Geschäfte in der Nähe der russischen Botschaft, wo man Alkohol kaufen konnte, waren geschlossen, aber mir war das egal. Jeden Abend eilte ich auf mein Zimmer und kippte ein Glas des milden iranischen Wodkas runter, um mich dann, wo immer ich war, völlig glückselig in «Die Suche nach der verlorenen Zeit» zu vertiefen. Ich habe beim ersten

Mal sieben Wochen gebraucht, um Proust zu lesen. Das war meine wirkliche Welt! Die Umgebung mochte noch so exotisch sein, ich langweilte mich, bis ich wieder zu meinem Buch kam.

Und Yeats. Zu verschiedenen Zeiten meines Lebens konnten mich einzig die Inhalte oder der Ton von Yeats berühren. Derzeit ist mir besonders die schwergewichtige und majestätische Wende am Schluß von «Meditation in Time of Civil War» so wichtig, wo er Wordsworth seinen Respekt erweist und seine eigene Unzulänglichkeit erkennt.

Und ich, der ich mir hoch belohnt vorkomme,
Denn Lieb und Freundschaft, seh ich, sind genug,
Erwählte mir dies Haus als Freund und Nachbar,
Baute es um, weil mich ein Mädchen liebte,
Und weiß: in allem Blühen und Verfall
Bleibt dieses Mauerwerk als unser Mal.

Die Schlichtheit der letzten Zeile – nach all der Komplexität des Gedichtes – rührt mich fast zu Tränen. Diese Zeilen und viele andere, an die ich mich erinnere – ich kann sie jederzeit hervorrufen. Es liegt eine solche Erhabenheit darin, die spürbar wird, gleich unter welchen Umständen diese Zeilen mir vor Augen treten, ob an der Ampel oder beim Kartoffelschälen.

Als ich vierzehn oder fünfzehn und ein überzeugter Vertreter des Lebensüberdrusses war, las ich Henry James' «Portrait of a Lady». Mein Kopf war voll mit dem Duft von Hyazinthen aus einem Garten nebenan, der Wünsche heraufbeschwor, die andere Leute – Eliot und ich waren da anspruchsvoller – geradezu herbeigesehnt hätten. Sagen wir so, ich war einfach pubertär.

Wenn es auch sonst nichts gäbe – für das Lesen lohnte sich das Leben schon. Saul Bellow, Alice Munro, Tschechow, Keats, Eoin MacNamee, Montherlant, James, James Joyce, Tolstoi,

Mailer, Dacia Maraini, Dermot Healy, Douglas Dunn, Trollope, Richard Ford, «Caoineadh Airt Uí Laoghaire», Donne, Colette, Robert Lowell, «Jane Eyre», Naipaul, Kafkas «Auf der Galerie», Roddy Doyle, John McGahern, Racine, Kawabata. Ich muss keine Rangordnung beachten. Aber ich weiß, dass es eine gibt. Es gibt Großartiges und weniger Großartiges und so weiter bis zum Schund. Als ich noch Lehrerin war, musste ich manche Zitate vermeiden, weil sie mich so rührten, dass ich Angst hatte, ich würde vor der Klasse in Tränen ausbrechen. Zum Beispiel die großen Reden in «King Lear» oder das Ende vom «Sturm». Und was Ralph zu Isabel Archer in «Bildnis einer Dame» sagt, bevor er stirbt; Keats' wunderbare Briefe. Ich habe diese Literatur meinen Schülern immer mit Herzblut vermittelt, so wie sie auch mir vermittelt wurde. Wenn ich daran denke, dass ich solche Bücher hätte verpassen können, wäre ich jünger gewesen, bloß weil man heute glaubt, das alles sei viel zu kompliziert für junge Leute – graust es mir. Nie denke ich beim Lesen in Kategorien von «Frauenliteratur» oder «Männerliteratur». Das sind Begriffe von dieser Welt, aber nicht aus dem Reich des Lesens.

Ich mag auch, was die Literatur hervorbringt: Kommentare, Vorworte, Biographien und Autobiographien. Das Einzige, was ich nicht so viel lese, gerade jetzt, wo die Zeit so kostbar ist, sind mittelmäßige Autoren wie Milan Kundera oder Paul Auster, Schriftsteller, die in der Mittelklasse spielen. Wenn ich Spaß haben will, dann schon richtig: Liebesromane von Judith Krantz oder Krimis von Scott Turow.

Es waren Romane, die ich im Internat am meisten entbehrte. Ich sehnte mich danach wie ein Verdurstender nach Wasser, weil die Schulsprache Irisch war und ich Irisch weder lesen noch sprechen konnte. Die meiste Zeit war ich halb geknebelt.

An ganz speziellen Feiertagen wurde die so genannte Bibliothek, ein Schrank mit Glastüren, geöffnet. Man hatte einen Nachmittag Zeit, so viel wie möglich von, na, sagen wir Annie P. Smithson zu verschlingen. Aber jedes Jahr kamen ein paar junge Französinnen ins Kloster, um beim Französischlernen zu helfen. Obwohl sie, wie wir, im Schlafsaal hinter einem Alkoven schliefen, galten die üblichen Regeln für sie nicht, und manche hatten Romane in ihrem Spind. Ich brauchte sie so sehr, dass ich die Geschichten sogar trotz der Sprachbarriere verstand: «Les Clés du Royaume» und den ganzen A. J. Cronin; «La Chatelaine du Liban».

Romane handelten von allem, was mich interessierte. Sie stellten genau die Fragen, die ich beantwortet haben wollte. Wie lebt man sein Leben? Wie findet man Liebe?

An meinem vierzehnten Geburtstag kam ich ins Internat, weil ich in der Pubertät zu viel Schwierigkeiten machte. Ich wusste selbst nicht, was mit mir los war und wie man es benennen sollte; alles, was ich wusste, war, dass in mir etwas tobte, über das ich keine Kontrolle hatte. Ich war bestürzt über das Verlangen meines Körpers, das mir vorher nie aufgefallen war. Mich interessierte nichts und niemand in der kleinen Stadt, in der wir lebten, außer tanzen zu gehen und dann nach Hause gebracht zu werden oder mit meiner Freundin durch dunkle und zugige Gassen Richtung Hafen zu schlendern und über Jungen zu sprechen. Einmal überraschte uns mein Vater, als wir heimlich da herumgammelten. «Knöpf deinen Mantel zu», schnauzte er mich an, «du siehst ja aus wie ein Proletenmädchen.»

Es war nicht nur meine Sexualität, die ihn störte; ich verhielt mich nicht standesgemäß. In unserer Kleinstadt ging man als Klosterschülerin nicht ins Gemeindehaus zum Tanzen, um sich vor dem Spiegel in der übel riechenden Damentoilette zu drängeln und danach am Rande der Tanzfläche – all der Männer im Raum körperlich heftig gewahr – darauf zu warten, dass man zum Tanzen aufgefordert wurde, und das bis morgens früh um vier. Nur Arbeiter oder Studenten des Technikums gingen tanzen. Wenn die Band endlich «Good night, sweetheart/See you in the morning» spielte, war der Saal eine einzige schwitzende und brodelnde Masse. Nach der Nationalhymne suchte ich meinen Mantel und ging in die Dunkelheit hinaus. Wer auch immer mich nach Hause bringen würde, stand dort wortlos im Schatten der Laterne. Oftmals kannten wir noch nicht einmal unsere Namen.

Allein für diese Knutschorgien – in Hausfluren, unter Bäumen, hinter unserem Haus – hätte ich alles getan. Ich stahl zum Beispiel. Meine Mutter war damals ärmer als je zuvor. Ich musste oft unangenehme Dinge für sie erledigen, beispielsweise zum Gaswerk unten am Hafen gehen, an all den Männern vorbei ins Büro und darum bitten, dass jemand unseren blockierten Gaszähler wieder freischaltete. Jeder wusste, dass unser Gaszähler nicht blockiert war, aber wenn der Mechaniker das Geld für die abgelaufene Zeit nachzählte, dann blieben vielleicht ein paar Schillinge Restgeld übrig, und auf die lauerte meine Mutter verzweifelt. Trotzdem klaute ich ihr Geld, um zum Tanzen zu gehen.

Die Nonnen wussten alles, was in unserem Städtchen geschah. Als sie mitbekamen, dass ich mit einem verheirateten Mann ausging – dabei wusste ich gar nicht, dass er verheiratet war, ich wusste nur, dass ich verrückt nach ihm war –, da ließen sie meinen Vater kommen, damit er mich von der Schule nähme. Ich war dreizehn. Ich galt als schlecht. Ich war die Zweitälteste. Noch waren meine Eltern in der Lage, etwas für mich zu tun.

Von der Red-Bank-Bar aus arrangierte meine Mutter telefonisch, dass ich einen Platz im St.-Louis-Kloster, weit weg in Monaghan, bekam. Mein Vater verkaufte sein Auto. Ich wurde bei Gorevan's mit Serviettenringen, drei Paar Schuhen, einem Morgenmantel und einer Haarbürste ausgestattet – alles Dinge, die kein Mensch in unserer Familie je besessen hatte. Dann borgte mein Vater ein anderes Auto – wenn ich daran denke, was er für mich tat, verglichen mit dem, was meine Geschwister an Fürsorge bekamen, dann habe ich noch heute ein schlechtes Gewissen – und fuhr mich nach Monaghan. Die Straßen waren verschneit, er kannte sich mit dem fremden Wagen nicht so gut aus, und wir brauchten zwei Tage. Es war Aschermittwoch, wir gingen zusammen zur Messe, und danach brachte er mich zu dem grauen Granitgebäude und ließ mich bei der Oberin. Auf dem See vor der Schule trieben Eisschollen, und bewegungslos standen die Schwäne in dem dunklen Wasser. Es war noch nicht einmal eine Woche her, dass ich die halbe Nacht eng, von großen, schweren Händen auf meinem Rücken an Männerkörper gepresst, durchgetanzt hatte. Im Vergleich dazu war ich nun auf einem Planeten gelandet, auf dem kein Leben möglich war.

*

Während ich im Internat war, musste ich alles, was ich über Körper gelernt hatte, vergessen. Aber wenn ich in den Ferien nach Hause kam, war ich in Gesellschaft von Mädchen, deren Schicksal von einer Ehe und nicht etwa von Bildung bestimmt wurde. Der weitere Verlauf ihres Lebens hing von dem Mann ab, den sie bekamen, und die einzige Möglichkeit, einen Mann zu kriegen, war, mit einem zu gehen. Deshalb waren die wichtigen Dinge des Lebens – das Karrierehandwerkszeug – Manieren, Figur, Kleider und sorgfältig dosierte kleine Freiheiten, die man diesem oder jenem Mann erlaubte.

Mitte der fünfziger Jahre war meine Familie nach Clontarf, Dublin gezogen. Meine Schwester und ihre Freundinnen jobbten in Büros und Geschäften und konnten sich Kosmetik und Klamotten kaufen. Wenn ich nach Hause kam, war ich nicht mehr eine von ihnen. Ich ging zum Tanzen und wurde nicht ein einziges Mal aufgefordert. Ich war nicht schick. Ich kannte ihren Jargon nicht. Als im Kino von Dublin «Rock around the clock» lief, wurden die Sitze aufgeschlitzt. Mit Elvis und James Dean kam erstmalig die Vorstellung auf, dass junge Leute in jeder Hinsicht anders sind als die älteren Leute. Aber wir da oben, in unserem irischsprachigen Kloster am Ende der Welt, waren einfach nur unvollkommene Erwachsene, die irgendwo zwischen zwanzig und zweihundert Jahren hinter der Zeit zurück waren.

Egal, wie beredt ich auch argumentierte, dass es besser für mich wäre, wenn ich einen Job in Clery's Kaufhaus annehmen würde, am Ende der Ferien wurde ich wieder zurückgeschickt – blass vom Rauchen und hohläugig von den wortlosen Erforschungen mit Jungen in Haltestellenhäuschen. «Ich könnte Geld zu Hause abgeben, wenn ich arbeite», sagte ich, aber niemand hörte mir zu. Wenn ich zurück in die Schule kam, konnte ich mit niemandem darüber reden, was ich während der Ferien gemacht hatte, und genauso wenig war zu Hause irgendjemand daran interessiert, was in der Schule los war.

Dabei war die Schule eine ganz eigene Welt, ein komplizierter, anspruchsvoller Ort. Das Aufstehen an dunklen Morgen war hart, wir bekamen Frostbeulen und Pusteln, wir durften uns nicht oft baden oder die Haare waschen. Falls es andere Mädchen wie mich gab, die schon wussten, was Sinnlichkeit ist, dann unterdrückten sie dieses Wissen offenbar genauso wie ich.

Unsere Unterwäsche wurde kontrolliert, die Strümpfe hingen in Falten an grauen, elastischen Strumpfbändern. Die Mädchen draußen trugen spitz zulaufende BHs, aber unsere jungen Brüste wurden von den Schulträgerröcken platt gedrückt, und durch den Stoff hindurch konnte man die Nippel sehen. Es gab eine Laienlehrerin an der Schule, die hatte Möpse in ihrer Bluse, die baumelten nur so über ihrem Hosenbund rum. Wir haben nie darüber geredet.

Jeder Luxus wurde ungeheuer genossen. Die Klassen, die

kein Examen hatten, führten zu Weihnachten eine Operette auf. Für die Prüflinge, die von einem Abend stillen Studierens kamen, war es wunderbar, wenn sie im Halbdunkel nach der *halla cheoil* zur Spätandacht in die kalte Kapelle hasteten und diese beim Finale von Chor und Orchester «We do not heed their di-is-ma-al sound» erreichten. Es brachte ein wenig Farbe in die winterliche Nacht. Am Morgen von St. Patrick's Day saßen ebenfalls Mädchen aus dem Orchester mit ihren Fiedeln auf Stühlen draußen und spielten einen flotten Tanz, wenn wir zu einer Extramesse vorbeirannten. In der Mensa standen zur Feier des Tages Narzissen in einer Vase und es gab für jeden eine fette kleine Wurst. Die kleinste Ausnahme war die reine Freude: eine halbe Stunde Schlaf mehr, ein Päckchen von zu Hause, ein bisschen Talkumpuder von einem anderen Mädchen, die kleinen Marienaltäre, die wir im Mai in unseren Kabinen aufstellten, ein frisches Brot, wenn wir altes erwartet hatten, zwei Portionen Butter statt einer ...

Auch die Schule war voller prickelnder Aufregungen. Als ich dies neulich der einzigen Nonne erzählte, mit der ich noch heute Kontakt habe, sagte sie zornig: «Nein, nein, Nuala, das kannst du doch jetzt nicht überall herumerzählen.» Aber es gab an diesem romantischen System, das wir entwickelt hatten und mit dem wir unsere überbordenden Gefühle im Zaum hielten, nichts, wofür man sich schämen müsste. Es gab damals überall in ganz Irland Internate, und in allen werden Mädchen gewesen sein, die für andere Mädchen oder Nonnen schwärmten. Und jede Schule wird ihre eigene Sprache für diese «Sub-Welt» gehabt haben, all diese Worte und Bilder, die für immer verloren sein werden, wenn Frauen meines Alters tot sind, weil niemand sie für wichtig genug hielt, um sie aufzuschreiben. In Monaghan nannte man das Mädchen, das für eine andere schwärmte, eine «Trine»; eine beliebte Schülerin aus den höheren Klassen konnte ihre acht bis zehn Trinen haben. Die Trinen wetteiferten darum, von wem das umschwärmte Objekt Geschenke annehmen würde. Es ging darum, dass sie einem dankten. Manchmal hing man wochenlang herum und wartete, und zwar nur auf diesen einen Moment, wo einem der Mund vor Aufregung trocken wurde, wenn sie einem ein paar Worte des Dankes zumurmelte. Diesen Dank nannten wir eine «Soiree». Nach einer solchen Soiree mussten einen die Freundinnen stützen, weil einem die Knie weich geworden waren. Die paar Nonnen, die dieses Spiel vorzüglich beherrschten, wussten ihm noch einen zusätzlichen Effekt zu verschaffen, indem sie einem zwischen den dunklen Rosenbüschen auf dem Friedhof dankten.

Die Gefühle, die man als Schulmädchen hat, sind flatterhaft und übertrieben und werden in der Öffentlichkeit immer lächerlich gemacht. Aber sie waren nicht trivial. Auf ihnen bauten alle emotionalen Erfahrungen auf, die für das ganze Leben so entscheidend sind. Sie waren nicht bloß ein Ersatz für all das, was wir mit Jungen getan hätten, wenn wir nicht auf dem Internat gewesen wären – das vermuteten nämlich die Männer immer. Emotion war ein Element unseres Erwachsenwerdens, mit dem wir lernten, uns zu benehmen, uns zu kontrollieren und von anderen abzugrenzen. Für uns ging es um Befriedigung der Gefühle, nicht um Ehrgeiz oder Wettbewerb. Es gab eine Nonne, die stürmisch und brillant war und deren hübsches Gesicht immer leicht gerötet schien. Eine Beziehung mit ihr auf Freundschaftsbasis war ernsthaft und schön, viel schöner als jedes andere Verhältnis, das ich kannte. Sie leitete unsere verwirrten Gefühle auf Werte wie Lernen, Sprechen und Denken um – Ziele, die über eine persönliche Befriedigung hinausgingen.

Zu der Zeit schämte ich mich meiner Emotionalität. Ich bewunderte die Mädchen und Nonnen, die sich zurückhielten. Neulich hatte ich mich in einer abgelegenen Gegend verfahren und musste eine Frau nach dem Weg fragen. Es stellte sich heraus, dass sie zur gleichen Zeit in Monaghan gewesen war wie ich. Sie erinnerte sich an mich, aber ich mich nicht an sie. «Das habe ich auch nicht erwartet», sagte sie. «Ich war nicht der Typ, für den man sich interessierte, Sie schon.» Das war ein bitteres Kompliment.

Nicht jeder hat alles vergessen. Ein Mädchen, deren Trine ich damals gewesen war, bat mich vor kurzem um Hilfe, weil in ihrem Ort eine Kirche abgerissen werden sollte. Ich konnte ja schlecht zu dieser ehrwürdigen Matrone sagen: «Erinnerst du dich noch an den Nachmittag, als du krank warst und ich auf deiner Tagesdecke lag und dir sagte, dass diese feinen Härchen an deinem Haaransatz das Schönste seien, was ich je gesehen habe?» In meiner Nachbarschaft ist eine Kneipe, wo sich manchmal ein paar ziemlich aufgeweckte Frauen auf einen Drink nach der Arbeit treffen. Eine winkt mir zu. Ich erinnere mich an die hübsche Halskette, die sie mir schenkte, als sie meine Trine war. Wenn ich darüber eine Andeutung machen würde, würde sie wahrscheinlich vor Scham in den Boden sinken.

Ich schäme mich nicht für meine damalige Inbrunst. Aber ich schäme mich dafür, dass ich zweimal Dinge stahl, die ich dann meinem Idol zum Geschenk machte. Ich nahm Talkum oder runde, in Seidenpapier eingewickelte Seifenstückchen von anderen Mädchen. Ich musste es tun. Ich hatte kein Geld. Ich hatte es ja nicht für mich genommen. Ich glaube, dass sie es gewusst hat und dass die Nonnen es auch wussten, aber nie etwas gesagt haben. Sie wussten, dass ich log. Sie wussten, dass ich unter der Bettdecke las. Sie wussten, dass ich rauchte, dass ich in der Toilette des Dachgeschosses im Fenster hockte und auf die Geräusche lauschte, die von unten aus der Stadt hochkamen, wie 1956 das Gebrüll der Menschenmenge, als die IRA-Männer an der Grenze erschossen wurden – einer von ihnen kam aus der Gegend. Sie wussten, dass es für meine Eltern immer schwerer wurde, die Gebühren, die Schuluniform und die Bücher zu bezahlen. Meine Mutter fand manchmal in den Bars, wo sie trank, jemanden, der sie nach Monaghan fuhr, aber weil sie Angst vor den Nonnen hatte, blieb sie selbst in der Bar des Hotels und schickte jemanden hoch zum Kloster, um mich zu holen. Die Nonnen wussten bestimmt Bescheid über meine Diebstähle.

Wahrscheinlich waren sie unheimlich nett mit mir, aber sie waren eben nicht aufrichtig, so habe ich ihnen genauso wenig getraut wie sie mir. Heute glaube ich, dass diese Schule eine der wenigen Glückstreffer meines Lebens war. Wenn ich früher an ihr herumgenörgelt habe, hat mich die Schwester, mit der ich heute noch befreundet bin, darauf hingewiesen, dass ich weiß Gott auch nicht einfach war und dass ich möglicherweise mein Unglücklichsein auf die Schule projizierte. Es machte mir zu schaffen, dass ich mich eher an die schlechten als an die guten Begebenheiten erinnerte. «Aber weißt du denn nicht mehr, wie aufregend es war, sich an Vergil abzuarbeiten, und erinnerst du dich nicht, dass du einen Streik angeführt hast?», sagte sie. «Und der Spaß, den wir während der Proben zur Oper ‹Blossom Time› hatten, an deinen Aufsatz, den wir in der Schülerzeitung veröffentlichten, daran, dass ich dir ‹J. Alfred Prufrocks Liebesgesang› lieh?»

Ich bin jetzt in meiner Lebensmitte und möchte eigentlich nicht diesem alten Schmerz nachhängen, aber er ist da. Die Ächtung der Nonnen, als ich einmal nicht gleich in die Kapelle gegangen bin, um Gott zu danken. («Nein, Nuala, wir wollten dich nicht bestrafen – wir waren nur so furchtbar enttäuscht von dir.») Und wie ich kein Marienkind sein durfte. Und als meine Freundin Brenda und ich vor der ganzen Schule auf Knien um Verzeihung dafür bitten mussten, dass wir ein Brot aus der Mensa genommen hatten, weil wir Hunger hatten.

Man erwartete von uns, dass wir die besten Schüler Irlands waren. Man erwartete von uns, dass wir nicht nur gute Examen machten, sondern auch einen Sinn für Kunst hatten, auch wenn «Kunst» in dem Fall nichts weiter als eine Schriftrolle war, auf der Gebote oder Zitate festgehalten waren, die einem amerikanischen Bischof überreicht werden sollten, der uns besuchte. Wir führten Diskussionen. Aber Intelligenz oder künstlerische Fähigkeiten zählten nichts, wenn sie nicht dem Lobe Gottes dienten. Nonnen waren die mächtigsten Frauen Irlands. Aber sie waren kein Vorbild für die säkulare Welt. Das Rühmlichste für ein Mädchen war, wenn sie ins Kloster gehen und eine Braut Christi werden wollte. Als ich die Schule verließ, gab mir die Schwester Oberin – die so kompetent war, dass sie Generalmanager von General Motors hätte sein können – allen Ernstes den Rat, mir in Krisensituationen vorzustellen, wie die Jungfrau Maria handeln würde, und dann dasselbe zu tun.

Ich verließ die Schule voller Groll und bin dreißig Jahre nicht mehr hingegangen. Aber es gibt dort ein kleines Museum im Hof zwischen den Gebäuden. Und eines Tages, als ich durch Monaghan fuhr, dachte ich, ich könnte doch mal vorbeischauen und heimlich einen Blick in den versteckten Hinterhof und die verglasten Flure werfen. Aber als ich in das Museum huschte, kam eine Nonne die Feuerleiter heruntergeflogen. «Nuala, Nuala», schrie sie mit unüberhörbarer Freude in der Stimme. Ich konnte es kaum fassen – hier erinnerte sich jemand an meinen Namen nach all den Jahren! Ich erinnerte mich auch an sie, und das ohne schlechte Gefühle. Aber als sie mich am Arm nahm und unter meinem Protest zu der Nonne führte, die damals die Schwester Oberin gewesen war, da sollte ich noch eine Überraschung erleben. «Wir sind hier alle so stolz auf dich, Nuala, und es ist wunderbar, dich so wohlauf zu sehen. Du müsstest jetzt, warte mal, siebenundvierzig sein, nicht wahr?» Sie erinnerte sich wahrhaftig an meinen Geburtstag! Als sie mir den Tee in ihrem Salon servierten, da fühlte ich mich fast zu Hause. Danach half ich der winzigen und zerbrechlichen Mutter Dorothea in die Kapelle, wo ich wie angenagelt stand, während sie betete. Dann küsste sie mich, und ich rannte davon zum Wagen und konnte erst gar nicht losfahren, weil ich heulend über dem Steuer hing.

Als ich mich beruhigt hatte und eine Meile gefahren war, kam ich an einer Telefonzelle vorbei. Ich rief meine Freundin Marian an, die zehn Jahre nach mir auf der gleichen Schule gewesen war und die wusste, welche Bedrohung Mutter Dorothea für Generationen von Mädchen dargestellt hatte. «Wir hatten Unrecht, Marian», schluchzte ich ins Telefon, «die mochten uns wirklich. Die verstanden die Mädchen, sie haben es nur nicht gezeigt!»

«Sieh an, unsere erste Revisionistin», sagte Marian.

Mit siebzehn verließ ich die Schule.

Ich wollte aufs College, wusste aber nicht, ob ich ein Stipendium bekommen würde. Ein bisschen hoffte ich sogar, nicht aufs College zu kommen, sondern wie meine Freundin als Verkäuferin bei Clery's, einem holzgetäfelten Geschäft mit altmodischen Kassen, zu jobben, wo viele junge Männer und Frauen arbeiteten. Verkäufer hatten meiner Ansicht nach den meisten Spaß. Ich hatte einen Job als Sekretärin in einem Laden, wo man Möbel auf Raten kaufen konnte, aber ich arbeitete dort ganz alleine. Ratenkauf war etwas für die Armen. Die Kunden mussten durch einen langen Raum bis zu dem Schalter, hinter dem ich saß, und ich konnte an ihrem Gang sehen, wie bitter es für sie war, immer noch Sachen abbezahlen zu müssen, die sie schon vor langer Zeit geholt hatten. Auch für mich spielte Geld eine große Rolle. Ich wohnte zwar zu Hause, aber ich gab Mammy die Hälfte meines Lohnes. Wie ich genug Geld für meinen Unterhalt verdienen konnte, war jahrelang, seit ich die Schule verlassen hatte, mein größtes Problem.

In der Zeit zwischen Schule und College war ich wahnsinnig fromm. Ich ging in die «Legion of Mary» in Dublin; wir hatten einen Handkarren mit erbaulichen Schriften in der Nähe der O'Connell Street stehen und ein paar Straßenwerber herumlaufen. Ich ging jeden Tag in die Kirche und betete. Während der langweiligen Teile der Messe las ich, ein Trick, den ich in Monaghan gelernt hatte, wo wir manchmal durch die Stadt gescheucht wurden – mit sehnsüchtigem Blick an den Süßigkeitsläden und Imbissbuden vorbei –, den Hügel hinauf zur Kathedrale, von wo man gegenüber auf dem Zwillingshügel gebückte Gestalten auf den Wegen der Irrenanstalt sehen konnte. In meinem Gebetbuch versteckt, las ich alles, was nur ein bisschen religiös schien – die Gedichte und Predigten von John Donne zum Beispiel. Ich war Mitglied der «Pioneer Total Abstinence Association»; nachdem ich meinen ersten Drink genommen hatte, ging ich wieder hin und dann wieder.

Ich ging auch oft zur Beichte, um für die Jungs zu büßen. Der Verlust meiner Jungfräulichkeit war ein schrecklicher Schock gewesen, danach tat ich mein Bestes, um ein normales Mädchen und eine gute Katholikin zu sein. Ich hatte während der Schulferien mit einem Freund zu Hause auf dem Sofa rumgeknutscht, während seine Mutter im oberen Stockwerk war. Vom Plattenspieler erscholl Lionel Hamptons «So High the Moon», und mein Höschen war ausgezogen. Plötzlich stieß der Junge in mich – richtig hinein! Ich rannte keuchend, weinend und laut betend, dass ich nicht schwanger würde, durch unsere Vorortstraßen nach Hause. Ich schloss mich im Badezimmer ein, wusch das Blut ab und fiel auf die Knie, um die heilige Maria um Hilfe anzuflehn. Ein paar von den Mädchen, mit denen ich herumhing, waren mir bis vor die Badezimmertür gefolgt und setzten mir zu. «Was ist denn mit deinem Schlüpfer passiert, was ist denn mit deinem Schlüpfer passiert?», schrien sie wie die Furien. Ich hatte sie wohl provoziert, als ich draußen an ihnen vorbeigelaufen war. Meine Angst und der Ekel, den ich empfand, hätten fast dazu geführt, dass ich Nonne hätte werden wollen. Langfristig aber fuhr ich von der Taille aufwärts total auf Jungen ab, aber der Rest von mir blieb so angespannt, dass ich mich noch nicht mal zu sagen traute, wenn ich zur Toilette musste.

Als ich erfuhr, dass ich das Stipendium fürs College bekommen hatte, fuhr ich zu meiner Tante, mit der ich als Kind so viel Spaß gehabt hatte. Sie hieß in unserer Familie «die Wilde» und lebte in einem öden Urlaubsort an der Ostküste, wo die See bei Ebbe so weit zurückging, dass man sie gar nicht mehr sehen konnte. Abends saßen wir in unseren Anoraks an der Kaimauer, und sie trank Whiskey aus einer Flasche, die sie – bis heute – immer in ihrer Handtasche hatte. Sie war wie ein liebenswürdiges Kind. Aber mit der Zeit blickte sie nicht mehr richtig durch. Sie wusste, dass sie ihre eigenen Kinder und die ihrer Schwester liebte. Aber sie wusste nicht, warum sie überhaupt verheiratet war und wieso gerade mit diesem Mann, oder warum sie solche Angst vor Großvater hatte – sie wusste eigentlich gar nichts mehr. Ihr Mann arbeitete im Ausland. Immer wieder forderte er sie auf, zu kommen und bei ihm zu leben, aber mehr als einmal vertrank sie das Geld für das Ticket, um nicht fahren zu müssen, bis ihr Mann und ihr Vater eines Tages ihre Abreise über ihren Kopf hinweg arrangierten.

Das Haus meiner Familie in Clontarf war voll und laut. Mein Vater war nun durch und durch «Terry O'Sullivan» geworden; der idealistische Lehrer und Leutnant Tomás O'Faolain, der seine Frau *chroidhe dhil* – geliebtes Herz – genannt hatte, damals, als er ihr in dem Brief so begeistert von dem Umzug nach Donegal vorschwärmte, hatte längst eine andere Identität angenommen. Zum Teil war es wohl die immer größer werdende Familie und die Weigerung meiner Mutter, die Hausfrau zu spielen, die seine Begeisterung abgetötet hatten. Aber mehr noch hatten ihn die neuen Möglichkeiten, die sich für ihn durch die Modernisierung Irlands ergaben, seiner Familie entfremdet. Er war nicht einfach ein Journalist, er war ein kleiner Gott in einer damals noch ganz jungen und unschuldigen Welt von Leuten, die Publizität suchten.

Der Journalist, der Vaters Klatschkolumne «Dubliner's

Diary» in der Zeitung übernahm, Michael O'Toole, berichtete von den majestätischen Auftritten meines Vaters bei irgendwelchen Feierlichkeiten in der Stadt. Er hielt sich demonstrativ abseits und wartete mit melancholischer Ruhe auf die übliche Ration Huldigung. Zu Hause pflegte er gegen zwei Uhr nachmittags aufzustehen und sich dann frisch gewaschen und rasiert und meistens in Abendkleidung ins Auto fallen zu lassen, das mit Fahrer von der Zeitung gestellt wurde, und las unter dem extra über dem Rücksitz angebrachten Leselämpchen seine Einladungen für den Abend. Er machte seine Runde bei allen Veranstaltungen und landete gegen Mitternacht in seinem Büro, um für die *Evening Press* des nächsten Tages sein «Dubliner's Diary» zu schreiben. Restaurants schickten exotische Gerichte unter silbernen Glocken und Wein und Brandy in sein Büro. Mit eiserner Disziplin, die ihm zur zweiten Natur geworden war, hämmerte er, komme, was wolle, sein Tagebuch in seine alte Schreibmaschine.

Zu Hause verbrachte er kaum mehr als ein paar Stunden im Wachzustand. Als er noch ein junger Vater gewesen war, so erzählte mir eine Frau, die früher für meine Eltern gearbeitet hatte, hatte er mit meiner Schwester Grainne und mir immer Irisch gesprochen. Später hatte er keine Zeit mehr, noch in irgendeiner Sprache zu seinen Kindern zu sprechen. Als er ein junger Ehemann war, seien er und meine Mutter sehr innig miteinander gewesen. «Ich glaube, später haben sie dann sehr viel gestritten», sagte sie, «wenn er von der Arbeit heimkam, bat er mich oft, mit euch Kindern für eine Stunde spazieren zu gehen.» Niemand kann sich wirklich ein Urteil über die Ehen anderer Leute erlauben, und das Einzige, wovon meine Mutter ihr ganzes Leben lang überzeugt war, war die Qualität ihrer körperlichen Beziehung mit meinem Vater. Aber er mied sein Zuhause. Selbst zu Weihnachten, wenn wir all diese schönen Rituale von Baumschmücken, Geschenkeauspacken und

Champagnertrinken wie eine Bilderbuchfamilie aufführten, verließ er irgendwann das Haus. Er nahm oft eines seiner Kinder mit oder auch mehrere, manchmal auch seine Frau, oder er ließ uns von einem dankbaren Hotelier zu irgendwas einladen. Aber niemals verbrachte er einen ganzen Tag zu Hause. Und meine Mutter auch nicht. Zweimal am Tag ging sie in den Pub, abends bis zur Sperrstunde und mittags, um eventuelle Nachrichten abzuholen. Sie musste sich so beruhigen, um ihm gegenübertreten zu können, wenn er aufstand.

Wer weiß, was er tat. Er hatte jede Menge Geschichten laufen. Wir waren alle abhängig von ihm. Grainne – «Grainne ist unsere Hübsche», sagte meine Mutter immer – war ungewöhnlich klug und attraktiv und arbeitete als persönliche Assistentin für verschiedene Manager; zu der Zeit die höchste Karrierestufe für eine Frau. Ich – «Nuala ist unsere Kluge», sagte meine Mutter – hatte mehrere Jobs, während ich auf das Stipendium wartete. Die nächste Schwester Deirdre – «Deirdre ist unsere Nette», sagte meine Mutter – war verlobt und arbeitete im Büro.

Aber emotional waren wir alle von unserem Vater abhängig. Dann gab es noch unsere Brüder, die ständig in irgendwelchen Schwierigkeiten steckten, meine kleine Schwester und meinen jüngsten Bruder. Keinem von ihnen wurde groß Aufmerksamkeit geschenkt. Aber sie alle waren Mitglieder einer ausgesprochen selbstbewussten Familie. Mein zweitältester Bruder war in der britischen Armee. Später saß er in einem Zimmer in London und trank und las. «Ich liebte meine Mutter und verehrte meinen Vater, als ich ein Junge war», schrieb er mir in einem Brief, der unsere ganze Verwirrung zusammenfasste. «Sie waren Mutter und Vater für uns, ein Kind kann das gar nicht anders sehen. Auch wenn ich mir vor Angst in die Hosen gemacht habe, wenn er besoffen nach Hause kam und auf Mutter einprügelte. Ihre Hilfeschreie waren herzzerreißend, und ich verkroch mich in eine Kommodenschublade. Du hast Vater ja nicht so oft gesehen, aber ich liebte ihn aus der Ferne.»

Fremde sahen die Verbindlichkeit meines Vaters, seine Zurückhaltung und seinen Humor. Sie hielten ihn für einen modernen Mann und glaubten, dass es bei uns zu Hause wunderbar sein musste. Und oft war es das auch. Er war meistens entzückend. Und er war das Familienoberhaupt, auch wenn seine Familie geradewegs auf den Abgrund zusteuerte. Mit eisernem Willen hatte er sich ein ganz eigenes Bild von einem Zuhause zurechtgezimmert. Wenn er abends nach Hause kam, ging er in den Garten, um im Dunkeln seine gepflanzten Rosen zu inspizieren. Er brachte seine Kleidung zur Reinigung und putzte seine Schuhe. Er war stets adrett und immer gut gelaunt. Wenn er sich rasierte, pfiff er in den höchsten Tönen. Er hatte einen unbändigen Überlebenswillen, aber meine Mutter trieb er in den Wahnsinn.

«Ich habe eure Mutter gefragt, ob sie mich nicht zum Wexford Festival begleiten will – oder zu einer Gartenparty oder zu einem Empfang –, aber stell dir vor, sie sagt, sie habe nichts anzuziehen, nicht wahr, Katherine? Ich habe dir doch gesagt, du kannst dir bei Brown Thomas was Schickes aussuchen, und sie sollen mir die Rechnung schicken, und immer noch jammerst du, dass du nichts anzuziehen hast, das verstehe, wer will.»

Und sie war unfähig, irgendetwas zu entgegnen. Sie konnte das nicht und er wusste das. Sie hatte weder gute Unterwäsche noch gute Schuhe, selbst wenn sie ein passables Kleid gehabt hätte. Sie konnte auch nicht in ein Geschäft gehen und darum bitten, die Rechnung irgendwohin zu schicken, sie war zu schüchtern dazu. Sie erzählte ihm auch nicht, dass mal wieder eines der Kinder die Schule schwänzte, dass er ihr nicht gesagt hatte, wie lange es dauern würde und wer in der Zeit zu

Hause auf die Kinder aufpassen würde, und ob er ihr auf dem Empfang Geld geben würde oder ob sie ihn dann um jeden Drink bitten müsste – sie war nicht fähig, ihm zu sagen, was sie empfand, dass sie sich von ihm gefangen und dazu noch verspottet fühlte. Sie wünschte nichts sehnlicher, als dass er endlich zur Arbeit ging, damit sie in den Pub kam, um schnell einen doppelten Gin kippen und das Zittern stoppen zu können.

Aber selbst seine Grausamkeit ihr gegenüber war kompliziert. Ein paar Mal musste ich ihn wecken, weil ich ihm irgendwelche Nachrichten bringen sollte, und jedes Mal sah ich Rosenkranzperlen unter seinem Kissen hervorlugen. Hinter der Fassade seiner scheinbaren Unbekümmertheit muss er sich sehr hilflos gefühlt haben. Während der nächsten paar Jahre, als ich immer weniger Zeit in dem Haus verbrachte, wo sich elf Menschen vier Schlafzimmer teilten, vibrierte die Luft von all den Sehnsüchten der verschiedenen Individuen, die dort lebten und darum kämpften, wenigstens einen Teil ihrer Bedürfnisse erfüllt zu kriegen. Der Kleiderschrank in der Küche quoll über von einem heillosen Chaos, und unter den Schuhen knirschte verschütteter Zucker. Einmal brachte ich einen englischen Schauspieler mit nach Hause, in den ich verliebt war. Niemand hatte die Teelachen auf dem Tisch weggewischt; darin lagen aufgeweichte Brotkrusten, die aussahen wie Schnecken. «Großer Gott», sagte der Schauspieler, «das ist ja wie ein Bühnenbild für ein O'Casey-Stück!»

Nachts war das Haus total schutzlos. Gangs kamen zu der Treppe an der Hintertür, die zu den Schlafzimmern führte. Sie wussten, dass sie sich das nur erlauben konnten, weil es niemanden gab, der sich um meine kleinen Geschwister kümmerte. Meine kleinen Schwestern organisierten sich selbst. Sie gingen um neun ins Bett und stellten sich den Wecker, um pünktlich in der Schule zu sein. Ich kann mich an die Betten erinnern. Die Kinder meiner Tante schliefen auch oft in Clontarf. Wir waren so viele, dass es auch Betten auf dem Treppenabsatz und in einem Abstellraum gab. Das Bettzeug wurde durch Mäntel ergänzt. Es gab nur Stücke von zerrissenen Laken, die man unters Kinn legen konnte, damit die rauen Mäntel nicht so kratzten. Ich sehe noch meine Mutter, wie sie einem schlafenden Kind ein Stück Baumwollstoff unter die Wange schob. Meinen Vater habe ich so etwas nie tun sehen.

Wir alle hassten es, um Geld zu bitten. Ich stand oft vor der Schlafzimmertür meiner Eltern auf dem Treppenabsatz und versuchte, all meinen Mut zusammenzunehmen, um bei ihnen anzuklopfen und danach zu fragen. Zu Beginn meines Stipendiums an der UCD musste ich sogar an der North-Strand-Haltestelle aussteigen und den Rest laufen, weil ich nicht genug Geld hatte. Dabei waren wir nach damaligen Maßstäben noch nicht einmal arm. Viele Jahre später wurde ich für eine Fernsehserie über irische Menschen interviewt. Ich erzählte dort, dass ich als Studentin arm gewesen sei, aber um nicht als Ausnahme dazustehen, fügte ich noch hinzu, dass damals die meisten Studenten an der UCD arm waren. Ein Journalist, der die Serie rezensiert hatte, schrieb: «Wenn man sich Nuala O'Faolain anguckt, wie sie sich als arm darstellt, dann möchte man am liebsten den Fernseher aus dem Fenster werfen. Nualas Daddy war einer der gefeiertsten Journalisten Irlands, Terry O'Sullivan. War sie etwa arm? War jeder an der UCD arm? Jeder, der in den Fünfzigern wirklich arm war, kennt die Antwort. Um es noch genauer zu sagen, war keiner von denen arm, die damals auf die UCD gehen konnten. Sie haben nur auf mittellos gemacht.»

In gewisser Weise ist dies richtig. Ende der Fünfziger gab es große Arbeitslosendemonstrationen in Dublin. Diese Leute sahen nicht nur arm aus, sie waren es auch. Ihnen blieb nichts anderes übrig, als auszuwandern.

Trotzdem fühlte ich mich beleidigt. Mein Vater hatte oft keinen einzigen Penny. Und obwohl manchmal der Fahrer mit dem Austin Princess vor der Schule meiner kleineren Schwestern stand, wenn sie herauskamen, konnte es doch auch sein, dass sie noch nicht mal Strümpfe anhatten. Sie hatten oft keine Schreibhefte. Eine meiner Schwestern hatte Tb und musste die ganze Zeit liegen. Niemand interessierte sich dafür, oder wenn doch, dann geschah trotzdem nichts. Ein älterer Freund von mir, ein Arzt, bemerkte zufällig ihren schwachen Zustand. Sie verbrachte ein Jahr im Sanatorium. Sonst wäre sie wahrscheinlich gestorben. Meine Brüder waren dieser Verwahrlosung am stärksten ausgesetzt. Sie hätten Hilfe in der Schule gebraucht, denn sie schafften sie nicht allein. Sie stolperten von einem aussichtslosen Job in den nächsten. Mein Freund, der Arzt, und ein Jesuit taten alles Menschenmögliche, um meinen ältesten Bruder, der wirklich talentiert war, dazu zu bringen, wenigstens eine College-Qualifikation zu schaffen. Das scheiterte dann an meiner Mutter, die fand, er solle lieber Geld verdienen, während mein Vater seine Hände in Unschuld wusch und so tat, als gäbe es gar kein Problem. Mein Bruder heuerte schließlich auf einem Handelsschiff an. Wir waren nicht arm. Wir hatten Hoffnungen, die die wirklich armen Leute nicht hatten, und es lag bestimmt nicht am Geld, wenn sie sich nicht erfüllten. Ich hörte später von einem Dubliner Journalisten, dessen Familie sehr arm war. Seine Mutter war Zimmermädchen in einem Hotel. Die Kinder mussten abends am Hinterausgang des Hotels so lange warten, bis sie wusste, welches Zimmer leer war, und ihre Kinder dann hineinschmuggeln konnte. Ich beneidete ihn. Ich beneidete ihn dafür, dass seine Mutter sich um sie kümmerte.

Auf der Fianna-Fáil-Weihnachtsparty sah ich den Journalisten, der so böse über mich geschrieben hatte, und ich drehte mich ganz schnell weg. Aber Charlie Haughey, der zu der Zeit

Taoiseach war, lachte uns beide an und brachte uns dazu, die Hände zu schütteln. Damals, als wir zwar zu Hause arm waren, aber nicht nach außen, ging ich schon mal mit meinen Eltern in Groome's Hotel einen trinken. Ich erinnere mich, dass mich Charlie Haughey einmal nach Hause brachte und wir noch am Tor im Auto saßen und meine Mutter herauskam und an die beschlagenen Scheiben klopfte. Charlie Haughey und mein Vater hatten die gleiche Art von ironischem Größenwahn. Sie kamen beide aus bescheidenen Verhältnissen, und «Joey's» in Marino, wo sie zur Schule gegangen waren, war keine Elite-Akademie. Aber was hatten sie in ihren besten Jahren für eine tolle Zeit! Allerdings tanzte mein Vater auf dünnem Eis. Oft wartete der Gerichtsvollzieher auf der gegenüberliegenden Straßenseite. Wir lebten von der Hand in den Mund. Und dennoch war ich stolz auf meine Familie. Man traf nicht oft einen Mann und eine Frau, die so charmant wie mein Vater und meine Mutter waren. Ich war von ihnen bezaubert. Meine Mutter machte mich zu ihrer Vertrauten. Sie erzählte mir in allen Details, wie mein Vater sie betrog und wie sie's ihm heimzahlte. Sie hatte eine ungeschickte kleine Affäre mit einem Mann aus dem Pub. Ich begriff noch nicht, wie verheerend eine solche Rolle für mich war. Ich glaubte, ich hätte mein eigenes Leben. Aber als ich mein Stipendium bekam, verlor ich doch tatsächlich das ganze Geld, ich verlor wirklich die Geldscheine. Das war genau die Art von Katastrophe, an die ich gewöhnt war.

Um dem Ganzen die Krone aufzusetzen, machte ich auch nicht die Prüfung, die man nach einem Jahr ablegen musste. Ich unterstützte Noel Brownes Sozialistengruppe, und weil ich den Wahlkampf für wichtiger hielt als meine eigenen Belange, ging ich auch nicht studieren. Ich weiß noch, wie meine Freundin Nessa Boland mich am Haupteingang der Universität anflehte, doch wenigstens mit hereinzukommen und mir alles anzusehen. Aber ich machte auf dem Absatz kehrt und ging davon. Ich trank nicht nur wie meine wilde Tante, sondern oft auch mit ihr. Ich hätte diese Jahre nie durchgestanden, wenn nicht der ältere Freund, der Arzt, ein Auge auf mich und meine Familie gehabt hätte. Er hatte schon meine Schwester mit ihrer Tb gerettet, und nun bewahrte er mich vor dem Abrutschen.

Weil ich so wenig Distanz zu meiner Familie und keiner von uns den leisesten Überblick über das hatte, was wir da trieben, wäre ich fast mit dem sinkenden Schiff untergegangen. Glücklicherweise wurde ich von den starken Kräften Liebe und Sex ans sichere und trockene Ufer gezogen. Ich war jeden Abend in der Stadt. Ich arbeitete halbtags, und eine Zeit lang ganztags im Kaufhaus und ging nur noch ins College, um Leute zu treffen. Mein Vater machte jeden Abend Theater, wenn ich ausgehen wollte. Einen Tag gab es Ohrfeigen, am nächsten eine luxuriöse Landpartie zu irgendeinem Rennen. Aber ich mietete ein Zimmer unterm Dach, in der Nassau Street. Eine Tages tauchte er plötzlich dort auf. Ich öffnete die Tür, er kam ohne ein Wort zu sagen rein, ging zum Waschbecken und trat gegen den kleinen Mülleimer, sodass die ganzen Teeblätter über den Boden verstreut wurden. Dann rannte er wieder die Treppen runter.

Meine Erfahrungen während meiner Studienzeit wurden von Büchern und von Menschen geprägt, die mir die Augen öffneten, aber auch von der Liebe – mit allem, was dazugehört. Das war das Einzige, was zählte. Ich glaubte ans Lernen. Als ich eines Tages jemanden über Miltons Sonett «On his Blindness» sprechen hörte, begriff ich plötzlich den Zusammenhang von Form und Inhalt. Das war mindestens so eine Offenbarung und fast so wichtig wie das Lesenlernen.

Die englische Abteilung der UCD öffnete sich Ende der Fünfziger gerade der modernen Welt. Denis Donoghue führte uns in die amerikanische Dichtung ein. Bis heute üben diese Gedichte, die er uns damals lehrte, einen großen Zauber auf mich aus. Er brachte uns Pound nahe:

Denn wann immer der Tod unsere Lider zutut,
Setzen wir nackt über Acheron,
Sieger und Besiegte auf einem Nachen
Marius und Jugurtha zusammen, ein Schattengewirr.

Er brachte uns Wallace Stevens' wunderschönen Schluss von «Sunday Morning» nahe:

Das Hochwild grast auf unseren Bergen, über uns
Die Wachtel stößt plötzlich ihre Pfiffe aus.

Er brachte uns Robert Frost nahe:

Sie ist ein Seidenzelt in Mittagsglut,
Wenn warmer Sommerwind den Tau geleckt,
Wenn jedes Seil, das straff sonst, schlaff nun ruht.

Ich erinnere mich ganz besonders an diese drei Gedichte, weil sie meine Vorliebe für einen autoritativen Ton in Gedichten begründeten. Alles, was freundlicher ist, zählt für mich nicht zu wirklich großer Lyrik.

Was die Liebe anging, wusste ich überhaupt noch nicht zu unterscheiden. Die wenigen Male, bei denen ich in den nächsten Jahren bis zum Letzten ging, geschah «es» nicht, weil ich es wollte, sondern weil ich zu schüchtern war, über intime Dinge zu sprechen. Ich traute mich einfach nicht, nein zu sagen. Auch als es das erste Mal geschah, wortlos geschah, da wusste ich schlicht nicht, wie man sagt, dass man nicht will. Mit der Zeit lernte ich dann «Bis hierher und nicht weiter» zu sagen. Das war das Schlimmste, aber das einzig Mögliche, wenn man mit jungen Männern zusammen war, die mindestens so unreif waren wie man selbst.

Soweit ich weiß, waren die Jungen und Mädchen auf der Universität ziemlich prüde, die meisten lebten noch zu Hause oder in Heimen, die von Priestern oder Nonnen geführt wurden, und alle – ich sowieso – waren natürlich anfällig für katholische Skrupel. Dass man einfach geil sein konnte, gab man nicht zu unter den Studenten vom Trinity College. Rugbytypen aus Nordirland, die ich von irgendwoher kannte, glaubten, dass katholische Mädchen besonders leicht zu haben wären. Aber selbst die Älteren dort – Männer aus England, die beim National Service waren –, mussten sich den Sitten des verhütungsfreien Dublin beugen. Trinken, reden und ständig ins Kino gehen waren der Ersatz.

Zwischen UCD und Trinity gab es große Unterschiede, aber

von beiden Universitäten trafen sich alle, die sich für Theater, Trinken und Literatur interessierten, in der Grafton Street. «Ach, das sind doch nur Studenten», pflegten die Arrivierten zu sagen – das waren die, die Geld hatten oder sich schon einen Namen als Künstler gemacht hatten –, sie waren die Kings unserer kleinen Stadt.

Dublin am Ende der Fünfziger ist in meiner Erinnerung ein dunkler und dramatischer Schauplatz, durch dessen Straßen Rauch- und Regenschwaden treiben. Ich sehe die Stadt immer in Schwarzweiß. Die Pubs und Cafés waren so erregend, weil sie Licht und Wärme verströmten. Die Studenten bewegten sich wie kaum zu erkennende Guerillakämpfer durch die Straßen. Sie waren überall, sie tauschten ihre Mäntel, sie liehen sich gegenseitig Bücher und aßen Eibrötchen mit Zwiebeln und Chips mit Minzsauce; wenn sie Geld hatten, waren nachmittags Kartoffelkuchen bei Bewley's drin.

Ob älter oder jünger, die Großstädter lebten damals in kalten Kammern, die nach Gas rochen, fleckige Vorhänge hatten und tropfnasse Badezimmer am Ende eines mit Linoleum ausgelegten Flurs. Es gab Hunderte von diesen Unterkünften, in denen junge Männer und Frauen lebten, die sich gegenseitig besuchten. Sogar Trinity-Studenten, die angeblich sehr unter Kontrolle standen, konnten in diesem Netz von Kammern am Kenilworth Square und in der Waterloo Road, oben in den Dachgeschossen der Nassau Street, den Kellerwohnungen der Leeson Street und über den Läden der Baggot Street abtauchen. Nachmittags schlüpften die Pärchen in stillschweigender Übereinkunft unter muffige Bettdecken, sie in Pullover, Rock und Strumpfgürtel, er zog sich die Hose unter der Decke aus. Die Fummeleien führten hierhin und auch dorthin, und Buddy Holly brachte Peggy Sue sein Ständchen auf dem Dansette-Schallplattenapparat, sodass die Karten spielenden Nachbarn nichts hörten.

Für mich war alles, was ich lernte, neu. Mich für so etwas zu interessieren, wie de Valeras* Versuch, das Verhältniswahlrecht zu ändern, war neu. Politik war neu. Nationalismus war neu. Ich hatte einen Freund, der aus einer konservativen Familie stammte und, während er mit mir die Molesworth Street rauf- und runterspazierte, Pläne schmiedete, die Große Loge der Freimaurer in die Luft zu jagen – das war Nationalismus. Auf der O'Connell-Brücke zu stehen, dem Marsch der Arbeitslosen zuzuschauen und sich zu fragen, ob das irgendwas nützt, das war Politik. Parteien spielten keine Rolle. Noch nicht einmal die Fianna-Fáil-Partei regierte das Land; de Valera, und zwar er persönlich, regierte das Land.

Freunde zu haben war neu. Vom Enthusiasmus Gleichaltriger angesteckt zu werden war neu für mich. Jungen und Männer als Kameraden zu haben war neu. Vor dreißig Jahren gingen ja noch nicht so viele Leute aufs College, und meine Kommilitonen, obwohl sie meistens aus armen Verhältnissen kamen, waren gut behütet aufgewachsen. Die meisten anderen gingen mit elf oder vierzehn von der Schule ab. Sie hatten kaum Gelegenheiten, Freundschaften mit dem anderen Geschlecht zu schließen. Ihnen blieb nichts anderes übrig, als sich gegenseitig auf Tanzveranstaltungen zu erkunden. Ich wusste nur zu genau Bescheid über das, was an Leidenschaft hinter den Tanzschuppen abging, und darüber, wie man mit

* Eamon de Valera, 1882 bis 1975, kämpfte gegen die britische Herrschaft, war aber gegen jene Forderungen nach Unabhängigkeit, hinter denen die Mehrheit der irischen Bevölkerung 1922 stand. De Valera beschwor so den irischen Bürgerkrieg herauf. Ein Jahrzehnt später allerdings zog seine Partei Fianna Fáil ins Britische Parlament ein, und so wurde de Valera zum Architekten des modernen Irland, seiner Verfassung und schließlich sein Präsident (1959). Sein sozialer Konservativismus und sein frommer Katholizismus prägten den unabhängigen irischen Staat.

wunden Lippen und geschwollenen Brüsten aus dem Kino kam. Aber ich wusste nicht, wie man sich ganz normal benimmt. Es gab damals einen billigen Fusel namens Vintara. Davon trank ich ziemlich viel. Wer aus einem behüteten Elternhaus kam und das mit ansah, war entsetzt darüber, wie hemmungslos man von dem Zeug wurde.

Als ich die UCD dann abbrach, dachte ich, ich wäre erledigt. In London folgten Monate voller Verzweiflung. Ich hatte noch nicht einmal das Geld, um nach London zu gehen, aber eine Agentur in der O'Connell Street zahlte die Fahrtkosten, wenn man einen Job als Küchenhilfe im Krankenhaus annahm. Das Geld wurde einem dann von dem sowieso schon kargen Lohn wieder abgezogen, sodass man kaum etwas für die Heimreise sparen konnte. Ich lebte in einem Wohnheim in der Nähe des Krankenhauses. Ich arbeitete allein in einem Kellerraum und hatte eine große Spülmaschine zu bedienen, in die man an einem Ende dreckiges Geschirr einräumte, das auf der anderen Seite etwas weniger dreckig wieder herauskam.

Ich hatte eine wunderbare Zeit am College gehabt. Ich hatte dort Freunde gehabt. Nun war ich abends, wenn ich auf dem Bett lag und mit den Augen das Fenster hoch oben in der Wand suchte, so einsam, dass es körperlich wehtat. Ich versuchte, nicht an Dublin zu denken, weil das so endgültig war und ich für den Rest meines Lebens eine irische Arbeiterin in England sein würde. Diese Erfahrung absoluter Hoffnungslosigkeit war traumatisch. Damals gab es kaum Schwarze und noch weniger Asiaten in England. Iren und später Zyprioten machten die Billigjobs. Wenn man so arbeitete wie ich, bedeutete das, dass man nur lebte, um zu arbeiten, damit man gerade genug hatte. Ich sah nicht, wie ich da jemals wieder herauskommen sollte.

Durch einen Zufall kam ich an das Geld für die Heimfahrt. Zu der Zeit wurden Tausende von jungen Frauenleben einfach nur durch patriarchalische Regeln ruiniert. Man war heiß auf die Frauen und wie der Teufel hinter ihnen her, bis sie sich ergaben – aber wenn sie schwanger wurden, wurden sie zerstört. Das Geld für die Heimreise nach Irland bekam ich durch eine dieser tragischen Schwangerschaften.

Eine irische Frau, die ich kannte, eine erfolgreiche, gepflegte Assistentin der Geschäftsführung, die normalerweise gar nichts mit mir zu tun gehabt hätte, fürchtete, dass sie schwanger sei. Wir gingen zusammen zum Arzt. Sie zog ihren Pullover und BH aus, er guckte sie nur an und sagte, ja, sie sei schwanger. Sie bezahlte. Es war ein Winterabend. Sie lehnte sich an eine Mauer, weinte nicht, versuchte zu begreifen. Das Schlimmste war: Wie sollte sie es ihren Eltern erklären? Am Ende gab sie mir das Geld für die Rückfahrt, um es zu Hause ihren Eltern beizubringen, während sie in London wartete, um dann von mir zu erfahren, wie sie es aufgenommen hatten.

So kam ich zurück nach Irland. Das Leben dieser jungen Frau hatte gerade erst angefangen, als die Schwangerschaft sie traf. Aber das ist ihre Geschichte, die sie selbst erzählen muss. Sie versteckte sich die letzten Tage in Belfast, bevor das Baby geboren wurde. Wir liefen den ganzen Tag ziellos umher, weil wir kein Geld hatten, um irgendwohin zu gehen.

Ich sah sie ein paar Stunden nach der Geburt, weinend lag sie in ihrem Bett, Milch sickerte durch die fest gewickelten Bandagen. Ihr Vater war aus Dublin gekommen, er und ich waren die einzigen Leute, die bei der Taufe des Babys dabei waren. Danach fuhr ich mit dem Baby im Zug nach Dublin und von dort aus mit dem Bus in einen Vorort. Ich übergab das Baby einer Nonne in einem Waisenhaus, wo es so lange bleiben sollte, bis es adoptiert wurde. Das Baby hat den ganzen Weg nicht einmal geweint. Ich habe erst vor ein paar Jahren erfahren, dass die Mutter oft zu diesem Heim gegangen war und durch die Hecke auf den Spielplatz lugte, in der Hoffnung, ein Kind zu sehen, das wie sie aussah.

Und ich hatte immer noch ungeschützten Sex. Ich wusste nicht, wie man vom Sex loskommt. Dass der Mann eine Verantwortung für mich hat, wäre mir nie in den Sinn gekommen. Aber jenem älteren Mann, der mich einst mit nach Connemara nahm, als ich neunzehn war, werde ich nie verzeihen. Er war Ire, aber er war schon im Ausland gewesen. Er war der Erste dieser Art, den ich kennen lernte, und ich bewunderte ihn. Ich dachte, ich müsste mit ihm schlafen, damit er sein Interesse an mir nicht verlor. Aber ich wusste nur, wie man flirtet. Ich erinnere mich, wie er sich in dem Bett dieses klammen Häuschens – das wir nur bekamen, weil wir so taten, als seien wir verheiratet (ich trug das gefaltete Goldpapier einer Zigarettenschachtel als Ring) – über meinen nackten Körper beugte. Als Vorspiel zupfte er an meinem Achselhaar. «Entspann dich», befahl er. «Los jetzt! Kannst du denn nicht mal etwas entspannter sein?» Aber ich war nur peinlich berührt. Wir saßen in der windigen Sonne auf einem Felsen, und er erzählte mir von seinen sexuellen Erfahrungen. Ich sollte dadurch in erwachsene Sinnlichkeit eingeführt werden – oder was er dafür hielt. Ich saß im Wintergarten des kleinen Hotels neben dem Häuschen und las mich durch alte Ausgaben des *New Yorker* und wartete mit zusammengebissenen Zähnen, bis ich endlich von hier und von ihm wegkam.

Später erklärte er mir in einem Brief, was «ein Mann» von «einer Frau» will. Ich füge ihn hier als Dokument aus patriarchalischen Zeiten bei:

«Liebe kleine Schwester,

zuallererst leistest du ihm (und mit ihm meine ich den Mann, dem du dich hingeben willst) Gesellschaft. Du nimmst seine Ideen und seinen Enthusiasmus an, du glättest seinen überflüssigen Ärger, du bist ihm ein weicher Busen für harte

Tage, ein Ansporn, etwas zu tun, oder die verlockende Beute, wenn er sich entspannt. Du gibst ihm die Freiheit, nur dich zu lieben. Du erwartest strenge, süße Disziplin von ihm, lass ihn die Forderungen deiner Liebe spüren. Denn er führt nur ein Schattendasein, wenn er sein Herz nicht ausschütten kann, wenn sein Egoismus nicht mitleidlos zerstört wird, wenn seine vielen guten Impulse und seine ungerichtete Liebe keinen Sammelpunkt und keine Mitte haben, wo sie sich überhaupt erst verwirklichen und Bedeutung erlangen.

Du wirst ihm das geben – du wirst ihm die männliche Aufgabe stellen, täglich neu deine Liebe zu gewinnen. Du wirst ihm die Freude in die Augen treiben, wenn er dich strahlend, klar und sauber anschaut und immer wieder bemerkt, wie deine Augen ihm folgen. Du wirst ihm all das geben, egal wie stark oder klug oder weltberühmt er sein mag. Und wenn du dich selbst zum Geschenk machst, tu es bitte in Demut – aber all der Dinge wohl bewusst, die du ihm gibst –, das macht dein Geschenk noch kostbarer und bedeutsamer. Du hast schon Recht, dass du ‹interessante Leute› suchst, Bildung und die Welt der Bücher so hoch einschätzt. Aber ich sage dir, was ein Mann wirklich von dir will. Glaub es mir.»

In jenen Jahren habe ich Sex nur einmal verstanden. Ich war mit einem Amerikaner befreundet, der in Dublin seinen Doktor machte. Er war viel älter als wir. Er hatte die «West Side Story» auf Platten und ein Taschenbuch mit Salinger-Storys. Er teilte sich mit ein paar anderen Männern ein Kellerapartment in der Waterloo Road. Als ich eines Nachmittags vorbeikam, war er allein dort. Wir flirteten auf seinem Bett herum, da klingelte es und er ging an die Tür. Als er zurückkam, war sein Gesicht völlig verändert, und ohne ein Wort zu sagen, tastete er sich fast blind zu mir aufs Bett, riss mir die Kleider runter und drang in mich ein. Nach ein paar schrecklichen Minuten kollabierte er mit fürchterlichem Schluchzen auf meinem starren Körper. Er setzte sich auf die Bettkante und hielt seinen Kopf in den Händen. «Das war ein Telegramm», sagte er. «Meine Mutter ist gestorben.»

*

Nach einem Jahr, immer haarscharf an der Depression vorbei, ging ich zurück aufs College. Die Schriftstellerin Mary Lavin – deren Zuneigung für mich zu den Glücksfällen in meinem Leben gehört – erlaubte mir, innerhalb von sechs Wochen noch einmal das Examen zu wiederholen. Mein Geld reichte genau für ein Zimmer in der Pembroke Street und ein Fritten-Abendessen, woran ich den ganzen Tag denken musste, bei Cafolla's an der Baggot Street Bridge. Als ich dann wieder auf der UCD war, hatte ich kein Stipendium, sodass ich die Gebühren nicht bezahlen konnte. Aber ein Jesuit in der Gardiner Street, der durch meinen Arzt-Freund von mir gehört hatte, gab mir das Geld dafür, das ich niemals allein aufgebracht hätte. Schließlich gewann ich noch einen kleinen Preis, und mit dem Lohn von all den Jobs, die ich die ganze Zeit nebenbei machte, kam ich durch bis zum Examen – nicht ohne ständigen Ärger mit den College-Autoritäten gehabt zu haben. So wurde ich zum Beispiel wegen unschicklichen Benehmens auf einer Party zu ihnen zitiert, ich hatte mal wieder Vintara getrunken. Aber ich wurde auch sehr freundlich behandelt, besonders von den Frauen, die im Büro arbeiteten. Ich liebte diesen Ort. Ich erinnere mich gern an jeden Raum und jeden Flur.

Ich war zwanzig, als ich Michael traf. Meine Mutter sagte: «Bist du sicher, dass du ihn liebst?» – «O Mammy», sagte ich. Ich stand am Fußende ihres Bettes, und sie ließ das Buch sinken und schob sich die Brille auf die Nase – das interessierte sie nun doch. «O Mammy, ich sterbe, wenn ich ihn nicht treffen kann, ich überlebe das nicht.» Ich war ein paar Wochen zuvor auf den Treppen der Nationalbibliothek mit ihm zusammengestoßen. Ich sah, wie er sein Gesicht der Sonne entgegenstreckte – die vorstehende Linie seiner Wangenknochen, die Schatten seiner Wimpern. Ich kannte ihn flüchtig, ich hatte einmal ein Wochenende in seiner Hütte auf einem Hügel bei Dublin verbracht. Da hatten wir etwas, worüber wir reden konnten – inmitten einer Menschenmenge in einem Pub außerhalb Dublins. Wir standen da wie zwei Masten, die durch einen Hochspannungsdraht miteinander verbunden waren. Als wir in einem überfüllten Auto zurück in die Stadt fuhren, saß ich auf seinem Schoß. Wir wagten kaum zu atmen. «Ich ruf dich an», war alles, was er sagen konnte, als sie mich absetzten, und ich schluckte nur und ging.

Er rief an. «Komm doch am Samstag runter zur Hütte» – als wenn nichts dabei wäre –, «du kennst ja den Weg. Wir können spazieren gehen und ein bisschen was essen.» Aber es war Winter. Es fing an zu schneien. Dann kam ein Schneesturm. Bis Samstagmorgen war es ziemlich zugeschneit, sogar in Dublin, und die ganzen Hauptstraßen waren gesperrt. Es fuhr kein Bus. Er hatte kein Telefon in der Hütte, und selbst wenn er eins gehabt hätte – ich wollte ja gar keine andere Verabredung! Ich musste hin! Auf dieses Rendezvous hatte ich mein ganzes Leben gewartet! Ich bat meine Mutter um Geld für den Zug zur nächstgelegenen Station. «Aber wie weit ist es denn von dort aus zu der Hütte?» – «Weiß ich nicht, Mammy, aber wenn ich erst mal bis dahin komme, dann komm ich schon irgendwie zu der Hütte.» Mammy erhob sich aus dem Bett, guckte in ihre Manteltaschen und ihr Portemonnaie und gab mir alles, was sie hatte.

Auf dem Land hatte es aufgehört zu schneien. Es war ein stiller, spiegelglatter, kalter Winternachmittag. Der Himmel war blaßgelb. Ein paar Autos hatten tiefe Furchen in den Schnee gefahren. Die Ränder der Furchen waren wieder gefroren und taten mir nun an den Füßen weh, als ich die Straße entlangknirschte. Weil ich Michael nicht mit Gummistiefeln begegnen wollte, hatte ich normale Schuhe angezogen. Die Straße führte durch einen Wald, und der Schnee tropfte von den Baumwipfeln in den Kragen meines Hemdes und lief mir den Rücken hinunter. Ein Auto nahm mich mit. Ich war so durchgefroren, dass ich die Tür nicht zuziehen konnte. Der Fahrer sorgte sich um mich, als ich sagte, er solle mich unten an dem Weg rauslassen, der zur Hütte führte. Es wurde dunkel. «Ist schon in Ordnung», sagte ich, «mein Freund wohnt gleich da drüben.» Ich wollte kein Aufhebens von meiner Ankunft machen, es sollte ganz lässig wirken. Aber als ich mit vor Aufregung und Schüchternheit hochrotem Kopf durch den Schnee gestapft war und voller Erwartung vor der Tür stand, war Michael gar nicht da. Das Feuer war noch warm, aber er war weg – er hatte sich offenbar nach Dublin durchgekämpft.

Ich weinte. Dann nahm ich die Petroleumlampe, die ich angezündet hatte, und trug den Glaszylinder vorsichtig vor mir her, als ich die Holztreppen hochkletterte. Ich zog meinen Rock und meine Strümpfe aus und ging in sein Bett. Ich hatte noch eine zerdrückte Zigarette, allmählich wurde es warm unter den Decken und ich schlief ein.

Ich wachte davon auf, dass sich die Schlafzimmertür öffnete. Er stand da. Die Lampe brannte noch immer. Er war unfähig, irgendetwas zu sagen oder zu lächeln, und ich konnte auch keinen Laut von mir geben. Dann kam er ins Bett, und seine warmen Arme hoben mich auf ihn, sodass wir es ganz bequem hatten. Und irgendwann in der Nacht glitt er, ohne sich groß zu bewegen, in mich hinein und bewegte mich mit all meiner Zustimmung, und am Ende lag ich wie neugeboren in seinem Arm. Das war es also! Darum ging es also! Ich sollte jedes Detail dieses Schlafzimmers kennen lernen. Der Frost hatte die Butzenscheiben des kleinen Fensters neben dem Bett vereist, aber eine der Scheiben hatte einen Sprung, und da war die Scheibe ganz klar. Ich konnte die Sterne sehen.

*

Von da an war Michael mein Mann, wobei das «mein» sicherer klang, als es das jemals war. Ich war noch immer Studentin in Dublin, während er meistens auf dem Land lebte, las und Klavier spielte. Er interessierte sich überhaupt nicht für die Gesellschaft, zu der wir gehörten. Wenige interessierten sich dafür. Noel Brownes Sozialistische Partei endete bei einer leidenschaftlichen Sitzung im Moran's Hotel, wo sie sich in verschiedene Gruppen spaltete. Ich erinnere mich daran, dass David Thornley, der die Gruppe der Dissidenten anführte, weinend vom Podium stolperte. Die großen, zornigen Demonstrationen der späten Fünfziger gegen Armut, Emigration und Hunger gab es längst nicht mehr – man sagte, der Erzbischof habe den Anführern gute Jobs verschafft. Die Republik war ein Einparteienstaat geworden.

Anfang der Sechziger wusste ich mehr über die Politik in Wales als in Irland. Ich war lange in einen walisischen Nationalisten verknallt gewesen, und als ich nach Wales fuhr, um ihn zu treffen, stand ich wie gebannt bei Woolworth's in Bangor, weil die Ladenmädchen walisisch sprachen. Ich hatte noch nie gehört, dass einfache Angehörige der Arbeiterklasse etwas anderes sprechen konnten als Englisch. Ich war mit dem Waliser bei einer Messe in einem Wohnhaus, dort ging es so kämpferisch und leidenschaftlich zu wie bei den Urchristen und nicht so normal wie in den Kirchen in Dublin. Ich verbrachte eine Zeit auf einer Nationalisten-Farm. Ich las die Texte des walisisch-kulturellen Nationalismus, wie Saunders Lewis' Buch «Why we burnt the Bombing-School», und ich lernte walisische Ausdrücke. Als ich mit dem Waliser beim Ruderbootrennen in Galway Bay war, begann ich zu ahnen, dass es auch ein irischsprachiges Irland gab. Aber ich interessierte mich nicht dafür. Natürlich sagt das nichts über das Irland dieser Zeit aus. Zweifellos würde ich fließend Irisch sprechen, wenn ich mich in einen Mann aus Connemara verknallt hätte. Aber es war typisch für Intellektuelle – wenn das nicht ein zu großes Wort ist – aus Dublin, die sich damals nicht für die Zustände in Irland interessierten. Hier passierte nichts und Nordirland war weit weg. Als die ersten Bücher von Edna O'Brien erschienen, war das für Frauen ein Katalysator, ihre Erfahrungen auszutauschen, und ich erfuhr, dass ganz schön viele Leute nach Belfast fuhren, um Kondome zu kaufen. Kondome, Hüte, billige Butter, das machte hier die Welt aus. In England hingegen passierte wirklich etwas. Dort schienen die Künstler mehr Geld zu haben, aber weniger als in Dublin konnte man auch kaum haben.

Ich war oft in dem Keller der Leeson Street (bizarrerweise ist jetzt dort ein Nightclub), wo die Dichterin Leland Bardwell mit ihren Kindern lebte und der gleichzeitig ein Club ohne Sperrstunde und ein Heim für Obdachlose war. Es war ein Treffpunkt für englische und schottische Dichter und Maler, die von Soho rübergekommen waren, um Leland oder Anthony Cronin zu sehen. Anthony Cronin, Redakteur und Schriftsteller, war zu der Zeit eine Schlüsselfigur der Literaturszene. Vielleicht wurde ja in seinen Kreisen über Irland diskutiert, aber ich war nur eine kleine Studentin und wahrscheinlich die einzige Studentin meiner Generation, die keine Gedichte oder Geschichten schrieb.

Es wimmelte nämlich von Dichtern. Und von Essayisten. Gelehrte junge Männer wie Owen Dudley Edwards schrieben Aufsätze für kleinere Zeitschriften oder für studentische Zirkel. Jeder versuchte den anderen von irgendwelchen Schriftstellern oder historischen Figuren zu überzeugen. Die Feuilletons waren zu jener Zeit noch völlig unterentwickelt. Zum ersten Mal schwirrten Ideen und Informationen durch die Luft. Wenn Owen über Swift oder Parnell und Kitty O'Shea oder Housmans Leben und Dichtung oder über Sherlock Holmes sprach, dann war das alles neu für uns.

Ich begann, kleinere Beiträge für Radio Éireann zu schreiben. Ein Redakteur hatte mir den Job besorgt, und ich brachte ihm meine Texte in das Studio in der Henry Street mit seinen langen Fluren, den Kokosläufern und den Glastüren, auf denen in goldenen Lettern und in sattem Irisch geschrieben stand: *fadas* und *seimhiús*.

Er fuhr mit seinem Stift durch den ersten Absatz und dann, als wir die Aufnahme machten, hörte ich meinen ersten Absatz als seine Anmoderation wieder. Danach nahm er mich manchmal mit in die Tower Bar gegenüber. Er sprudelte geradezu über vor Begeisterung – für das Christentum, Kreuzworträtsel, Schach, Frauen, keltische Literatur, Essen oder Landpartien in geliehenen, seltenen Autos. Damals war das ländliche Irland in jeder Beziehung weit entfernt. Die *Fleadh Cheoil* – Treffen für traditionelle Musik in Kleinstädten – wurden gerade populär und die Filmmusik von «Mise Eire» verzückte das Publikum. Bevor ich Sean traf, kannte ich niemanden, der Aufnahmen von irischer Musik hatte. «My Fair Lady» wurde herumgereicht, aber niemals irische Musik.

Ideen wurden in Diskussionen ausgetauscht. Studentenmagazine und studentische Organisationen und was dort gesagt wurde, spielten dabei eine große Rolle. In der UCD wurden nur ausgewählte Gastsprecher zugelassen. Ich war noch nicht lange wieder am College, da fiel mir ein Papier in die Hände, das sich mit Religionen im Mittelmeerraum beschäftigte. Ich war unglaublich schockiert darüber, dass man das Wort «Religion» auch im Plural benutzen konnte. Niemand hatte mir gesagt, dass es jungfräuliche Mütter, Dreifaltigkeiten, Tod und

Auferstehung auch woanders als im Christentum gab. Ich war damals noch praktizierende Katholikin und wirklich erschüttert. Ich war immer der festen Überzeugung gewesen, dass es gute und schlechte Katholiken gab, aber dass man auch an gar nichts glauben konnte, darauf war ich überhaupt nicht vorbereitet. Mein erster veröffentlichter Beitrag handelte von den visuellen Bezügen zur Via Dolorosa in Ingmar Bergmans «Wilden Erdbeeren». Das war ein Dauerthema zu dieser Zeit – die wenigen ausländischen Filme, die man in Dublin sehen konnte, wurden rauf und runter untersucht. Und die irisch-katholische Version des Christentums war mehr oder weniger das einzige Weltbild, das wir kannten. Wir waren so erzogen, dass politische Ereignisse, wie der Volksaufstand in Ungarn oder der Überfall der Amerikaner in der Schweinebucht, nur daran gemessen wurden, ob sie für oder gegen den Katholizismus waren. Die ersten Bemühungen, nach der Schule eine Art intellektuelles Leben zu führen, liefen darauf hinaus, all die neuen Ideen irgendwie mit der bekannten Religion zu vereinbaren. Es gab ein modisches Interesse an Ideen. Das französische Drama war der Hit an den Universitäten, von Claudel und Camus konnten wir gar nicht genug bekommen. Wir Studententheatertypen wollten alles ausprobieren: Becketts «Alle, die da fallen» war ein toller Erfolg, aber ein Strindberg-Einakter musste abgebrochen werden, weil das Publikum bei dem Satz «Seitdem ich deine Füße im Badehaus gesehen habe, liebe ich dich» in hysterisches Gelächter ausgebrochen war. Ich inszenierte auch eine miese Produktion von «Nachtasyl», nicht zuletzt weil Moskau Veröffentlichungen wie Gorkis Stücke subventionierte und man sie ganz billig im kommunistischen Buchladen in Dublin kaufen konnte. Wenn man irgendetwas entdeckt hatte und begeistert war, war es wie ein Lottogewinn – man musste es sofort mitteilen. Der spätere Generalstaatsanwalt Paddy Connolly wusste alles über Wagner. Meine

Freundin Eithne O'Neill schrieb mir – um zu üben – in Irisch und Französisch über die Erzählungen von Doris Lessing. Nabokov wurde von einem Leser zum nächsten weitergereicht.

Leland las alles und reichte alles weiter. Ihre muffige Kellerwohnung in der Leeson Street veränderte sich ständig mit den wechselnden Besuchern. Meine Freundin Laila, eine elegante Ägypterin, war Babysitterin bei Lelands Sohn, der sehr pflegeleicht war und sofort einschlief, wenn er seine Milch aus einer Ginflasche mit einem Sauger dran getrunken hatte. Laila las dann Poe, und plötzlich schienen sich im Zimmer dunkle Gestalten zu versammeln. Sie schnappte sich das Baby und verbrachte den Rest der Nacht auf der Treppe. Aber in der Kellerwohnung konnte man auch Bridge lernen. Leland kam aus einem protestantischen Haus und hatte so ihre Angewohnheiten. Sie liebte Bridge und Reiten. Als die Wohnungsgesellschaft sie nach Tallaght umquartierte, hielt sie sich ein Pferd; für ihre Nachbarn war sie die Frau-die-alles-kann. Leland war so arm, wie meine Mutter immer gewesen war, und sie kam prima damit klar, so viele Kinder zu haben. Nicht nur, dass sie selbst überlebte, sie half auch anderen zu überleben. Sie und ihre Kellerwohnung waren eine Anlaufstelle für Generationen von Schriftstellern, wo sie mit der einen Hand den Eintopf umrührte und mit der anderen Übersetzungen von Baudelaire verglich. Sie wusste alles. In jenen Tagen, als die Geschlechter einander so fremd waren, entstand dort, wo Männer und Frauen sich begegnen konnten, so etwas wie ein Bohemienleben. Aber Gleichberechtigung gab es keine. Ich habe Leland einmal gefragt, wieso sie mit einem Mann zusammenlebte, der so lieblos mit ihr umging. «Wen würde ich sonst kriegen», sagte sie, «in meinem Alter.» Da war sie immerhin noch jung genug, um Kinder zu kriegen.

Im Dublin der sechziger Jahre konnte man nicht so einfach mit seinem Liebhaber zusammenleben. Offiziell lebten Michael und ich nicht zusammen. Sogar meine Mutter akzeptierte den Zustand nur, weil wir so bald wie möglich heiraten wollten. Michael war noch in England verheiratet, aber seine Frau und er lebten schon eine ganze Weile getrennt. Scheidungen dauerten damals ein paar Jahre. Ich verbrachte mit ihm eine Nacht in einer Pension, die für ihre Freizügigkeit allseits bekannt war. Als ich morgens rauskam, stand draußen ein Wagen voller Männer, die auf mich gewartet hatten und nun langsam neben mir herfuhren. Halb drohten sie mir, halb baten sie mich inständig, ein braves Mädchen zu sein und nach Hause und beichten zu gehen. Sie gehörten zu einer katholischen Bürgerwehr. Mein Freund und Förderer – der Arzt, der mir und meiner Familie wieder und wieder geholfen hatte, ging zu meinem Professor für Altenglisch, einem Priester, und bat ihn, seinen Einfluss bei mir zu nutzen und meine Treffen mit Michael zu beenden. Niemand erwartete diesbezüglich irgendetwas von meinen Eltern. Das Haus, in dem Michael lebte, war voll mit Menschen, die solche verbotenen Beziehungen unterhielten, weil es nicht sehr viele Häuser gab, in denen unverheiratete Paare toleriert wurden, und jeder kannte sie natürlich.

Ich kehrte nie wieder in den Schoß meiner Familie zurück. Aber ich war dort angemeldet; unverheiratete Töchter lebten im Prinzip bei ihren Eltern, wenn sie in der gleichen Stadt lebten. Das Dublin der Wohnheime hatte andere Regeln als das Wohnblock-Dublin von heute. Nur wenn man heiratete und Kinder kriegte, verließ man die Familie. Damals heirateten die Jungen und Mädchen, die heute lediglich eine vorübergehende Beziehung hätten. Michael und ich hätten auch geheiratet, wenn er nicht noch verheiratet gewesen wäre. Ich fand ihn wunderbar. Er sah so gut aus. Manchmal konnte ich kaum atmen, wenn er in meiner Nähe war. Und er kannte sich mit Musik aus. Ich hörte einen Sommer lang nur Musik in seinem Zimmer. Er hatte eine große Plattensammlung: Clara Haskil spielte Mozart, Bartók, Chopin, Walton, Telemann, Bach. Er las Französisch und Italienisch. Er versorgte sich selbst. Er liebte Ausflüge und Wanderungen, während ich mich kaum mal zu einem Spaziergang aufraffen konnte. Er trank sehr wenig, lehnte das Rauchen ab und kochte vegetarisch. Für meine Mutter war er das Allerletzte. «Findest du ihn nicht ein bisschen langweilig, Liebes?», sagte sie, wenn ich sie in ihrem Pub besuchte.

Er war in jeder Beziehung gut für mich. Was wohl gewesen wäre, wenn ich meinen ersten Orgasmus mit jemand gehabt hätte, der so fertig gewesen wäre wie ich? Michael fuhr mit mir zu einer Zeit ins Ausland, als kein Mensch wusste, was «Urlaub» war. Die jungen Leute mussten meistens dauernd arbeiten. Ich arbeitete mittags als Kellnerin und musste den Job auch behalten. Es gab kein Fernsehen und keine Reiseinformationen in den Zeitungen. Da waren selbst die öden britischen Reisebeschreibungen, die vor dem Hauptfilm im Kino kamen – sonniges Bournemouth, ein Blumenfestival auf Jersey –, absolut exotisch. Zu der Zeit war ich einundzwanzig. Ich war höchstens in drei oder vier anderen Orten in Irland gewesen und sonst nirgendwo außer in den Großstadtdschungeln von London und Paris, als ich noch zur Schule ging und einen Preis der französischen Regierung in einem Aufsatz-Wettbewerb gewonnen hatte. Ich hatte nie in einem Restaurant im Freien gegessen. Ich hatte fast noch nie einen schwarzen Menschen gesehen und noch nie mit einem gesprochen.

Als Michael mich auf eine Bootstour mit Freunden durchs Mittelmeer mitnahm, war ich wahnsinnig aufgeregt. Der Nachtzug fuhr durch Frankreich. Als der Morgen dämmerte, sah ich zum ersten Mal von unserem heißen, nach Kohle stinkenden Abteil aus Weingärten, Sonnenblumen und Fenster, an denen Flickendecken hingen. Die erste Nacht verbrachten wir in einer Pension irgendwo in den engen Gässchen zwischen dem Bahnhof und dem Hafen von Genua. Wir mischten uns unter die lärmende Menge. Die Luft war stickig. Strahlende Prostituierte saßen auf Küchenstühlen an den Straßenecken. Es roch nach Rauch, ich sah große Kirchentüren, Kinder, die Fangen spielten, Menschen, die gestikulierten, schrien und lachten, und eine dicke, glatte Ratte, die an einer Mauer entlangspazierte. Wir gingen eine Stufe hinunter in ein Café und sahen zum ersten Mal einen Pizzaofen, aber ich aß schließlich doch nur eine Gemüsesuppe, weil wenigstens Kartoffeln drin waren.

Ein anderes Mal fuhren wir mit dem Motorrad durch Frankreich. Jede Meile dieser Reise – bevor wir die andere Seite der Alpen runtertuckerten und uns über die Soldaten amüsierten, die im dunklen Park von Aosta Händchen hielten – ist mir noch präsent. Wir literarischen Provinzler mussten natürlich nach Rouen, ins Flaubert-Museum, das man in einem Pavillon seines Gartens eingerichtet hatte. Unter einer Glasglocke lag ein kleines, graues Läppchen. Ein Schild teilte mit, dass es sich um das Taschentuch handelte, mit dem Flaubert *«a essuyé son front, quelques instants avant sa mort»*. Wir fuhren nach Nevers, weil in dem Film «Hiroshima Mon Amour», von dem Laila und ich hingerissen waren – die Figur der Marguerite Duras immer wieder sagte: *«Je rapelle Nevers.»*

Aber in der Realität saß ich mal wieder fest, nachdem ich meinen Abschluss gemacht hatte. Bis ein Professor der UCD den ganzen Weg zum Haus meiner Eltern nach Clontarf rauskam und eine Nachricht von meinem Professor in Altenglisch brachte. Die Universität von Hull bot ein Stipendium in mittelalterlichem Englisch an. Es war nur ein kleines Stipendium, aber in Irland hätte es die nächsten zwei Jahre nichts gegeben. Mein Freund, der Arzt, kaufte mir ein Kostüm für das Bewerbungsgespräch und eine Fahrkarte nach Hull, und ich bekam das Stipendium.

In diesem Winter 1961 war der Himmel über Hull grau mit schwarzen Streifen. Ein scharfer Wind kam von der Nordsee. In einem Waschsalon wollte mir ein Mann aus Ghana unbedingt Fotos von seiner Frau und seinen Kindern in Afrika zeigen. Er weinte. Niemand konnte die Einsamkeit dieser Studenten mildern, die von warmen, geselligen Orten hierher kamen, wo sie nichts als ihr Stipendium hatten. Ich war keine Stipendiatin. Ich ließ mich wieder hängen. Ich ging jeden Sonntag, organisiert von einem anglikanischen Pater, zu einer christlichen Familie zum Tee – mit Scones und Marmorkuchen. Ich ging in eine Doppelvorstellung von «The Rakes Progress» und «Don Pasquale». Ich ging zu einer irischen Veranstaltung: «Die Veranstaltung wird aus Old Time Waltzes und Ceilidhe Dancing bestehen. Es wird auch Lieder geben und Wünsche dürfen geäußert werden. Wir freuen uns sehr über Ihr kontinuierliches Interesse an diesem wichtigen Anliegen. Der St. Edna's Club hat die offizielle Anerkennung und den Segen von Seiner Lordschaft, dem Bischof von Middlesbrough.»

Michael hatte vorher einen Job als Statist beim Film bekommen, und als der Film – «Die Welt der Suzie Wong» – nach Hull ins Kino kam, saß ich den ganzen Tag in dem eisigen Kino und lauerte auf den Augenblick, wo er irgendwo im Bild war.

Ich hatte die Unabhängigkeit gewollt, aber ich konnte die Einsamkeit nicht ertragen. Michael kam und wir taten so, als ob wir verheiratet wären, und mieteten eine Wohnung in einer grauen Vorortstraße. Wir lagen vor dem Gasfeuer und lasen Flauberts Briefe. Wir fuhren über die flachen Ebenen des östlichen Englands nach Süden und ich fand, dass Michaels Augen exakt die gleiche Farbe hatten wie das regennasse Dach der Lincoln Cathedral. Das waren so die Sachen, die ich mit einundzwanzig dachte, auch wenn ich sie nicht aussprach. Nach einem Jahr Hull wagte ich es, zurück nach Irland zu gehen und mich dort um das große irische Stipendium zu bewerben, das ein Studium, egal an welchem Ort, bezahlte. Nicht dass ein Studium so wichtig gewesen wäre. Michael und ich wollten schließlich heiraten, oder? Sobald er geschieden war.

Etliche Jahre nach meinem Aufenthalt in Hull entschuldigte sich der Dichter Philip Larkin. «Man hatte mich gebeten, mich um Sie zu kümmern, aber ich hatte keine Lust, mich damit abzugeben.» Wie schade. Wenn uns sonst nichts eingefallen wäre, hätten wir immer noch über seine Bibliothek in der Universität diskutieren können, die ich so bewunderte. Ich wäre glücklich gewesen mit all diesen Büchern über das Altenglische, wenn ich Michael nicht so vermisst hätte.

«Ich sah Sie ständig in die Bibliothek gehen», sagte Larkin zu mir, «und mir schien, dass es Ihnen ganz gut ging.» Das war zehn Jahre später beim Lunch in einem Hotel in Cheltenham. Ich arbeitete damals für die BBC und machte innerhalb der Lehrprogramme der Open University eine Reihe über Dichtung und Fernsehen und wie schwierig es ist, Dichtung fernsehgerecht umzusetzen. Ich wollte ihn für den Soundtrack aufnehmen, wie er sein Gedicht «Here» las. Normalerweise machte er so etwas nicht. Aber weil er sich mit leichten Gewissensbissen an mich erinnerte, lud er mich ein, mit ihm und seiner Mutter in Cheltenham Mittag zu essen.

Es war eine der chaotischsten Mahlzeiten meines Lebens. Beide Larkins schienen halb taub zu sein, so war die Verständigung sowieso schon etwas schwierig, aber nun hatte die Hotellobby, wo wir unsere Aperitifs nahmen, zu allem Überfluss auch noch ein Blechdach, auf das die ganze Zeit der Regen trommelte. Als Philip fragte: «Noch einen Gin Tonic, Mutter?», antwortete Mrs. Larkin: «Ich bin völlig deiner Meinung über den Fisch.» Oder ich meinte: «Meine Güte, wie das gießt!», und Philip entgegnete: «Jaja, ich hab schon Augenkontakt mit dem Kellner aufgenommen.» Dieses liebevolle aneinander Vorbeireden wurde von einem extrem alkoholgeschwängerten Mittagessen begleitet, und anschließend gingen Larkin und ich mit dem Kassettenrecorder nach draußen. Wir setzten uns auf einen kleinen Mauervorsprung, weit weg vom Verkehr und anderen Menschen, und Larkin begann:

Nach Osten streifen, von reichen Industrieschatten
Und Verkehr die ganze Nacht nach Norden; durch Felder streifen,
Zu dünn und zu viel Gestrüpp, um Wiesen genannt zu werden
Und hier und da ein Unterstand, der Arbeitern Schutz in der Dämmerung bietet.

Er las wundervoll und er war ein äußerst attraktiver Mann, der höchst ambivalente Signale aussandte – dass er harmlos sei, zugleich aber doch viel gefährlicher, als seine harmlose Erscheinung vermuten ließ. Ich habe viele Schriftsteller durch solche Begegnungen kennen gelernt. Ich erwähne einige von ihnen, obwohl ich nie besonderen Respekt vor dem Schreiben hatte. Schließlich schrieb mein Vater, um sein täglich Brot damit zu verdienen. Ich habe mit Menschen zusammengelebt, die schrieben und mich überhaupt nicht wahrnahmen, wenn ich gerne mit ihnen etwas anderes unternommen hätte. Ich wollte nie lesen, was sie geschrieben hatten – bei denen, die ich kannte, war ich besonders desinteressiert. Als ich die «Booklines»-Sendung im irischen Fernsehen präsentierte, habe ich überhaupt zum ersten Mal einen Schriftsteller über das Schreiben befragt. Das war nicht immer einfach.

Die kanadische Autorin Alice Munro, eine Frau, die ich unendlich bewundere, erzählte mir, dass sie als junge Frau in Ontario sehr von Mary Lavin beeinflusst und inspiriert worden war. Das freute mich sehr. Als wir dann aber auf ihr eigenes Schreiben zu sprechen kamen, da wich sie mir aus, und ihre schönen Augen schauten mich so entsetzt an, als wäre ich soeben verrückt geworden, ihr auf einmal all diese merkwürdigen Fragen zu stellen. Hinterher dachte ich, dass manche Schriftsteller ihre Texte vielleicht gar nicht so genau analysieren wollen.

Aber es gibt Bücher, über die ist es mindestens so interessant zu reden, wie sie zu lesen. Ich führte Regie bei einem Interview mit Norman Mailer, und ich interviewte ihn auch selbst. Beide Interviews waren schöne Ergänzungen zu seinen Büchern. Ich interviewte Kingsley Amis in einem kleinen Hotelzimmer in Kensington, und anschließend leerten wir zollfreien Whiskey und Amis war wie ein großes, rosa süßes Baby. Weil Seamus Heaney immer ein selbstloser Unterstützer von Dichtung und Dichtern war, finde ich, dass er den Nobelpreis zu Recht bekommen hat. Wenn er einem Fernsehgespräch über Literatur zusagte, bereitete er sich gründlich vor. So gelang es ihm immer, etwas Bedeutungsvolles und Großherziges zu sagen. Ich erinnere mich besonders daran, wie er über Derek Mahons Dichtung sprach. In Princeton stellte sich heraus, dass Joyce Carol Oates ein Fan von Roddy Doyle ist. In London aßen wir mit Eileen O'Casey in einem italienischen Restaurant, und obwohl sie schon weit über achtzig war, wickelte sie die Kellner mit ihrem Charme ein.

In Interviews bekommt man eine Ahnung von der Persönlichkeit der Schriftsteller, aber für sie selbst ist es oft nur reine Routine. Manchmal recyclen sie sich auch, so wie J. B. Priestley, den ich auf einer Dinner-Party in London traf. Ich war so entzückt, ihn zu treffen, weil ich sein «Bright Day» als Kind wieder und wieder gelesen hatte. Priestley amüsierte den ganzen Tisch mit einer improvisierten Geschichte darüber, wie er kürzlich in Irland Ferien gemacht hatte und ihm aufgefallen war, dass irische Mädchen schöne Haare, aber schreckliche Beine haben. Als ich ein paar Tage später nach Dublin flog und zufällig eines dieser Flugmagazine zur Hand nahm, war darin ein Artikel von J. B. Priestley, dessen erster Satz lautete: «Irische Mädchen haben schöne Haare, aber schreckliche Beine.»

Ich habe einen Freund, der ein sehr erfolgreicher Romanschriftsteller ist – David Lodge. Mittlerweile hält man ihn für einen komischen Autor. Aber ich liebte ihn – vom ersten Moment an – für seine düstere Ernsthaftigkeit, zu der auch sein englischer Katholizismus gehörte, der sicherlich auch seine komischen Seiten hat; aber David Lodge, der Mensch, ist doch sehr anders als der Autor, was übrigens häufig der Fall bei Schriftstellern ist. Der einzige Schriftsteller, der wirklich immer wie ein Schriftsteller aussah und sich auch so benahm, war John Berger – mit ihm konnte ich auch tatsächlich «zusammen»arbeiten, als ich die TV-Programme für die Kunstfakultät der Open University machte. Einer der Texte im Kursus über die Erzählungen des neunzehnten Jahrhunderts war Zolas «Germinal», und der Englischprofessor wollte dazu seinen alten sozialistischen Genossen einladen.

John Berger war Kunstkritiker und Schriftsteller, der gerade im Fernsehen die sehr erfolgreiche Serie «Schule des Sehens» über die gesellschaftliche Rolle von Bildern gemacht hatte. Er wollte erst nicht so recht an unserer Open University mitarbeiten, und so flogen der Professor und ich nach Genf, um ihn zu überreden. Anfangs war es ziemlich zäh, aber dann inspirierte ihn doch ein Foto von Zolas überfülltem Wohnzimmer. John kam auf die Grenzen des Materials zu sprechen. Dass es eine Lücke gibt zwischen dem, was man fühlen und sehen kann, und dem, was man sich vorstellen kann. Und obwohl Zola so bourgeois war wie seine Wohnzimmereinrichtung, konnte er doch den Minenarbeiter als Albtraum der Bourgeoisie darstellen, den sie nicht sehen konnte und ihn deshalb ebenso als Bedrohung empfand wie das aufsteigende Proletariat. Seine Argumentation war nicht ganz konzise, ich ahnte höchstens, was er meinte, als er mir sein wunderschönes Gesicht zuwandte und seine Theorien ernsthaft darlegte. Seine Frau war derweil mit der Zubereitung des Abendessens oder leise mit den Kindern beschäftigt.

Wir fuhren nach Derbyshire und filmten unter großen Schwierigkeiten in einer Zeche. Sowohl über als auch unter Tage, und John erzählte zwischen den Bildern über den Unterschied. Ich ließ dazu Bilder von Leuten im Dorf einfrieren und wieder weiterlaufen, und eine Brass-Band spielte Gounods «Mors et Vita». Wir machten einen Film über das Leben im Dunkeln. Er war eher suggestiv als beschreibend, und so wollten wir es auch haben. Es war ein wunderbares Erlebnis, mit John zu arbeiten und ihn damals zu kennen. Er hatte gerade für seinen Roman «G» den Booker Prize bekommen und überlegte nun, ob er die Hälfte davon den Black Panthers zukommen lassen sollte, und fuhr dauernd mit dem Taxi zu Caribbean Clubs. Er schrieb Gedichte, von denen er mir einige gab. Manchmal nahm er mich mit. Ich betete ihn an. Er hielt mich für talentiert. Als wir in der Zeche drehten, hielt er mich nachts, weil ich vor lauter Angst nicht schlafen konnte. «Denk an Donegal», sagte er immer, «denk an die Wellen an der Küste von Donegal.» Ich habe mich nicht getraut, ihm zu sagen, dass er damit leider falsch lag. Ich kam ja nicht aus dem schicken Donegal, ich kam doch nur aus Dublin County.

Ich erwähne dies hier, weil es mir wie ein Nachruf auf das Unbewusste vorkommt. Ich hatte mich damals total in der Heldenverehrung verloren. Ich verschwendete nicht einen einzigen Gedanken an seine Frau – eine brillante Frau – oder an seine Kinder in Genf. Ich hätte – damals – gesagt, er steht über dem allen; niemand steht darüber – das war ihre Position, die man in einem feministischen Magazin nachlesen konnte. Es handelte sich um einen knochentrockenen, detaillierten Bericht über das Reinigen einer Toilette – von innen und außen.

*

Philip Larkin war damals, 1961, von Patricia Avis gebeten worden, auf mich zu achten, wenn ich nach Hull käme. Sie lebte mit Professor Desmond Williams von der UCD zusammen, mit dem ich dann später auch ein kleines Techtelmechtel hatte. (Wir trafen uns in London im Ritz oder mit seinen *Daily-Telegrap*-Freunden im The King and Keys in der Fleet Street. Man munkelte, er arbeite für den englischen Geheimdienst MI 5, aber er umgab sich gern mit dieser Art von Geheimnissen.) Patricia Avis hatte zwei Bücher geschrieben. Charles Monteith von Faber wollte das erste nicht veröffentlichen, weil es, so erzählte es jedenfalls Richard Murphy, Patricias damaliger Mann, Freunde von ihm verleumdete. Ich wünschte, ich hätte das gewusst, als ich einige Jahre nach Hull neben Charles Monteith beim Dinner saß. Ich wünschte, ich hätte ihm sagen können, was ich von so einer tödlichen Arroganz halte. Patricia starb – Alkohol und Tabletten – ohne die Hoffnung, dass auch nur eines ihrer Bücher veröffentlicht würde. Sie war in jeder Hinsicht genauso klug wie die klugen Männer – Kingsley Amis, Conor Cruise O'Brien, Larkin –, die sie alle kannte. In Artikeln über sie konnte man dann lesen, dass sie eine «dem Untergang geweihte Seele» gewesen sei. Das sagt man immer gern, um unhaltbare Zustände zu kaschieren. Dabei war die Zeit schon fast da, wo sie Unterstützung von anderen Frauen bekommen und von Frauenzeitschriften veröffentlicht worden wäre. Aber als sie in der Blüte ihrer Jahre und ihres Schaffens war, da gehörte das Schreiben und das Verlegen den Männern.

Außergewöhnliche Frauen konnten allerdings überleben. Eine, die ich persönlich kannte, war Mary Lavin, die mir netterweise zurück ins College verholfen hatte. Mary hing zwar nicht in Pubs rum, aber sie war auch kein Hausmütterchen. Sie besaß ein Stadthaus, ein Landhaus und benutzte Hotels. Sie genoss den Status einer honorigen Witwe, die sie schließlich auch war. Sie hatte auch eine große Liebe. Aber zum Glück konnte sich der Geliebte nicht in ihren Alltag einmischen, weil er Jesuit und meistens in Australien war. Sie hatte Geld, Gesundheit und drei Töchter, für die sie sich enorm interessierte. Sie konnte alles so machen, wie sie es für richtig hielt. Dazu kam, dass sie als einziges Kind von ihrem Vater angebetet und bestärkt worden war. Als ich sie kannte, behandelte sie wiederum ihre verwitwete Mutter geradezu mit einer Affenliebe.

Als ich eine junge Frau war, kannte ich keine Ehefrau oder Geliebte, die schrieb. Die meisten waren zu arm, um überhaupt Zeit dafür zu haben. Patricia Avis war wohlhabend, und obwohl ihr das half, ihre Erzählungen zu schreiben, half es ihr nicht (zu ihren Lebzeiten), sie auch veröffentlicht zu bekommen. Mädchen waren einfach nicht scharf aufs Schreiben. Die jungen Talente in Mary Lavins Haus waren alles Männer; Frauen waren nur ihre Begleiterinnen. Niemand in den Pubs von Dublin fragte eine junge Frau, was sie machte oder machen wollte. Man wurde danach beurteilt, ob man irgendwie dazupasste. Wenn ja, war man willkommen. In den so genannten «literarischen Kreisen» Dublins wurden Frauen mit der allergrößten Selbstverständlichkeit belogen, und gegen die Ansprüche von Ehefrauen und Geliebten hielt man zusammen. Außerhalb der eigenen vier Wände hatten Frauen – gerade auch in den Kreisen, wo sich Akademiker, Literaten und Journalisten trafen – keine Forderungen zu stellen, wenn sie beliebt sein wollten, oder sie mussten geradezu übermenschlich sein, und dann waren sie gefürchtet. Es war wahrhaftig nicht einfach, gleichzeitig Furcht erregend und begehrenswert zu sein.

Als Studentin lebte ich eine Weile unter einem Haufen Mänteln auf Lelands Sofa in einer Ecke des großen Raumes, und der Dichter Patrick Kavanagh hatte ein Bett in der gegenüberliegenden Ecke. Er war ein furchtbarer Wohngenosse. Er räusperte sich und hustete und trampelte brummelnd draußen unter den Treppen und pisste unendlich lange und oft, während er dabei vor sich hin redete und stöhnte. Sein Sodbrennen wurde auch nicht besser davon, dass er jeden Morgen nach einer Bestandsaufnahme seines und meines Portemonnaies und der Anzahl der Flaschen, auf die man Pfand bekam, das Budget des Tages bestimmte und mit Saufen anfing.

Er war zu sehr in seinen Lebenskampf verwickelt, um überhaupt Notiz von anderen Menschen zu nehmen. Nur so war es möglich, mit ihm in einem Raum zusammenzuleben. Aber obwohl er normalerweise ein Griesgram war, konnte er sich auch über seine Sorgen lustig machen, wenn es ihm gut ging und er ein paar Mark hatte. Und sein Gesundheitszustand wurde besser mit den Jahren – oder verschlechterte sich zumindest nicht in der Geschwindigkeit, die man erwartet hätte. Das Schlimmste blieb ihm erspart, da eine Freundin, Katherine Moloney, anfing, sich um ihn zu kümmern. Ein paar Jahre nachdem wir uns das Kellerzimmer geteilt hatten, traf ich ihn häufiger in London in einer Kneipe gegenüber vom British Museum. Nicht nur, dass er körperlich in besserer Verfassung war als damals in Dublin, er hatte auch mehr Humor. Katherine lebte in London und sie mochte ihn. Ich erinnere mich, wie er einmal eine Gesellschaft mit Geschichten über das Schloss eines Millionärs unterhielt, wo er sich gerade aufgehalten hatte.

«Meine Gastgeberin hat den Büstenhalter erfunden», überraschte er die Gäste in der Museumsgaststätte keuchend. «Das hat Caresse Crosby reich gemacht. Der Büstenhalter war's.» Er bevorzugte jetzt italienische Geschäfte, aß Bicarbonato di Soda aus einer Großpackung. Er ging mit Katherine an diesem Abend so unternehmungslustig wie selten weg. Und er war nicht unmöglich an dem Tag, als er und Katherine in Dublin heirateten. Eoin und Joan Ryan – man hatte mir immer erzählt, dass Joan die Frau war, nach der der Dichter in dem Gedicht «Raglan Road» weint – richteten das Hochzeitsessen in ihrem Haus in Leeson Park aus. Es gab eine große Tafel, mit Gerichten beladen, und jede Menge zu trinken. Patrick sah ein bisschen entrückt aus. Aber viele Gäste fühlten sich dort nicht wohl. Es waren Menschen, die einander nie woanders als in Pubs gesehen hatten, oder in Wohnungen, in denen auch nur getrunken wurde.

Paddy war in jeder Gesellschaft die wichtigste Person. Aber das lag an ihm selbst – an der Schwierigkeit, wenn nicht gar Unmöglichkeit, seine Aufmerksamkeit zu erlangen, geschweige denn, ihn zu becircen, wenn er es nicht wollte. Wenn er wollte, konnte die Aufmerksamkeit, die er einer Person entgegenbrachte, überraschend warm und einfach sein. Seine Persönlichkeit, selbst wenn er ein schlechterer Schriftsteller gewesen wäre, hätte immer Aufmerksamkeit erzwungen.

Das Schreiben als solches war in Dublin nichts Besonderes. Jede Menge Leute schrieben und niemand machte ein Aufhebens davon. Man empfand es nicht als einen Aufstand derjenigen, die keine Stimme hatten, sondern viel mehr als eine Kunst, die jeder innehatte, der in Übung blieb. Schreiben war etwas, wo irgendwie jeder sich einbringen konnte. Wenn ich in den frühen Sechzigern in Dublin war, konnte ich zum Beispiel in der National Library anrufen, um Mary Lavin zu treffen. Sie pflegte dort und im Foyer von Buswell's zu schreiben, oder ganz frühmorgens in ihrem Bett auf einem Brotbrett, bevor sie ihre Töchter weckte.

Ein paar Jahre lang kannte ich den Erzähler John McGahern. Wir trafen uns in furchtbar schummrigen Pubs am Ende der Malahide Road. «Ich arbeite so viel», schrieb er mir – wir schrieben uns damals und schickten uns Telegramme innerhalb Dublins, weil es keine privaten Telefone für Untermieter gab –, «dass ich schon den Anblick eines blanken Stück Papiers hasse. Irgendwann schicke ich dir mal etwas. Bei manchem habe ich an dich gedacht.» Er hatte schon «The Barracks» geschrieben, als ich ihn kennen lernte. Wir gingen oft ins Kino – in die Nachmittagsvorstellung um fünf –, dann war sein Unterricht zu Ende, den er als Lehrer gab – und danach auf einen Snack in die Eisdiele in der O'Connell Street. Wir waren in dieser Eisdiele, als er mir das Telegramm von Faber und Faber zeigte, die «The Barracks» mit großer Begeisterung angenommen hatten und verlegen wollten.

Wenn ich mich richtig erinnere, erholte sich John gerade von einer leidvollen Beziehung mit der bildschönen Schwester eines Polizisten. Und es gab eine Kinowerbung für «Mystische Socken» mit einer grünen Hexe, die John an diese Beziehung erinnerte. Aber vielleicht brauchte er den Schmerz auch, um sich wohl zu fühlen. Ein paar seiner Briefe, die ich noch von ihm habe, machen deutlich, dass der Schmerz auch ein Element unserer Freundschaft war:

«Dienstagabend habe ich gewartet und gewartet. Dann dachte ich, vielleicht ist sie krank oder sie hatte einen Unfall, aber meistens ist doch das Nächstliegende richtig, wenn auch am schwersten einzusehen. Aber macht ja nichts.» Oder eine Postkarte aus Sligo: «Dank dir so sehr für den Brief. Es ist viel besser, ehrlich zu sein. Und natürlich spielt es irgendwie auch nicht wirklich eine Rolle.»

Ein kurzer Brief: «Je mehr ich darüber nachdenke – was du

gestern Abend getan hast, war fast kriminell.» (Was? Was hab ich getan?) Ein Brief: «Die einzige Welt ist die Welt der Liebe, und wenn wir ehrlich sind, müssen wir mit der Realität klarkommen, die darin herrscht. Alles andere ist Unsinn.» Ein Telegramm, in dem steht, dass er bis acht gewartet hat. Ein Telegramm ans Pike Theatre, in dem er mir Glück wünscht – ich war damals Schauspielerin und hatte Premiere mit einem Einakter von Behan. Ein Abschiedsbrief: «Ich glaube, es ist besser, wenn wir uns nicht mehr sehen. Da ist zu viel kaputt gegangen letzten Abend und gestern, eine Art Inkonsequenz ohne Freude, ein Zögern oder Warten, dass jeder von uns aus seinem Leben heraustritt, das so verschieden von dem des anderen ist. Lass uns mal eine Weile getrennt warten.» Dieser Brief ist ziemlich verschmiert. Entweder hat es geregnet oder ich habe geweint, als ich ihn las.

Aber eigentlich erinnere ich mich aus den ein oder zwei Jahren, als wir zusammen ausgingen, eher an die einfachen Dinge. Zum Beispiel kannte John den Manager vom Capitol – sie waren aus der gleichen Gegend. Und eines Tages spendierte er uns ein Abendessen in dem Restaurant, an einem gemütlichen Tisch für zwei Personen mit einer eigenen kleinen Lampe drauf. Ich hab jetzt noch den Speckgeschmack auf der Zunge. Ich erinnere mich noch so genau daran wegen dieses verschwenderischen Luxus dort. Wir waren ja arm. Nicht geistig – er gab mir Rilkes «Aufzeichnungen des Malte Laurids Brigge», durch mich lernte er Webster kennen und so weiter. Aber wir hatten wenig Geld. Wenn wir irgendwohin wollten, mussten wir laufen. Einmal nahmen wir den Bus nach Skerries und genossen weit draußen auf der Landspitze die frische Luft. Ich erinnere mich an diesen Tag, weil wir leicht und freundlich miteinander umgingen und nicht die üblichen Abgrenzungsspielchen machten. Und ich habe exakt diese Landschaft vollkommen verarbeitet in einer seiner wunderbaren Geschichten wieder gefunden. Das ist das Schöne an einer Bekanntschaft mit einem Schriftsteller.

Heute glaube ich ja, dass Mary Lavin uns aufeinander angesetzt hat. Sie dachte sich so manche solcher Geschichten aus, in ihren Stallungen in der Lad Lane, und hatte so eine Art, einen in die merkwürdigsten Dramen zu verwickeln. Als wir einmal beide an dem gleichen Mann interessiert waren, schickte sie mir kleine Zettel, auf denen stand: «Er hat ein paar schlimme Sachen gemacht, von denen ich dir erzählen möchte. Dass er nun zwischen uns steht, hat etwas mit dem tückischen und intriganten Charakter zu tun, den er hat – ich nicht.» Und schon sprang sie zum nächsten Thema, zur nächsten Person, die ihr in den Sinn kam. Manchmal starrte sie mich mit ihren stachelbeerfarbenen Augen an und verwickelte mich in irgendeine Geschichte, die sie gerade beschäftigte. Vielleicht hatte sie mit John und mir irgendwelche Pläne, ob zusammen oder getrennt. Sogar unterbewusst war sie erschreckend zielbewusst in dem, was sie wollte. Sie ging ihren Wünschen in einer Intensität nach, die ich nicht kannte. Ich hatte damals noch nichts von ihr gelesen, deshalb begriff ich all dies nicht.

Sicherlich hatten John und ich einiges missverstanden. Er war gerade dabei, sich einen Namen zu machen. Er sah nicht besonders aus – ein schmächtiger junger Lehrer vom Land, der sehr langsam sprach. Aber sein blasses Äußeres war irgendwie beeindruckend. Ich schrieb Michael von ihm, als ich ihm noch im ersten Liebesrausch alles erzählen musste. «Der Typ, der so gut schreibt», schrieb ich, «so werd ich ihn jetzt immer nennen, damit du weißt, wer er ist – für mich ist er natürlich vielschichtiger.» Ich fügte dann noch hinzu, dass er «sowohl einsam wie auch verachtenswert ist». Ich glaube heute, dass junge Autoren mit Erzählungen spielen. Vielleicht spielte John mit verschiedenen Möglichkeiten, um sich selbst zu finden. Sicher taten wir alles, einander kennen zu lernen, wenn es denn überhaupt eine Frage des Willens ist. Ich erinnere mich an eine schreckliche Nacht – ich glaube, es war die letzte –, als wir stundenlang die winterlichen Straßen durchstreiften und sich keine Leichtigkeit zwischen uns einstellen wollte. So etwas spielt eine Rolle, wenn man jung ist und hohe Ansprüche hat. Wenn ich ihn heute zufällig, so etwa einmal im Jahr, treffe, sagen wir uns lediglich freundlich hallo. Aber ich kenne ihn jetzt nicht weniger als damals, wo wir uns die ganze Zeit sahen.

Für Biographen von irischen Schriftstellern bin ich, was die Wichtigkeit angeht, so ziemlich das Ende der Fahnenstange. Aber ich bin sehr typisch für ein bestimmtes Milieu. Auf einen Schriftsteller kamen zehn literarisch Interessierte wie ich. Vielleicht brauchte das literarische Dublin beides. Es war wirklich was los dort, sogar in den Sechzigern. Ohne Frage bedeutete Schreiben mehr als Geld oder Besitz oder Status. Aber es wurde zu viel getrunken. Und Trinken bedeutet Mundgeruch und bekleckerte Hemden, zitternde Hände und Milchflaschen, die anstelle einer Mahlzeit heruntergestürzt wurden; es bedeutet, auf einem Klamottenhaufen aufzuwachen und keine saubere Unterhose mehr zu haben, zu frieren, dünn und krank zu sein. Und trinken muss man eben, um betrunken zu sein, darum geht's ja schließlich. Alles prima Leute, aber sie prostituieren sich, um das Geld zusammenzukriegen, jede Nacht aufs stumpfsinnigste besoffen zu sein. Und was immer das Trinken den Männern antat, es ruinierte auch die Frauen. Ich erinnere mich nur an wenige Frauen (und ich gehörte nicht dazu), die bei McDaids rumhingen und nicht manchmal dreckig waren. Vielleicht ließ einen diese Art zu leben die eigenen Grenzen erfahren. Fest steht, dass man dieses Leben nicht überleben, sondern nur verlassen kann.

Als ich das erste Mal in Hull und getrennt von Michael war, habe ich ihm oft geschrieben. Irgendwann, vielleicht hatten wir uns da gestritten, schickte er mir ein Päckchen jener Briefe zurück. So habe ich einen ziemlich einzigartigen Einblick in die Innenwelt jener einundzwanzigjährigen Nuala O'Faolain. Diese junge Frau scheint so voller Leben und so neugierig auf alles gewesen zu sein. Und obwohl sie ganz offensichtlich absolut verknallt war, hatte sie nichts Devotes an sich. Allerdings fragte sie diesen Mann ständig danach, wann er sie heiraten würde.

Ich bin erstaunt darüber, wie hartnäckig ich Michael immer wieder bat, seine Scheidung zu beschleunigen, damit wir endlich heiraten könnten. «Ich hoffe immer, dass du eines Tages verstehst, was ich mit Heirat meine. Ich wäre wirklich gerne bald verheiratet, weil ich doch sonst nicht mit dir in der Hütte leben kann. Dich zu heiraten ist eigentlich nicht gerade mein Ideal, aber das könnte ja vielleicht zwischen uns wachsen, also, bitte, heirate mich schnell.»

Es kam mir nie in den Sinn, die Institution der Ehe distanziert zu betrachten, zu überdenken, als soziales Arrangement zu erkennen. Ich sah überhaupt keinen Zusammenhang zwischen meinen Plänen – einen Ehemann, Kinder – und dem, was meine Mutter hatte, die Frau, die ich am besten kannte – einen Ehemann, Kinder. Und ihre Briefe sprechen wahrlich eine klare Sprache: «Ich befinde mich im absoluten Chaos, besonders finanziell. Habe so stark abgenommen, dass mich die Leute – auch Da – schon darauf ansprechen.»

Ich klagte über meine Einsamkeit in Hull. Sie antwortete: «Ich bin fett, müde und alt. Ich habe kein Geld und bin nicht in der Lage, mich um die Wohnung oder um meine Familie zu kümmern. Wenn du diese harten Realitäten mit deinem leicht zu behebenden Kummer vergleichst, wird sich deine Stimmung sicherlich heben.»

Sie hatte immer noch mit dem Haushalt zu kämpfen: «Die Wohnung sieht aus wie ein Saustall. Ich zahl dir was, wenn du herkommst und einen Tag aufräumst. Ich kann *nichts* mehr finden, der Dreck und das Chaos sind einfach zu viel. Daddy geht's gut. Er ist fröhlich, normal und kommt voran. Seine Kopf-in-den-Sand-Strategie, was mich und alles andere angeht, funktioniert fabelhaft.»

Sie hatte wieder ein Baby. «Ich fühle mich weder gut noch glücklich, außer mit dem Kind. Das Geld ist das Schlimmste – heute Morgen haben sie uns den Strom gesperrt und ich hab so viel zu waschen. Ich wünschte, er würde bezahlen – diese ständigen Sorgen sind nicht gut für mein Magengeschwür.»

Sie zählte auch auf, was gut war – allerdings nicht sehr überzeugend: «Aber immerhin, ich habe gute Freunde, eine Putzfrau, das Wetter ist gut, ich habe viele Bücher und hin und wieder kommen die älteren Kinder vorbei und leisten mir Gesellschaft.»

Ich wusste also, dass die Ehe nicht ungefährlich war. Ich hatte zwei Frauen kennen gelernt, die ich beide bewunderte und nachahmte, obwohl sie sehr unterschiedlich waren. Die eine war Harry Bewick, die Mutter der Künstlerin Pauline Bewick. Die andere war die Mutter von Paulines Freundin Barry: Maura Laverty, zu der Zeit Irlands bekannteste Schriftstellerin. Keine der beiden Frauen hatte einen Ehemann. Harry war

Engländerin. Als junge Frau war sie in England verheiratet gewesen und hatte zwei Töchter. Ihr Mann war Alkoholiker. Eines Tages, so erzählte sie mir, hatte sie ein Buch von D. H. Lawrence ausgelesen. Das war's dann, dachte sie, packte die Kinder in den Kinderwagen, schob ihn durch die Tür und kam nie wieder zurück. Sie arbeitete als vegetarische Köchin, kam dann wieder nach Irland und lebte in einem Häuschen in Kerry. Sie brauchte wenig Geld, weil sie sehr bescheiden lebte.

Später hatte sie ein Haus in Dublin, von dem mit großer Ehrfurcht gesprochen wurde, weil sie ihren erwachsenen männlichen Untermietern nicht verbot, mit ihren Freundinnen zu schlafen. Sie hielt so ein Verbot für verrückt. Als ich sie traf, lebte sie in einem ganz einfachen, kleinen Gartenglashaus auf einem Grundstück in Wicklow. Sie aß recht einfach und kochte Wasser auf einem kleinen Öfchen, ging zu Bett, wenn es dunkel war, und stand auf, wenn es hell wurde. Wenn eine Maus an ihrem Müsli naschen wollte, fing sie die Maus, brachte sie aufs Feld und ließ sie frei.

Wenn die etwas zurückgebliebene Dorfjugend ihr beim Sonnenbaden zuschaute, ging sie einfach weg. Sie mochte Besuch, aber sie war genauso zufrieden, wenn keiner vorbeikam. Sie las immer wieder die gleichen paar Bücher, wie die Schriften von Krishnamurti, indem sie durch ein Vergrößerungsglas auf die Seiten starrte. Abgesehen davon fand ich ihren Lebensstil perfekt. Aber er war das absolute Gegenteil zu einer Ehe.

Maury Lavertys Tochter Barry war genauso beneidenswert exotisch wie Pauline. Sie studierten beide Kunst. Sie trugen beide phantastische Kleidung. Caprihosen, Blusen wie die aus «Carmen Jones», Ballerinaschuhe. Für sie interessierten sich englische Männer, keine Iren.

Maura hatte Erzählungen geschrieben und als Journalistin gearbeitet. Außerdem war sie eine ausgezeichnete Köchin, hatte Kochbücher geschrieben und Drehbücher für eine Fernsehserie, die auf einem ihrer Stücke basierte. Maura war im Gegensatz zu Harry ganz in der irischen Welt von Dublin zu Hause. Sie wusste, wie man gutes Geld verdiente. Sie verschaffte mir meinen ersten richtigen Job. Ich sollte Originalrezepte der Einheimischen für das neue Bunratty-Castle-Bankett recherchieren – die stellten sich dann freilich als zu original heraus.

Maura lebte in einem eleganten Apartment mit großen Fenstern, vor denen weiche Musselinvorhänge herunterflossen, die bis auf die Erde reichten. Aber wenn wir Mädchen kamen, war sie meistens in ihrem Schlafgemach. Sie kam dann zwar heraus, um uns zu begrüßen, aber danach zog sie sich meistens wieder zurück. Sie hatte nie etwas zu essen für uns da. Sie sprach nie über sich, und noch weniger beklagte sie sich über irgendetwas, aber ich spürte die Einsamkeit, die von ihr ausging. Von dem Erlös ihrer harten Arbeit hatte sie drei Kinder zu ernähren. Von einem Ehemann war nie die Rede. Als diese reizende Frau in ihrem Bett starb, hat man es tagelang überhaupt nicht bemerkt.

Für mich würde es mit der Liebe anders ausgehen als bei den meisten Frauen, die ich kannte. Sobald der Mann, den ich liebte (und Michael war der beste Kandidat, denn ein Orgasmus konnte doch nichts anderes als Liebe bedeuten – aber es gab auch immer andere Kandidaten), mich genauso liebte, sobald also diese magische Balance gefunden worden war, würde die Suche ein Ende haben. Wir würden heiraten, «und zwischen uns würde langsam eine ideale Gemeinschaft entstehen», um mich selbst zu zitieren.

Wir würden natürlich auch heiraten, wenn ich schwanger werden würde. Jeder ordentliche Mann heiratete seine Freundin sofort, wenn sie in anderen Umständen war. (Man musste sich dann allerdings eine schlüssige Erklärung ausdenken, warum das Baby schon sieben Monate nach der Hochzeit kam.

Manche Paare emigrierten ganz plötzlich nach England oder Australien. Frauen zogen innerhalb des Landes um, gebaren ihr Kind und stopften sich dann Kissen unter ihre Röcke, wenn ihre Mütter sie besuchten. Es gab Hunderte von so genannten «Frühgeburten».) Es spielte gar keine Rolle, wie progressiv der Freundeskreis war, in dem man sich bewegte: Wenn man unehelich schwanger wurde, war alles aus. Ein Mädchen von der UCD wurde schwanger; allen anderen Mädchen gelang es, ihre Sexualität und ihre Freunde in Schach zu halten – vielleicht in einer Mischung aus Angst vor harten Sanktionen und einer Idealisierung der Ehe. Dieses eine Mädchen aber war in jeder Beziehung anders. Ich erinnere mich, wie sie in ihrem möblierten Zimmer kauerte, eine Ausgestoßene; ich ging nie an dem Haus vorbei, ohne voller Mitleid an sie zu denken. Schon die Worte «ein Kind erwarten» waren nicht leicht auszusprechen. Ich kannte einen Mann, der seiner Mutter erzählen musste, dass seine Freundin schwanger war. Seine Mutter hatte gerade Obst gekauft, holte ein großes Küchenmesser, stach wieder und wieder auf eine Melone in ihrem Korb ein und schrie: «Das hast du der Jungfrau Maria angetan! Das!», und stach noch einmal zu.

Ich schätze, dass die meisten Männer, die ich kannte, ihre Unschuld in den Kellern von Krankenhäusern verloren haben. Krankenschwestern waren bekannt dafür, dass sie «bis zum Letzten gingen». Auf jeden Fall waren es immer andere, die Sex hatten: Krankenschwestern, Schauspielerinnen, die Protestanten von Trinity oder, vom Standpunkt eines Trinityaners aus betrachtet, die Katholiken der UCD. Jeder war wie besessen nur von dem einen. Allerdings glaubte niemand, dass es gesund oder gut für einen sei. Oder dass die, die es tun, anständige Leute wären. In der Praxis sah es einfach so aus, dass nur verheiratete Frauen in dieser verhütungsfreien Zone wirklich Sex haben konnten. Sie hatten so viele Kinder, dass es nicht drauf ankam und nicht auffiel, ob eins oder zwei darunter nicht vom eigenen Mann waren. Obwohl es auch gefährlich war, einen Liebhaber zu haben. Die konnten rührselig werden und dem halben Pub erzählen, dass sie einen Sohn oder eine Tochter mit Soundso hatten. Das andere Extrem war, dass sie es ganz vergaßen. Ein Freund meines Vaters sagte einmal zu einer jungen Frau – es war Anfang der siebziger Jahre: «Ich weiß gar nicht, was ihr jungen Feministinnen euch beschwert. Jede Frau, die einigermaßen was draufhat, kann doch alles von einem Mann bekommen, wenn sie's ihm im Bett ein bisschen nett macht.» Er hatte vergessen, dass diese junge Frau seine Tochter aus einer länger vergangenen Liaison war.

Zwar war das alte Irland in den Sechzigern am Ende und es gab eine Menge neuer Möglichkeiten. Aber für eine Frau war es doch nach wie vor die entscheidende Frage, welchen Mann sie abkriegte. Das galt immer noch als Selbstverständlichkeit. Ich bat Michael, mich zu heiraten, und glaubte dabei allen Ernstes, dass es keinen Unterschied für unsere Unabhängigkeit machte. Obwohl es in meiner Umgebung genügend Hinweise darauf gab, dass das Leben einer Frau, ob verheiratet oder nicht, einfach schwierig war. Margaret bekam zu Hause Ärger, weil sie einen Aschenbecher mit einer Zeichnung von Matisse drauf hatte – eine Strichzeichnung von einer Frau mit einem Baby an ihrer Brust. Ihre katholischen Eltern hielten das für schmutzig. Die reiche und elegante Laila spielte französische Chansons auf ihrem kleinen weißen Akkordeon in einem Hotelzimmer und sprühte sich Mitsouko-Parfüm auf ihren Kaschmirpulli, aber vor lauter Angst, dass ihr Vater in Ägypten rausfinden könnte, dass sie einen Freund hatte, und sie töten würde, konnte sie nachts nicht schlafen. Die Frauen, die aus Leicestershire kamen, wie meine Freundin Geraldine, arbeiteten in den Strumpffabriken. Auf dem Hinweg gaben sie ihre Schüsseln in den Fish-and-Chips-Buden ab, und die wurden dann – mit Chips, Erbsen und Frikadellen gefüllt – wieder abgeholt. Jemand erzählte mir, dass die Schüsseln in heftigem Wettstreit miteinander lagen. Schüsseln waren Statussymbole, Schüsseln und Kinderwagen. Wer die schönste und am reichsten verzierte Schüssel hatte, wurde am meisten geachtet. Man sollte meinen, dass mich solche Geschichten gewarnt hätten, dass ein Leben als Ehefrau und Mutter vielleicht nicht unbedingt das Richtige für mich war.

Aber ich saß in Hull und schrieb an Michael, dass ich demnächst zu einer Stelle für Familienplanung gehen würde, um endlich an Verhütungsmittel zu kommen. «Dieses Scheißding ist wie eine mittelgroße Puddingschüssel aus Gummi», schrieb ich. Und dann, das entsetzt mich noch heute, fügte ich hinzu: «Wir können ja sehen, wie es ist, wenn wir es benutzen. Wenn du es nicht magst, benutzen wir's nicht. Ich sehne mich danach, ein Baby mit dir zu haben, und ich könnte es auch tun, ohne dir irgendwie Unannehmlichkeiten zu bereiten oder deine Freiheit einzuschränken.»

Meine Mutter war genauso ignorant wie ich. «Mir ist es wirklich egal, ob du einen Abschluss hast oder nicht», schrieb sie mir. «Ich hätte dich lieber mit einem Ehemann und ein paar Kindern.» Und das, wo ihr permanenter Groll doch zeigte, dass sie sich in diesem Vorort mit Kindern wie eine Sklavin fühlte. Aber daran war ihrer Meinung nach nur mein Vater schuld. Frauen klagten immer ihre Ehemänner an. Die Vorstellung, dass das Erstrebenswerteste für Frauen die Ehe und Mutterschaft sei, blieb völlig unangetastet. Natürlich hätte ich Michael die Schuld gegeben, wenn ich mit ihm zusammen unglücklich geworden wäre. Aber vielleicht war mein Unterbewusstsein schlauer als ich. In dem gleichen Brief, in dem ich Michael schrieb, ich könnte ein Baby haben, ohne ihm Unannehmlichkeiten zu bereiten, kam ich auf einmal auf dieses Baby zu sprechen, was ich damals für das Mädchen in Belfast abgeholt hatte. «Ich denke gerade daran, wie traurig es war, als ich mit ihm im Zug saß. Und wie sein Großvater in der großen leeren Kirche mit seinen kleinen Fingern gespielt hat.»

Kein Wunder, dass es so viele verbitterte Ehefrauen gab, wenn die Ehe eine so unangezweifelte Institution blieb. Ich erinnere mich an einen Ausspruch von Anthony Cronin über die Fünfziger: «Das war die Ära der auffällig schwierigen Gattin.» Er dachte dabei speziell an Dylan Thomas' Frau Caitlin und William Empsons Frau Hetta. Sie hatten außer ihren eigenen auch noch die Probleme ihrer Männer zu ertragen, wie jede so genannte schwierige Frau. Es sollte noch weitere zwanzig Jahre dauern, bis eine Frau auch für sich selbst und nicht nur als Anhängsel ihres Mannes gesehen wurde. Zu hoffen, dass man als Ehefrau die eigene Karriere ebenso ernsthaft verfolgen konnte, wie es der Gatte tat, war geradezu utopisch. Man konnte nur Karriere machen, wenn man entweder überhaupt keinen Sex hatte oder irgendwie nicht schwanger wurde. Zufälligerweise wurde ich nicht schwanger, obwohl ich weder das Ding aus der Klinik benutzte noch die Pille nahm.

Das und mein Internatsaufenthalt sind die beiden entscheidenden Zufälle gewesen, die mir zu überleben ermöglichten. Es gab noch andere glückliche Umstände in meinem Leben – wie zum Beispiel die Freundschaft mit Sean Mac Réamoinn und dem alten Mann, dem Arzt, der ein Auge auf mich hatte, als ich zum College ging. Aber wahrscheinlich hätte ich auch ohne die beiden alles managen können – aber mit einem Kind hätte ich nicht überlebt. Es hat nichts mit Kindern zu tun. Ich liebe sie – heute. Es lässt mich auch nicht kalt, dass ich kein Kind habe. Aber damals war ich so konfus und naiv, dass ich keine gute Mutter gewesen wäre. Eine schlechte Ausbildung, eine Beziehung, die das Ein und Alles ist, Kinderkriegen und finanzielle Abhängigkeit – das sind die Feinde der Hoffnung. Damals habe ich das nicht so gesehen, unter anderem deshalb, weil ich niemanden hatte, mit dem ich darüber sprechen konnte. Erst als die Frauenbewegung aufkam, konnte man untereinander solche Ansichten austauschen. Aber vorher, als nur die «Liebe» zählte, da galt Solidarität unter Frauen nicht viel. Verheiratete Frauen waren für mich tatsächlich eine andere Spezies – wie Rentnerinnen.

Es gab eine Art von Spaß, den man nur mit unverheirateten Frauen haben konnte. Ich erinnere mich an eine ganz phantastische, glamouröse Nacht fast am Ende dieser Phase meines Lebens. Ich hatte mein Stipendium bekommen und war auf dem Sprung nach Oxford. Ich war dreiundzwanzig, zum ersten Mal in Rom und zitterte vor Aufregung, dass ich dort war. Ich war mit Michael und ein paar Theaterleuten von Trinity dort, die in einem kleinen alten Theater neben der Piazza Navona einen Yeats-und-Beckett-Abend gestalteten. Das war eine sehr privilegierte Art, das erste Mal in einer fremden Stadt zu sein. Dazugehören, zum Einkaufen geschickt zu werden oder Plakate zu kleben. Drüben in der Vatikanstadt war Sean Mac Réamoinn, der an der berauschenden Eröffnung des Zweiten Vatikanischen Konzils teilnahm, vielleicht in der Bar unterhalb der Via della Conciliazione, wo sich die Korrespondenten der Kirchenzeitungen trafen. Oder vielleicht saß er auch an einem runden Tisch im Garten der Trattoria in Trastevere, wo die Iren immer waren. Und der Amerikaner, den ich aus Dublin kannte, dem ich es nie übel genommen hatte, dass er mich in jener Nacht benutzt hatte, als seine Mutter gestorben war, lebte jetzt in Rom. Wenn keiner hinschaute, flirtete er mit mir und arrangierte, dass wir uns eines Nachts ganz spät im dunklen Flur der Pension trafen, wo Michael und ich wohnten. Er verfrachtete mich in sein kleines Auto und wir brausten durch die wundervolle Stadt, stoppten, um in eine Bar zu gehen, stiegen die Stufen zum Colosseum hinauf und küssten uns dort; wir spazierten in der Stille die Via Appia Antica entlang und küssten uns; wir küssten uns beim Anblick der Dächer vom Janiculum-Hügel aus; in der Morgendämmerung endeten wir in Campidoglio, wo neben dem Renaissanceplatz ein Stück Rasen und Gebüsch waren und ein Käfig mit spielenden Wolfsjungen. Ich habe Audrey Hepburn in «Ein Herz und eine Krone» gesehen – genau so war es, mit mir in der Hauptrolle.

Dieser Mann hatte eine Frau. Es hat mir nichts ausgemacht. Damals und noch lange Zeit danach war ich unfähig, in meinem Verhältnis zum anderen Geschlecht – oder auch zu meinem eigenen Geschlecht – eine Art von Moral oder auch nur ein bisschen gesunden Menschenverstand unterzubringen. Ich glaube, genau diese Unreflektiertheit war die Basis der Kultur, in der ich aufwuchs. Als sich das alles zehn Jahre später änderte, war der Nebel, der mich umgeben hatte, so undurchdringlich geworden, dass es mich Jahre kostete, da wieder herauszufinden, und hier bin ich nun.

Verglichen mit allem anderen, was ich bisher in meinem Leben kennen gelernt hatte, war das Zusammensein mit Michael wunderbar solide. Aber diese Beziehung führte nirgendwohin. Nachdem wir aus Hull zurück in Dublin waren, dachte ich, dass Michael die Scheidung einleiten würde, während ich für das große Stipendium arbeitete. Er hätte überhaupt mal irgendetwas in Bewegung setzen können, um mich zu heiraten. Aber er unternahm nichts. Und auch ich hatte so meine Bedenken. Ich betete brav, ich ging auch noch immer zur Messe und hatte Gewissensbisse, dass ich mit ihm schlief. Aber das Problem lag tiefer. Mir war, als ob es doch noch etwas anderes geben müsste, als einfach nur nett mit einem ordentlichen Mann zusammenzuleben.

Außerdem war ich durchdrungen von der Vorstellung, dass man zu einem Mann aufblicken müsse. Michael war viel zu skeptisch, um diese Autorität zu akzeptieren, die ich ihm aufzubürden versuchte. Aber es gab noch diesen tief gläubigen walisischen Katholiken, den ich kennen gelernt hatte, als er Dublin besuchte, und den ich verehrte. Heimlich träumte ich davon, diesen Waliser zu heiraten und für den Rest meines Lebens ein guter Mensch zu sein – und obwohl ich genauso wenig wie der Mann im Mond wusste, was eine gutbürgerliche katholische Ehefrau ausmachte, war es mir ernst.

Ich kannte ihn schon jahrelang, wir schrieben uns unzählige

Briefe und irgendwann, als ich wegen irgendwas ganz glücklich war, machte er mir aus reiner Nettigkeit einen Heiratsantrag. Als ich ja sagte, verschwand er sofort. Es stellte sich dann heraus, dass er zu seiner Mutter gefahren war. Als er zurückkam, bat er mich, die Sache rückgängig zu machen. Er roch die Tanzböden an mir, ob er es nun wusste oder nicht. Ich habe ihn nie wieder gesehen, aber ich hörte, dass er Priester wurde, dann aber wieder ausgestiegen ist und eine große Familie gegründet hat.

Er hat mein Leben verändert, seit er mich einmal bat, ihn in Oxford zu besuchen. Zum ersten Mal sah ich die kleine Stadt im tiefsten Winter nach einem heftigen Schneefall. Es war wie im Märchen. Und doch: Es war Wirklichkeit, man konnte dorthin gehen. Als ich einige Jahre später mein großes Stipendium gewann, wusste ich sofort, wohin ich wollte. Noch bevor ich den Waliser besuchte, hatte ich schon von Oxford geträumt. Auf dem Boot meines Vaters hatte ich ein Buch über Oxford gelesen. Dieses Boot war ein Spleen von ihm. Es lag im Clontarf Yacht Club, wo sein Großvater und seine Großmutter einst als Steward und Hausmeisterin für diese reichen Schnösel gearbeitet hatten. Wir tuckerten ein-, zweimal hin und her und ließen dann meinen Vater an den Stufen zur Butt Bridge raus, gleich neben dem Gebäude der *Evening Press*. Dass wir mit dem Boot zur Arbeit fuhren, das verband uns mit all den Toten, die die Dublin Bay benutzt hatten. Manchmal fuhren wir auch den anderen Weg – obwohl das Boot auf den Wellen tanzte – um den Baily-Leuchtturm herum nach Howth. Die Gischt spritzte so hoch, dass ich leider meine Lektüre «Dusty Answer» von Rosamund Lehmann beenden musste. Wenn das Boot gesunken wäre, hätte ich wahrscheinlich noch so lange weitergelesen, bis die Wellen über mir zusammengeschlagen wären. Dieses Buch prägte meine Vorstellung vom Leben im College. Ich war ganz scharf auf alle großen, romantischen Bücher. Die Mutter einer

Freundin warf einmal eine Teekanne nach mir, während ich las, aber ich verpasste trotzdem keine Zeile. Bei Scott Fitzgerald bebte ich vor Mitgefühl. Meine Mutter zitierte mir mal ein paar Sätze aus der «Ballade vom traurigen Café» – aber in diesen Büchern waren es immer nur Engländer, die ein glamouröses Leben führten. Und auch Daphne du Maurier nährte mit einer Erzählung über ein inzestuöses Thema diese Phantasie, wenn sie den Refrain von Edna St. Vincent Millay zitierte:

We were very tired,
We were very merry,
We had gone back and forth
All night on the ferry.

Ich sehnte mich also nach diesen von Sorgen gebeutelten reichen englischen Upperclass-Menschen aus den Büchern.

Im wirklichen Leben hieß Glamour für meine Freundin und mich hochhackige Schuhe und enge schwarze Röcke. In diese Röcke gezwängt und mit einem elastischen Gürtel eingeschnürt, trugen wir weiße Männerhemden aus Nylon dazu, bei denen die Ärmel aufgerollt wurden. Wir hatten große, vorstehende Brüste (in unsere BHs stopften wir alte Nylonstrümpfe) und eine dicke Schicht Make-up im Gesicht, Vaseline auf unseren schockfarbenen Lippen und dicke schwarze Balken über den Augen. Im Crystal Ballroom hielten wir zwei Schönheiten dann Ausschau nach Jungs mit Entenarschfrisur und Kreppsohlen, während wir gnädig mit malaiischen Studenten tanzten, die vor Ehrfurcht ganz ergriffen waren.

Ich hab mich geirrt mit «Dusty Answer». Es spielte gar nicht in Oxford, sondern in Cambridge. Und als ich dann Mitte der sechziger Jahre nach Oxford kam, ging es dort auch ganz und gar nicht glamourös zu. Soeben waren die Beatles über England hereingebrochen und sollten nicht nur ihre Heimat, sondern die ganze Welt verändern. Aber ich hätte nicht glücklicher sein können als in jenem Herbst 1963, als ich durch die Blätter den Weg zu dem College entlangraschelte, das mich tatsächlich angenommen hatte. Insgeheim wusste ich, wie nah ich einem Leben gewesen war, das vom Wecker und einem nervtötenden Job bestimmt gewesen wäre. Mit siebzehn hatte ich mal in der Kantine einer Fabrik neben dem Heathrow-Flughafen gearbeitet – so was Ähnliches hätte mir geblüht. Nun war ich hier, eine der Ersten im Minirock mit nichts weiter zu tun, als zu studieren, und dann noch einem Freund im Hintergrund. Während ich meinen Abschluss machte, würde Michael in Italien unterrichten, und in den Ferien würden wir uns treffen. Meine Freundin Harden Rodgers fing im gleichen Jahr in Cambridge an. Als sie am ersten Abend von einem Mädchen beim Essen gefragt wurde, wo sie herkam, und Harden «Irland» sagte, da meinte das Mädchen: «Oh, dann willst bestimmt alle Kartoffeln essen, oder?» Ich hatte mir nie klar gemacht, dass ich aus Irland komme. Nein, ich gehörte einfach dazu! Ich hatte so viele Romane darüber gelesen, und jetzt kam ich genau daher – mitten aus den Büchern, die ich las!

Oxford war damals ein ganz unauffälliger Ort, eine provinzielle, englische Kleinstadt, in der zufällig diese wunderschönen Gebäude einer alten Universität irgendwo verborgen lagen. Das Zentrum war heruntergekommen und gewöhnlich. Hinter und zwischen den College-Gebäuden lagen Reihen von Arbeiterhäuschen mit Kinderwagen und Vorhängen. Es gab braun lackierte Pubs, wo die Einheimischen mit Oxfordshire-Akzent Billard spielten; Eckläden, aber keine Weinkneipen, keine Boutiquen, ein altmodisches Kaufhaus mit einem Tearoom, wo man Anchovis-Toasts bekam. Heute ist dort ein Discountgeschäft. Es gab alte Kutscherschänken, von denen jetzt nur noch – unter den Geschäftsarkaden voller Souvenirläden – die Namen weiterexistieren. Damals gab es auch echte Cafés.

In einem sah ich einmal den Dichter Auden, wie er nach einer offensichtlich langen Nacht – dem Zittern seiner Hände nach zu urteilen – ein pochiertes Ei zu essen versuchte.

Heute ist Oxford ständig voller Touristen. Damals war es manchmal so leer, dass nur das wundervolle Wetter die Straßen füllte. In den trägen Sommern schien die Stadt fast eingeschlossen von dem üppigen Grün drum herum. Dann kroch die Kälte vom Fluss herauf, der über seine Ufer getreten war, an den goldenen, narbigen Mauern der Universitätsgebäude zogen Nebenschwaden entlang, und kleine Bäche von Regenwasser flossen in die Gullys neben den Bürgersteigen. Einmal begegnete ich Elizabeth Taylor – sie stand als Helena von Troja in Richard Burtons Produktion des Doktor Faustus auf der Bühne –, als sie in der Abenddämmerung durch eine Gasse eilte. Als mich ihr Blick streifte, blickten ihre violetten Augen so intensiv und fremdartig, als wollten sie wie ein Blitzlicht das Bild vom winterlichen Oxford mit seinen Kieseln, nassen Pflastersteinen und schwarzen Gemäuern festhalten.

Ich borgte mir eine Lederjacke – das war damals wichtig – und sprach bei der Direktion der Oxford University Dramatic Society vor; ich wollte das jährliche Stück im Playhouse Theatre inszenieren. Diese Inszenierung war eine Prestigeangelegenheit, und dass sie mich tatsächlich nahmen, zeigte, wie viel sich in den sechziger Jahren änderte. Keine Frau hatte in all den vierzig Jahren jemals die jährliche Aufführung inszeniert. Aber ich wusste diese Veränderung nicht zu nutzen; meine Produktion von «The Importance of Being Earnest» war mittelmäßig und das Bühnenbild grauenvoll. Traditionsgemäß besprachen die Londoner Zeitungen diese Aufführungen, so blieb diese jedenfalls nicht unbeachtet. Ein Kritiker schrieb, es sähe aus, als würde das Ganze in einem möblierten Zimmer in Golders Green stattfinden. Aber Lederjacken und junge Regisseurinnen aus Irland lagen im Trend. Leute, die zehn Jahre früher in Oxford waren, erinnerten sich nur, wie konservativ und grau alles war. Aber die Sechziger sahen freundlicher aus. Eine jugendliche Aufbruchstimmung regierte die Welt. Ich erinnere mich an eine besonders ausgelassene Party in Christ Church, wo auch die Jungs von The Animals unter den Gästen waren. (Meistens waren dort nur junge Männer aus Oxford, die wie die Animals aussehen wollten.)

Ich lebte weiterhin mein gespaltenes Leben, wie üblich. Im ersten Jahr war ich praktizierende Katholikin in der hässlichen Kirche in St. Giles, und zum ersten Mal in meinem Leben hörte ich an einem Karfreitag die Liturgie in Englisch. Die Gemeinde sollte sagen «Kreuziget ihn! Kreuziget ihn!!», und das machte mir Angst. Ich ging auch zu den braven Veranstaltungen der Newman Society, wo junge Katholiken andere junge Katholiken treffen konnten. Aber ich ging nicht mehr hin, als ich mehr und mehr Leute kennen lernte.

Es gab eine kurze Periode in den sechziger Jahren, in denen es schick war, irisch zu sein. Es war die Zeit, als man die Arbeiterklasse und das Nordirland-Problem entdeckte. Für eine kurze Zeit waren auch die jungen Frauen frei und zu haben, ohne dass sie sich der Folgen dieser Freiheiten bewusst waren. Zum Beispiel debattierte ich einmal zur Unterhaltung der Mitglieder eines privaten Dining Club namens Bullingdon mit der gebildeten Helen Gardner. Es ging irgendwie um Frauen. Die Fellows lümmelten in ihren Abendgarderoben herum und kippten sich Champagner in die Kehle, während wir Frauen uns abmühten, sie zu amüsieren. Und wir haben's noch nicht mal gemerkt! Klassenschranken wurden im England der Sechziger nicht groß attackiert. Man musste diese Männer nur angucken, um zu erkennen, dass sie sich für die Herren des Universums hielten. Und Themen, die irgendwie mit dem Geschlecht zu tun hatten, wurden unter den Tisch gekehrt.

Ich fuhr mal mit einem amerikanischen Verehrer an die

walisische Grenze, um Tintern Abbey zu sehen. Ich hatte zwar ein eigenes Hotelzimmer, aber ich wusste schon, dass er hoffte, mit mir das Bett zu teilen. Als er dann zu meinem Zimmer kam, fand er die Tür verschlossen vor. Das – ohne ein Wort der Erklärung! – stieß ihn so vor den Kopf, dass wir uns den ganzen Weg zurück nach Oxford anschwiegen. Aber ich konnte ihm nicht sagen – ich konnte es tatsächlich nicht aussprechen –, dass ich überraschend meine Tage gekriegt hatte. Ich hätte mit ihm schlafen können, aber niemals diese Worte herausgebracht. Ich kann mir vorstellen, dass es unzählige solcher Missverständnisse gegeben hat, bevor die Frauenrevolution diesen Tabus die eiserne Geltung nahm. Immer wenn ich «I wanna hold your hand» von den Beatles höre, dieses Eindringliche, dann habe ich sofort wieder das Gefühl jener Jahre. Wir waren nur jung. Und unser Spiel mit der Freiheit hatte etwas Bemitleidenswertes.

Der Dichter W. R. Rodgers kam für einen Tag nach Oxford, und ich führte ihn zusammen mit Bertie, dem Vater meiner Freundin Harden, durch die Stadt. Bertie war ein wilder Trinker, und wir machten ganz Oxford unsicher – wir gingen sogar zu einer Vorlesung von Isaiah Berlin über Herder. Im Vorlesungssaal von St. Catherine's fiel Bertie von der Bank. Enid Starkie gab uns zu trinken. Danach schrieb sie mir einen Brief, der einen kleinen Eindruck von der Stimmung dieses Tages gibt:

«Liebe Miss O'Faolain,

hoffentlich ist Ihr Onkel gut nach Hause gekommen. Ich hoffe, dass Sie mich nicht für zu ungastlich gehalten haben. Wenn Sie knapp bei Kasse sind, kann ich gerne das Taxi für Sie übernehmen. 1. Ich hätte Ihren Onkel mit zu mir nach Hause genommen, wenn ich nicht zu tun gehabt hätte, und 2. Ich habe mehr Geld als Sie! Ihr Onkel erwähnte irgendwas von einem Scheck, den ihm hoffentlich die Davins einlösen würden.» Bekanntschaften, die für Verwandtschaften gehalten wurden, und unsichere Schecks – so waren die Zeiten. Aber Bertie tat mir einen großen Gefallen, als er mich am Ende des langen Abends seinen etwas verklemmten Gastgebern Dan und Winnie Davin vorstellte. Ihr Haus wurde für mich zur zweiten Heimat, in vielerlei Hinsicht sogar zur ersten. Sie kamen aus Neuseeland. Dan war erst Rhodes-Stipendiat, dann Armeeoffizier, Historiker und Romanschriftsteller gewesen, und jetzt war er Fellow von Balliol und leitete die Oxford University Press. Bald darauf hatte ich ein kleines Dachgeschosszimmer in ihrem gastfreundlichen, mit Büchern voll gestopften Haus. In einer Biographie, die kürzlich über Dan erschienen ist, heißt es, wir hätten eine Liebesbeziehung gehabt, aber wir hatten etwas viel Tolleres, wir bewunderten uns gegenseitig.

Ich lernte viel, dadurch, dass ich Dan, Winnie und ihre Freunde kannte. Das ist das Schöne an Universitätsstädten, man schnappt so viel auf. Die Davins hatten in ihrem Pub eine Ecke für sich und jeder, der wollte, konnte sich dazugesellen. Godfrey Lienhardt war Anthropologe mit dem südlichen Sudan als Spezialgebiet, aber auch ein großer Generalist und der kultivierteste Mensch, den ich kannte. Er war fast jeden Abend dort. Man redete über Bücher und ich las alles, was ich in die Finger kriegen konnte. Kierkegaard, Fontane, Benjamin Constant, Christina Stead. Ich lernte auch Leute kennen. Iris Murdoch bedeutete mir unmissverständlich, dass sie noch lange keine Irin sei, nur weil sie in der Blessington Street geboren war. John Wain, ein Homme de lettres und ein populärer Schriftsteller, redete über Doctor Johnson und brachte mir ein Spiel mit Münzen bei. Richard Ellman, der große Joyce-Biograph, kam herein. Der große Biograph von George Eliot, Gordon Haight, ebenfalls. Er war ein typischer Vertreter des distinguierten akademischen amerikanischen WASP-Establishments, Herrenreiter, die zur Recherche nach Oxford kamen und ihre Arbeit wie ein königliches Amt vor sich hertrugen. Sie wohnten in feinen, verschwiegenen Hotels und luden andere in ihren Londoner Clubs zum Essen ein. Wenn sie echte Meister ihres Faches waren, wurden sie normalerweise von der Oxford University Press verlegt, und dann kamen sie auch, um die Davins zu treffen.

Meine Dissertation über «Die Rezeption von George Moore's ‹Ester Waters›» behandelte ideengeschichtliche Zusammenhänge des späten neunzehnten Jahrhunderts und war sehr reizvoll. Nachdem ich erst einmal mit der Arbeit angefangen hatte, wusste ich natürlich mehr über dieses Thema als alle anderen. Aber es gab auch Themen in meiner Magisterprüfung, von denen ich kaum etwas verstand. Manchmal las ich hier einem alten Mann oder dort einer älteren Dame einen schnell runtergeschriebenen Aufsatz vor – seltsame Professoren, die aus irgendeinem Grund mit der Patenschaft für Matthew Arnold, Kipling, Gissing oder sonst wem gestrandet waren. Die Universität war mitnichten auf diesem Niveau; wenn man sich nicht selber die Mühe machte, etwas zu lernen, tat es auch kein anderer. Ich bemühte mich nicht.

Raphael Samuel, Historiker und Spezialist für Arbeitergeschichte, rettete mich. Als ob er der gleichnamige Engel persönlich wäre, kam er zu mir, obwohl ich ihn kaum kannte, brachte einen Kuchen mit, den ihm seine Mutter geschickt hatte, und erklärte mir bestimmt, dass er fortan mit mir arbeiten werde. Er gab mir jede Woche einen Aufsatz auf – «Die Entwicklung des Lesens», «Die Redekunst im Chartismus», «Die Romane Mark Rutherfords». Er nahm mich mit zu einer Arbeitsgruppe in Nuffield, wo die Leute über Paley und Defoe sprachen, über Spengler und Dostojewski, Henry Mayhew und Trotzki. Raphael war ein Vorreiter interdisziplinärer Ansätze. Er glaubte, dass eine Spezialisierung in einem Fach unweigerlich dazu führte, dass man auf andere Themen nicht mehr neugierig war. Er glaubte an einen Neuanfang aus Unwissenheit. Und ich war mehr als unwissend. Dass Raphael mich an die Hand nahm, zähle ich – neben dem Internatsaufenthalt, dass ich nicht schwanger wurde, Michael verheiratet war und dass Sean Mac Réamoinn mein Freund ist – zu den großen Glücksfällen meines Lebens. Mit der Arbeitergeschichte vertraut zu sein war sogar damals wichtiger, als es den Anschein hatte. Es führte genau zu den sozialen Revolutionen, die gerade begannen. Ein Nebeneffekt war auch, dass England auf einmal ganz konkret eine Bedeutung für mich bekam. Ich wusste genug, um zu begreifen, warum ein Kanal in einer ganz bestimmten Gegend gebaut wurde, worauf sich der Name eines Pubs bezog oder zu welcher Zeit wahrscheinlich die Worte «Friendly Society» auf ein altes Bürogebäude gepinselt wurden. Später verdankte ich Richard Cobb Ähnliches, was meine Kenntnisse der Landschaft und der Städte Frankreichs anging; – ein Professor, der zum Beispiel die Romane von Georges Simenon oder die Route der Tour de France benutzte, um uns die französische Gesellschaft zu erklären.

Am meisten aber lernte ich von dem Mann, in den ich mich nach der ersten Hälfte meiner Oxfordzeit verliebte. Von dem Moment an, da ich ihn traf, hatte ich mich in seine Ein-Mann-Universität eingeschrieben. Er ließ sie in Pubs stattfinden, beim Spazieren durch die Straßen, in wundervollen Briefen, zum Bersten voll mit Wissen und Ideen. Er kannte sich in Kunstgeschichte und mit Malerei aus, der seine ganze Leidenschaft gehörte. Aber er konnte auch Dörfer modellieren, Billard spielen und klassisch französisch kochen; er kannte die Frühgeschichte der Aston Villa, russische Lieder, die Geschichte der Magie … Er war laut und fröhlich und schäbig und kräftig – und unpersönlich. Er und ich redeten nie über persönliche Dinge. Nur manchmal kam seine fast hektische Jovialität zur Ruhe, wenn ich es endlich geschafft hatte, seine ungeteilte Aufmerksamkeit zu erregen. Es war eine echte Herausforderung, ihn dazu zu kriegen, persönlich zu werden.

Er verließ Oxford gerade, ich hatte noch ein Jahr. Wir hatten absolut kein Geld. Wir hockten in einer Kellerwohnung, und er kaufte Bücher auf Pump in einer Buchhandlung und verkaufte sie sofort in einem Secondhand-Laden, damit wir Geld für ein bisschen zu essen und zu trinken hatten. Es war Sommer. Ich habe noch ein Stück Papier, auf dem wir offensichtlich während eines langen Pub-Aufenthalts rumgekritzelt hatten. Er hatte eine Karte von England gezeichnet, auf der ich die wenigen Orte eintrug, die ich kannte: London, Liverpool, Crewe, Hull, und dann hatte er den Rest ausgefüllt. Wenn wir beide Engländer gewesen wären, hätte alles anders sein können. Aber wir waren keine. 1966 allerdings machte uns das nichts aus.

Ich werde den Geist, der so aussieht wie dieser junge Mann, Rob nennen. 1997 sprach ich auf einer Konferenz vor Politikern, Bankiers und Diplomaten in Oxford über Irland. Die Organisatoren hatten mich oben im Randolph Hotel in der Stadtmitte einquartiert. Von dort schaute ich auf jene Straße herunter, die ich vor langer Zeit im tiefen Winter entlanggegangen war, wenn ich den Waliser besuchte. Wir kamen vom Bahnhof, meine Hand in seiner warmen Dufflecoattasche, die Beaumont Street hoch, in die Broad Street, vorbei an den Skulpturen am Sheldonian und den Kuppeln des Sheldonian-Theaters und der Radcliffe Camera. Alles war mit einer Eisschicht überzogen und glänzte im Mondlicht, schweigend und leuchtend, wie ich diesen Ort nie wieder sehen würde. Die Straßen waren immer noch schön, als ich sie dreißig Jahre später anschaute, aber sie waren nichts als schöne Straßen.

Nur eine Straße weiter hatte ich einst mein erstes Rendezvous mit Rob gehabt. Ich musste eigentlich an meinem Vortrag für die Konferenz arbeiten. Aber sein Geist stellte sich mir in den Weg. An diesem Morgen kam ein kalter Regen runter, aber ich ging trotzdem raus aus dem Hotel, nach Port Meadow, der Wiese neben der Themse. Der Abend, an dem ich ihn getroffen hatte, war mir auf einmal ganz präsent. Wir hatten im Gras am Flussufer gelegen – hier? Nein, weiter runter. Die Fischer hatten klirrende Geräusche gemacht, ganz leise hatte es über den seidigen Fluss, hinter der schwarzen Hecke, geklirrt. Wir wollten ungestört sein und waren zurück über die Wiese und hinunter in das weiche, hohe Gras am Kanalufer gegangen. Ich schritt diesen Weg noch einmal ab. Hier muss es gewesen sein, sagte ich zu mir, als ich frierend oberhalb des Kanals stand. Hier. Ich war durchnässt, mir war kalt und ich langweilte mich. Aber ich wollte diese hartnäckige Erinnerung loswerden, ich wollte mich über sie lustig machen und sie mir vom Leibe halten.

Es gibt eine schemenhafte Erinnerung, ein Bild, das diese Zeit zusammenfasst. Es ist gar kein Bild von mir oder Rob. Es war etwas, was ich für eine Minute sah, in einer tiefen Winternacht, in Paddington Station. Ich war bei Rob in London gewesen und wollte mit dem letzten Zug rauf nach Oxford. Die Bahnsteige waren dunkel und zugig. Ein Mann, den ich vom Sehen kannte, lief neben dem Zug her und redete verzweifelt auf eine Frau ein. Er war sehr schön und sie – ich sah, dass es seine junge Frau war – war auch sehr schön. Er hatte seine Hände in ihren langen Haaren und er weinte. Sie weinte auch. Sie hatte einen weißen Mantel an. Sie hörten nicht auf, sich verzweifelt zu küssen. Das ist die romantische Traurigkeit, die ich seit «Dusty Answer» von Oxford erwartete. Aber ich bin nicht sicher, ob ich das wirklich erfahren habe oder ob es nur in meiner Einbildung existiert. Und wenn, ob ich es mir damals schon eingebildet habe oder erst nachträglich.

Als ich Oxford verließ und zurück nach Dublin ging, trat ich der Zukunft mit einem rückwärts gewandten Blick entgegen. Ich war noch ein halbes Kind. Mein Herz war gebrochen. Der Ort, den ich verließ, war von Anfang bis Ende mit so vehementen Gefühlen besetzt gewesen – so albern sie auch gewesen sein mögen –, dass ich selbst heute noch nicht glauben kann, dass sie nicht auch noch anderswo als nur in meiner Erinnerung existieren. Als ich an jenem nassen Morgen 1997 durch den Regen zum Hotel eilte, schaute ich auf die Pflastersteine. «Ihr seid aus schönen, großen Granitplatten gemacht», sagte ich, «seid ihr die Gleichen, auf denen ich damals ging? Und wenn ja, warum schreit ihr dann nicht laut auf?»

Als ich von Oxford wieder zurück nach Dublin kam, dümpelte die englische Abteilung des University College Dublin so vor sich hin. Ich bekam dort einen Job. Ein paar Jahre später hätte ich dafür eine Veröffentlichungsliste gebraucht. Aber damals wurde ich schon ziemlich bald beauftragt, eine Anthologie von Beckett-Kritiken zu bearbeiten. Das hatte ein bekannter englischer Wissenschaftler vermittelt, der für eine Vorlesung nach Dublin gekommen war. Ich lebte hoch oben über dem Merrion Square in einer alten Dachwohnung, wo einst die Diener gehaust hatten. Nach einem sehr anstrengenden Tag, an dem er durch ganz Dublin gelaufen war, kam er in meine Wohnung, um sie sogleich auf dramatische Art wieder zu verlassen. Meine Bettdecke war die gleiche wie die, die sein Sohn auf dem Bett hatte. Vom Flughafen aus schickte er mir eine Karte: «Ende eines Gefühls» – es bezog sich – nicht ohne Ironie – auf ein damals gerade herausgekommenes Buch von Frank Kermode, «Gefühl für ein Ende». Jedenfalls leitete dieser Mann die Beckett-Kommission.

Er war einer von drei oder vier anerkannten Akademikern, die in jenen Jahren an mir interessiert waren. So war das damals und ist es wahrscheinlich immer noch, wenn man als Frau in einem von Männern dominierten Bereich arbeitet. Die Männer verteilten Jobs und Zuneigung. Sie sagten dir, wo es Jobs gab, und luden dich zu Konferenzen ein, sie bewilligten Stipendien und erwähnten deinen Namen bei Verlegern. Das war nicht wirklich korrupt, aber es war auch nicht gerecht; sie hätten es nämlich bestimmt nicht getan, wenn sie einen nicht attraktiv fanden oder wenn sie nicht das Gefühl gehabt hätten, man würde ihnen auch entsprechend dankbar sein. Ich sah das damals natürlich nicht. Für mich hatte immer alles einen persönlichen Bezug. Für mich bestand die akademische Welt um mich herum aus dem und dem netten Mann und dem und dem blöden Mann und so weiter; ich merkte nicht, dass diese Welt zu 99 Prozent aus Männern bestand. Ich hatte keinen von ihnen um Hilfe gebeten. Ich wollte, dass man mich mochte, aber nicht, dass man mir half. Ich hatte gar kein Gefühl dafür, dass ich am Anfang meiner Karriere stand. Mein Lebensziel hatte etwas mit Lieben und Geliebtwerden zu tun. Und irgendwie funktionierte das auch. Daneben hielt ich Vorlesungen vor riesigen Klassen über Texte, bei denen bislang niemand an der UCD sich die Frage gestellt hatte, ob sie überhaupt für Studenten von Interesse sein könnten.

Die Studenten kamen zum größten Teil von katholischen Schulen und taten so, als wären sie fromm. Aber die wenigsten wollten ernsthaft den moralischen Geboten folgen, die jene Schriftsteller, mit denen wir uns beschäftigten – Shakespeare, Milton, Wordsworth und Newman –, vorgaben. 1968 hielt ich ein Seminar über «Die Idee der Universität», als die Studenten mit den ersten eigenen Ideen über eine Universität ankamen. Ich wusste von den Protesten gegen den Vietnamkrieg in den USA und von den Mai-Unruhen in Paris, aber dass es einen echten Studentenprotest an unserer UCD gab, das erstaunte mich dann doch. Die Studentenrevolution war völlig unbedeutend, auch wenn ihre Helden sie eine «sanfte» Revolution nannten. Die Haupthalle der UCD sah nach einer Weile ziemlich dreckig aus, weil sie wegen der dort sitzenden Studenten nicht gefegt werden konnte. Aber immerhin, ein Treffen des Akademischen Rats wurde blockiert und die Herren kamen nicht zur Toilette durch. Flugblätter machten die Runde, auf denen der Lehrkörper bewertet wurde – zumindest die Einschätzung meiner Person war ziemlich unerfreulich: «Miss O'Faolain ist so autoritär und sarkastisch, dass viele Studenten ihre Seminare verlassen und nicht im Fachbereichsbüro auftauchen, solange sie da ist.» So jedenfalls stand es im «Confrontation», dem Pamphlet der Studenten für Democratic Action. Ich hatte es verdient; ich hatte mit meinem Sarkasmus ihre Belanglosigkeit angreifen wollen. Und ich glaubte daran, dass Regeln vorgegeben werden mussten. Aber mein Verhalten war nicht das eigentliche Problem. Das College platzte langsam aus allen Nähten und lief aus dem Ruder. Das Verhältnis von Lehrer/Studenten war 1 zu 250. Wenn die Studenten einen Lehrer sprechen wollten, mussten sie bis zu zwei Wochen auf einen Termin warten. Prüfungsanforderungen wurden ohne Absprache geändert, und in anderen Fachbereichen war es noch schlimmer. Die Institution war so unbeweglich, dass keiner der Verantwortlichen die unvermeidliche Revolte hatte heraufziehen sehen. Man konnte Verwirrung, ja zum Teil sogar Furcht in den Gesichtern der älteren Dozenten sehen, so sehr waren sie an Fügsamkeit gewöhnt. Ich war von dem alten System geprägt. Und ich war noch zu jung, um Studenten zu akzeptieren, die noch jünger waren. Sie beklagten sich zu Recht darüber, nicht mehr Einfluss auf die Lerninhalte zu haben als auf der Schule. Aber in meinen Augen waren sie von Schülern sowieso nicht zu unterscheiden. Ich hatte einen geradezu messianischen Glauben daran, dass das Studium der englischen Literatur einen Menschen völlig verändern müsste. Aber bis auf ein paar Ausnahmen glaubten die Studenten, es reiche schon aus, wenn man sich Aufsätze über Wordsworth' Verhältnis zur Natur oder die Rolle des Narren in «King Lear» abquetschte.

Ich wusste, dass man es sich leicht machen konnte mit der Literatur. Aber ich wollte es meinen Studenten schwer machen; ich wollte, dass sie lernten, sich zu beherrschen, wenn sie aus sich herausgingen und in die Literatur einstiegen, die ein anderer geschrieben hatte. Nur so würden sie eine Balance zwischen Subjektivität und Objektivität finden. Diese Balance musste immer wieder austariert werden, mit jedem neuen Zugang zum Verständnis von Kunst. So verändert man sich und nicht, indem man Termini technici auswendig lernt. Das Vokabular des Literaturstudiums ist eigentümlich und hat mit Literatur überhaupt nichts zu tun. Gerade in den englischen Abteilungen – wo die Autonomie eines literarischen Textes dem Bildungszweck einer Institution untergeordnet wird – redete man gern so, und einige ganz schlaue Studenten, die ständig die einschlägigen Kritiker lasen, schnatterten es so perfekt nach, dass sie selbst dachten, sie hätten eine Ahnung von Literatur. Aber die meisten verstanden nichts. Sie veränderten sich dabei überhaupt nicht.

Die Abendschüler – Lehrer, Polizisten und Beamte, die sich an dunklen Winterabenden verbissen und zitternd in ihren feuchten Wintermänteln einem wenig entgegenkommenden Lehrplan zuwandten – verstanden meistens gar nichts. Aber ich bewunderte, nein, ich liebte diese Leute geradezu. Wenn ich abends unterrichtete, war ich danach so erschöpft wie ein Unterhaltungskünstler, weil ich diesen ernsthaften Menschen den Text möglichst begreiflich machen wollte. Die Abendschüler waren, metaphorisch gesprochen, das Proletariat der Studentenrevolte. Sie hatten keine Zeit zu revoltieren. Sie wollten nur vom System kriegen, was sie bekommen konnten. Die Tagesstudenten waren die Mittelschicht, sie hatten die Muße und das Selbstvertrauen, den Verantwortlichen eine Veränderung abzuverlangen.

Damals begann auch die Professionalisierung des College.

Vorher war es ein freundliches Durcheinander gewesen, in dem die Vorzimmerdamen die bürokratischen Entscheidungen trafen und Paddy Keogh, der Chefportier, sich um das Management der Vorlesungen kümmerte. Wenn ein Dozent, der trank, unten vom Pub aus anrief, um zu sagen, dass er, abgeschnitten von der Flut, in Bray festsitze – wie es einer mal machte, als ich mit ihm zusammen war –, dann besorgte Paddy einen Ersatz für ihn oder verlegte die Vorlesung. Professor war man auf Lebenszeit. Wenn zum Beispiel jemand wie der Historiker Desmond Williams schon ziemlich zu Anfang seiner Berufslaufbahn feststellte, dass ihn die meisten Aspekte am Beruf eines Universitätslehrers nicht interessierten, dann fand man das gar nicht der Rede wert. Wenn Desmond mitten in einer Vorlesungsreihe verschwand, kam keiner auf die Idee zu protestieren. Wahrscheinlich wusste es sowieso nur Paddy Keogh.

Aber die Lehrer waren Menschen – und Desmond war auch so einer –, mit denen man plaudern und trinken oder am Nachmittag ins Kino gehen konnte, sie liehen einem Geld, oder man selbst borgte ihnen etwas. Die Gruppe definierte sich nicht über Status, sie wurde von verschiedenen Menschen gebildet, die miteinander verband, dass sie in der Gegend von St. Stephen's Green herumstrichen und immer gern kurzfristige Vergnügungen gegen längerfristige Anstrengungen und Schwierigkeiten eintauschten. Es konnte sein, dass ich morgens ein bisschen arbeitete, aber dann mit den Historikern Whiskey trinkend im Arts Club endete oder bei einer Eucharistiefeier (braunes Brot und Beaujolais – wir leerten die Flasche danach), die irgendwo von Sean Mac Réamoinn organisiert wurde; oder vielleicht stieß ich auch auf der Straße mit dem Dichter John Montague zusammen und ließ mich mit ihm zum kleinen Haus des Dichters John Berryman in Ballsbridge treiben, dessen Tische mit Tablettenfläschchen übersät waren. Ich wollte vielleicht zur Nationalbibliothek und kam doch nicht weiter als bis zu Buswell's. Jemand hatte vielleicht Geld beim Pferderennen gewonnen, oder Paddy Kavanagh winkte aus irgendeiner Türöffnung und bat einen, für ihn zur Apotheke zu gehen. Nach außen lebten viele Leute ein ungebundenes Leben; falls sie irgendwo doch noch ein Zuhause hatten, wurde das nicht erwähnt. Ich ging manchmal am Merrion Square mit einem alten Bekannten ins Bett, bevor er heim zu seiner Familie ging. Er war fast der einzige mir bekannte Mann, der seiner Verantwortung gegenüber Frau und Kindern nachzukommen versuchte.

Ich glaube, die meisten Leute litten wie ich an einer inneren Unausgeglichenheit, so wie es die jungen Leute heutzutage auch kennen. In Irland hatte es immer nur zensierte Literatur gegeben, auf einmal waren Bücher in Umlauf, die einen wirklich entsetzten, so wie «Last Exit to Brooklyn». Über Sexualität hatte man nie geredet, und nun präsentierten Ingmar Bergmans Filme den Iren derart geballte Erotik, dass sie vor Scham erröteten. Die Welt war kurz vorm Untergang, und vor dem Kino stand ein Rettungswagen, um die Ohnmächtigen zu behandeln, die den nuklearen Horror von «War Game» für bare Münze genommen hatten. Eine Generation, die von de Valera und Erzbischof John Charles McQuaid wie Kinder behandelt worden war, lernte plötzlich noch andere Drogen als Alkohol kennen.

Ich fuhr mit einem schwulen Freund nach Marokko, und wir hauten richtig auf den Putz. Die Jungen, mit denen wir zusammen waren, konnten uns nur umbringen oder beschützen. Wir gingen stoned in eine Hamlet-Aufführung in Arabisch, verließen die Vorstellung aber vorher, um noch mehr Haschisch zu essen, weil wir dachten, wir säßen schon seit vier oder fünf Stunden im Theater. Ein räuberischer italienischer Seemann nahm uns mit in eine Disco zwischen Pinien, wo in der einen Hälfte eines Käfigs ein räudiger Löwe kauerte und in der anderen ein mottenzerfressener Tiger, und wieder und wieder ertönte Frank Sinatras «Strangers in the Night» durch die heiße Nacht. Modergeruch ging von den Tieren aus. Wir sollten ein paar finsteren Gestalten in ein verlassenes Hotel mit einem leeren Pool folgen. Mein Freund und ich trennten uns dann für eine Weile. Er kam wieder mit lauter Prellungen im Gesicht. Mir war schlecht. In Dublin ging er wieder seiner respektierten Arbeit nach; ich zog wieder meine Robe an und hielt Vorlesungen. Der größte Unterschied zwischen den Leuten, die in Dublin unterwegs waren, lag darin, dass die einen wussten, was Selbsterhaltung ist, und die anderen gar nichts wussten.

*

Ich bin immer noch mit vielen Leuten von damals befreundet, die ich Anfang der siebziger Jahre in Dublin kannte. Aber die meisten von ihnen sind heute so, als hätte es die Vergangenheit nie gegeben. Ich erinnere mich an all diese verletzlichen, nicht immer würdevollen jungen Leute, die heute stolze Würdenträger sind: ein Richter, ein Professor, ein gefürchteter Kritiker, ein Anlageberater. In einer selbstsichereren Kultur als der unseren wären solche Leute stolz auf ihre Jugend. In Amerika geht man gern – egal, wie hoch man sozial gestiegen ist – zu Klassen- und Cliquentreffen, um ein bisschen was von der Unschuld der Jugend zurückzuholen. Wahrscheinlich halten sich erwachsene Iren heute für unschuldiger, als sie es damals waren.

Die Mitglieder des irischen Establishments tun so, als hätten sie keine gemeinsame Geschichte und als ob zwischen Leuten, die sich seit Jahrzehnten kennen, keine Gefühle mit im Spiel seien. Ich habe darüber vor ein paar Jahren nachgedacht, als ich im Fernsehen die «Booklines» machte und gerade eine große Anthologie über irische Literatur herausgekommen war. Ich hatte den Herausgeber, Professor Seamus Deane, in die Sendung eingeladen, um mit ihm auch darüber zu sprechen, warum die moderne Geschichte der Frauen nicht als Teil dieser Gesamtgeschichte gesehen wurde. Als ich noch an der UCD lehrte, war Seamus Deane einer meiner brillantesten Kollegen gewesen. Ich leitete einmal mit ihm ein Seminar über Yeats' «Unter Schulkindern». Ich erinnere mich noch genau an den Raum, das Licht und die Gesichter der Studenten und wie dieses großartige Gedicht auf sie wirkte. Diese Erfahrung zählt zu den aufregendsten Stunden meines Lebens. Seamus war mein Idol, als wir beide noch junge Dozenten waren. Er war ein sensationeller Literaturkritiker, aber vor allem war er der erste nationalistische Nordire, den ich kannte. Was er über seine Familie erzählte und wie sie im Bogside-Ghetto von Derry unter dem Stormont- und B-Special-Regime (Stormont Castle in Belfast ist Sitz der Provinzregierung; B-Special war eine berüchtigte paramilitärische Truppe der Briten, bevor die Armee offiziell kam) behandelt wurden, das klang wie aus einer Horrorgeschichte. Auf der einen Seite war er ein sehr moderner Mann. Er war gerade aus Berkeley zurückgekommen, und das Haus, in dem er mit Marian und den Kindern lebte, sah aus wie ein Stück Kalifornien. Ein neuer Freund – Leslie Fiedler, der amerikanische Schriftsteller und Kritiker – nahm mich ein paar Mal mit raus, und wir vier hatten oft in dem großzügigen Wohnraum gesessen und in bester Stimmung Champagner getrunken. Aber im Grunde seines Herzens war Seamus immer noch Nordire. Er verachtete Dublin. Er beobachtete die Leute um sich herum und verteilte Noten. Es war, als ob sie alle zusammen für ihn «den Süden» verkörperten. Wenn er jemanden nicht leiden konnte, sagte er, «der hat keine Energie, keinen Stil, kein Schweigen», und über

Leute, die er bewunderte, wie die Schriftsteller Tom Kilroy und Tom Kinsella, sie seien «ganz». Ich war stolz, eher zu seinen Vertrauten zu gehören. Er sagte zu mir: «Du gehörst doch nicht auf diese hysterischen, wilden, promiskuitiven endlosen Wohltätigkeitspartys, wo man sich selbst als Spende darbietet.» Das war damals, als wir Kollegen waren. Dann verließ ich Dublin und sah Seamus lange nicht, bis wir uns ein paar Jahre später zu einer James-Joyce-Konferenz in Paris wieder trafen. Er sprach kaum mit mir. Leslie Fiedler und seine Frau schauten mich fragend an, als Seamus uns in einem Café lediglich unbekümmert zuwinkte und dann zu anderen Leuten ging. «Tja, wir leben eben verschiedene Leben», sagte ich, «wir leben ja nicht einmal mehr im selben Land.»

Diese kleine Geschichte hatte ich also in meinem Hinterkopf, als ich Seamus im Fernsehstudio für die «Booklines» traf. Ich hatte den ganzen Tag damit verbracht, in der Anthologie zu lesen, die großartig und gewagt war, Seamus' bedeutendste Veröffentlichung und der Versuch eines nationalen Selbstportraits. Aber inzwischen war etwas mit den Frauen und Männern passiert – zwischen unserer Jugend und der Veröffentlichung dieser Anthologie hatte die Frauenbewegung stattgefunden. Die Frauen waren aus dem schweigenden Dunkel der vergangenen Jahre aufgebrochen und nun dabei, Spuren zu hinterlassen. Ich konnte in dem Gespräch über das Buch nicht einfach stillschweigend darüber hinweggehen, dass keine Frauen darin vorkamen. Die Anthologie war natürlich eine Chronik, nicht bloß eine Sammlung literarischer Texte, aber gerade deshalb erwartete ich ja auch, dass diese folgenschwere Veränderung für irische Frauen im 20. Jahrhundert irgendwo ihren Niederschlag finden würde. Aber ich war auch nicht ganz sicher, ob nicht die Erinnerung an diese kleine, blöde Begebenheit in Paris auch ein Teil dieses Kummers war. Auch mir gegenüber hatte er so getan, als ob er mich kaum kannte.

Die Anthologie war in ihrer Vollständigkeit ein phantastisches Werk, und wir sprachen fast die ganze Zeit darüber. Dann erwähnte ich die fehlenden Frauen. Er antwortete irgendetwas – es sei ihm nicht bewusst gewesen, es sei ihm gar nicht aufgefallen. Er war einfach müde und genervt und wollte keinen Streit. Etwas später hörte ich zufällig, wie Seamus Heaney sagte: «Warum hat Seamus Deane sich denn nicht verteidigt? Es gibt doch sehr gute Gründe dafür, warum diese Anthologie so, wie sie ist, perfekt ist.» Aber Seamus Deane ließ es sein, ob nun aus Langeweile oder aus Scham, sei dahingestellt.

Als wir mit dem Interview fertig waren, die Mikrokabel entfernt und uns gegenseitig bedankt hatten, zog er mich beiseite und sagte: «Es tut mir Leid, wenn ich irgendjemand gekränkt haben sollte.» Wie meinte er das? Meinte er die Kränkung von damals oder die von heute? Meinte er mich oder alle Frauen? Und tat es ihm wirklich Leid? Die Bemerkung selbst war meisterhaft; sie gab ihm – nach diesem flüchtigen Blick auf die Frauenfrage, mir zu Gefallen – seine altgewohnte Souveränität wieder.

*

1968 hatte eine James-Joyce-Konferenz in Dublin stattgefunden, und unsere ganze englische Abteilung war daran beteiligt. Dabei hatte ich Leslie Fiedler kennen gelernt. Mein Freund Sean Mac Réamoinn saß zufällig in der Lincoln Tavern neben ihm an der Bar. Leslie war zu der Zeit für seine bahnbrechenden populistischen Kritiken in Amerika berühmt. Sie trugen so wundervolle Titel wie «Liebe und Tod im amerikanischen Roman», oder ein Essay über Homosexualität in «Huckleberry Finn» hieß «Komm zurück aufs Floß, Hucky-Honey». Leslie schrieb auch Romane und er reiste gern; er liebte gutes Essen, Trinken und Menschen. Über die folgenden Jahre zeigte er mir solche Dinge wie die jüdischen Aspekte an Joyces Plätzen: das Grab von Stanislaus Joyce in Triest mit dem unauffälligen Grabstein und den kleinen Steinen, die von Menschen darauf gelegt worden waren, die um seine jüdische Frau trauerten. Die Reinigungsbäder und koscheren Cafés in der Nähe vom Place des Vosges in Paris. Die Synagoge in Rom. Leslie kam und rettete mich, als mein ganzes Geld in Venedig gestohlen worden war. Ich rettete ihn auf einer Party in New York, als ein schönes Mädchen, das schon Norman Mailer eine gescheuert hatte, ihm auch eine scheuern wollte. Er sah aus wie Neptun, und in seinem Privatleben war er ein jüdischer Patriarch. Er war auch ein großer Connaisseur der Pop-Kultur. Eines Nachts zogen wir durch alle Bars der Second Avenue, um zu sehen, wer von uns wie schnell angemacht werden würde. (Sehr schnell. Beide.) Wir sahen «Tal der Puppen», und er amüsierte sich noch tagelang darüber. Als ich 1970 auf einem seriösen Joyce-Seminar in einem Palazzo in Triest war, widmete ich ihm meinen Beitrag: Ich stand auf dem Podium und sang «Put another nickel in / See Our Lady in her skin / All I want is loving you / and music, music, music.» – Wir hatten uns dieses Kinderliedchen als Teil einer neuen Lesart von «Ulysses» in einer Bar ausgedacht.

Aber einmal sind wir zum Schweigen gebracht worden. Der Regisseur John Huston plante, den «Sturm» zu verfilmen, und wollte mit Leslie über das Script reden. Huston war in seinem Haus in East Galway. Leslie fragte, ob er mich mitbringen dürfte, und wir fuhren zusammen für ein Wochenende mit dem Zug hin. Hustons Haus war ein einfaches, perfektes Südstaaten-Landgut inmitten einer Landschaft von Feldern und Steinmauern. Er lebte dort, weil es Jagdgebiet ist. Die Auffahrt führte über einen Bach, an dem Käfige mit Falken standen – später sah ich auch ein Kühlhaus, das voll mit gekühlten Eintagsküken war, mit denen die Falken gefüttert wurden. Wunderschöne Pferde grasten auf den Koppeln vor dem Haus, und wir betraten eine riesige Diele, in der lauter kostbare Möbel standen. Jemand vom Personal brachte uns zu unseren Zimmern. Ich hatte eine luxuriöse Suite, ausgestattet mit den wundervollsten Sachen: neue Bücher und Zeitschriften, Blumen und eine handgemalte Karte mit allen Telefonnummern des Personals und außerdem noch eine kleine Apotheke, die sogar eine Auswahl von verschiedenen Schlaftabletten enthielt. Es war perfekt. Der Meister selbst saß in einem stockfinsteren Zimmer vor einem klitzekleinen Fernseher. Es war ein großer Augenblick. Gerade war Apollo 11 auf dem Mond gelandet. Wir starrten auf die wackeligen Schwarzweißbilder, und dann schritt Armstrong über diese unvorstellbare Mondoberfläche. Huston war ein zurückhaltender Mann, und Leslie wusste seine wahren Gefühle auch immer hinter seinem undurchdringlichen Intellekt zu verstecken, aber dies war ein großer Augenblick für Amerika. Ich stand still hinter ihnen. Ich glaube, sie waren beide sehr bewegt.

Später gingen wir dann in ein Wohnzimmer, und die beiden taxierten einander im Gespräch. Huston sagte etwas Interessantes über Marilyn Monroe, mit der er «The Misfits» gedreht hatte. Marilyn glaubte, sie würde ihre Schönheit erhalten können, wenn sie nur genug Schlaf bekäme. So nahm sie jede Menge Schlaftabletten, und während sie dahindämmerte, las ihr Paula Strasberg immer wieder ihre Dialoge vor. Am nächsten Tag musste die Monroe Wachmacher nehmen, um die Schlaftabletten zu bekämpfen, und irgendwann kam sie auch am Set an. Ihre Dialoge kannte sie tatsächlich. Sie kannte die wichtigsten Worte und wusste, wie lang die Sätze waren. Sie kannte auch den exakten Rhythmus, aber sie brachte immer die Zeiten durcheinander. Sie wusste nicht mehr, ob der Satz in der Gegenwart, der Vergangenheit oder der Zukunft geschrieben war. Das hat mich lange beschäftigt.

Damals wusste ich noch nichts über Klassenunterschiede und über Amerika. Wenn ich es gewusst hätte, wäre mir vielleicht aufgefallen, wie jüdisch Leslie in dieser Umgebung war und was für ein WASP Huston war. Leslie war ein nervöser, sensibler, rotgesichtiger, kleiner Mann aus Newark, New Jersey. Er war nicht dafür geschaffen, in makellosem Tweed an einen Zaun gelehnt über Jagdtechniken zu diskutieren. Aber wir hätten darüber hinwegsehen können, wenn nicht die Mahlzeiten gewesen wären. Diese – sowohl Lunch wie Dinner – waren formelle Veranstaltungen in einem Esszimmer, dessen handgemachte chinesische Tapeten – oder wo immer sie auch herkommen mochten – aus dem 18. Jahrhundert waren. Zahllose schweigende Kinder, aufgemacht wie kleine englische Adlige, mit weißen Kniestrümpfchen und Haarbändern aus Samt, saßen am Tisch und wurden entweder von einem Kindermädchen gefüttert oder, wie im Fall eines besonderen kleinen Jungen, von seiner ebenso besonderen Mutter. Es stellte sich heraus, dass sie eine Bolivianerin aus Rom war und in den ausgebauten Stallungen auf dem hinteren Teil des Grundstücks lebte. Vermutlich war sie Hustons Geliebte und ihr Kind war sein Kind, so wie alle anderen Kinder. Er sagte es uns nicht. Er sagte sowieso wenig bis gar nichts bei diesen eisigen Mahlzeiten. Leslie, der normalerweise mit einem glänzenden Appetit gesegnet ist, verkümmerte geradezu unter diesem Schweigen. Am ersten Abend aßen wir mit, am zweiten Tag nahmen wir noch das Mittagessen ein, aber dann beschlossen wir unter einem Fenster an der Seite des Hauses, wo uns niemand sehen konnte, dass wir verschwinden mussten.

Leslie brachte irgendwelche Entschuldigungen vor, und dann fuhr uns ein Wagen zum Bahnhof. Wir waren etliche Stunden zu früh dort, aber es machte uns überhaupt nichts aus. Nachdem der Hustonsche Wagen verschwunden war und nur wie beide in dieser Landschaft voller Natur und nochmals

Natur standen, tanzten wir vor Vergnügen und Erleichterung, dieser Spannung und Kälte entkommen zu sein, den Bahnsteig auf und ab.

*

Meine Beziehung mit Michael war zu Ende. Mir war es wichtiger, nach England zu gehen, um Rob zu treffen. Er nahm mich mit in die Stadt, wo seine Familie herkam. Er war ein nie versiegender Quell geschichtlicher Kenntnisse, und er hatte ein Auge dafür, was Orte auszeichnete und sie so unverwechselbar machte. Es war eine Offenbarung, mit ihm zu reisen. Manchmal kam er mit dem Boot nach Dublin. Es landete ganz früh morgens in Dun Laoghaire, und wenn er bei mir schellte, schlief ich noch. Ich wankte dann schlaftrunken zum Fenster und dort, vier Stockwerke unter mir auf dem menschenleeren Bürgersteig, an diesem blitzblanken Morgen, wo sich nur die Möwen schon bemerkbar machten, sah ich sein Gesicht. Ich warf ihm die Schlüssel runter, sprang zurück ins Bett, und eine Minute später hörte ich seine Schritte die Treppe heraufeilen. Wenn ich heute an dieser Ecke vorbeikomme, erinnere ich mich immer noch an diese jubilierenden Morgen.

Aber wir stritten auch. Ich war eifersüchtig. Er war eifersüchtig. Wir wussten nicht, wie der andere lebte. Einmal zu Weihnachten war ich in Dublin und er in London. Aber irgendjemand hatte gedacht, er sei in Dublin. Ich kam nach Hause, zog die Post aus dem Kasten, und während ich die Treppen hochstieg, öffnete ich die Umschläge und hatte übersehen, dass einer an ihn adressiert war. «Liebster Rob», las ich, «ich habe unser Baby verloren.» Ich habe nie erfahren, wer diese Frau war und was geschehen war. Mich erfasste ein furchtbarer Schmerz von Eifersucht und Kummer, weil ich nie von ihm schwanger geworden war – und das wischte alles weg.

Ich konnte nichts weiter machen, als durch die winterlichen Morgen nach Earlsfort Terrace zu gehen und dort zu unterrichten. Mit zittrigen Händen rief ich in dem Hospital an, aus dem sie geschrieben hatte, um ihren Nachnamen zu erfahren, aber eine misstrauische Schwester legte gleich wieder auf.

In endlosen Telefongesprächen aus London versuchte Rob sich herauszureden; es wäre nichts, alles ein Missverständnis, dieses Mädchen sei eine Lügnerin, ich sei die Einzige, nur ich, und wir würden heiraten. Er würde eine spezielle Erlaubnis besorgen, dass wir noch schneller heiraten könnten. Er hatte es unglaublich eilig. Er bekam die Erlaubnis. Wir bestellten das Aufgebot im Standesamt von St. Pancras, und ein paar Freunde sollten anschließend in Yate's Wine Lodge zu den Hochzeitsdrinks kommen. Für die Flitterwochen stellte man uns eine alte Mühle in Somerset zur Verfügung. Die Zeit auf dem Standesamt war soundso. Umsteigen mit dem Zug in Bristol soundso viel Uhr, und dann hatte man Anschluß zum Bus. Hektik, Hektik – vergiss den Brief.

So war ich also eines Februarabends am Merrion Square und erledigte noch das Allernötigste, damit ich in ein paar Tagen nach London fahren und heiraten könnte. Ich schrieb, neben das Feuer gekauert, die Liste, hörte die Windböen und den Regen direkt über mir auf die Dachziegel pladdern, als es schellte. Ich starrte aus dem Fenster und sah dort, wo der Verkehr durch den Regen zischte, einen leeren Wagen stehen und den Mann, der gerade ausgestiegen war, vor meiner Tür. Ich rannte die Treppen hinunter und riss die Haustür auf.

«Tochter!», grüßte mich mein Vater. «Hol schnell deinen Mantel, wir gehen nach Ringsend Domino spielen.» Er drückte mir einen dicken Blumenstrauß in die Hand und trat einen Schritt zurück. Er hatte mich in den zwei Jahren, die ich am Merrion Square wohnte, niemals angerufen. Auch jetzt hatte er nicht wirklich frei; das Dominospielen sollte für seine Kolumne am nächsten Tag sein. Manchmal begegnete ich ihm irgendwo in der Stadt, aber ich ging nie irgendwohin mit ihm. «Ich kann nicht, Dad», sagte ich, «ich stecke bis zum Hals» – dann sah ich, dass sein Gesicht nicht vom Regen nass war. Er weinte.

Wir stiegen ins Auto und er plauderte sofort los, die ganze Stunde, die wir miteinander verbrachten, über dies und das – außer einmal. Während er in dem überfüllten Pub auf die Bedienung wartete, sagte er wie nebenbei über seine Schulter hinweg: «Heirate ihn nicht, du wirst nur den ganzen Ärger mit der Scheidung haben.» – «So, so», sagte ich. Das war die längste private Unterhaltung, die wir je geführt hatten. Es bedeutete mir ungeheuer viel, weil er sonst eine so große Distanz zu uns wahrte und niemals irgendeinen Rat gab.

Und so rief ich Rob am Donnerstag vor dem Heiratssamstag an. Ich sagte ihm, dass wir das nur tun, weil die Versöhnungsgeste immer noch größer sein muss als der Krach, den man gehabt hat. Wir gingen nicht zum Standesamt. Unsere Flitterwochen hatten wir sowieso. Aber wir haben nie geheiratet. Jahre später traf ich einen Typ auf der Straße, mit dem wir damals befreundet gewesen waren. «Wo wart ihr eigentlich an dem Tag eurer Hochzeit abgeblieben?», fragte er. «Wir waren alle mit unseren Geschenken in der Weinstube.»

Es gibt noch ein Dokument des Patriarchats, das ich hier gerne einfügen würde. Irgendjemand hatte meinem Großvater – der im Hospiz im Sterben lag – erzählt, dass ich mich verlobt hatte. Was ja auch stimmte. Rob war aus dem Doheny & Nesbitt's Pub gerannt und hatte einen echten Diamantring gekauft. Es sollte auch noch erwähnt werden, dass Robs Großvater ein «Sir» war – man hatte ihn für seine Kriegstaten zum Ritter geschlagen. Mein Großvater schrieb mir Folgendes:

Liebe Nuala,

ich habe soeben von deinen Heiratsabsichten erfahren und bedaure selbige außerordentlich. Weißt du eigentlich, was du tust – du heiratest außerhalb deiner Kreise, einen Kerl, der keine Religion hat, und dann auch nur auf dem Standesamt. Offenbar habt ihr nichts gemeinsam. Mit dieser dummen Tat beleidigst du alle, die gut zu dir sind. Was sollen deine Freunde davon halten, dass du auf dem Standesamt einen Heiden heiratest, der, das kann ich dir jetzt schon sagen, sein wahres Ich bald zeigen wird. Er wird wahrscheinlich von dir erwarten, dass du ihn aushältst. Davon gibt es, da bin ich sicher, jede Menge in London. Ich würde dir dringend raten, deinen Beichtvater oder einen Pfarrer aufzusuchen und ihm alles zu erzählen. Es würde dich jetzt nur eine halbe Stunde kosten, aber später vielleicht lebenslanges Leid, wenn du so wie bisher weitermachst und Schande über deinen Vater bringst, der es so gut mit dir meint. Bitte schick dies deinem adeligen Gentleman und verschiebe dein verrücktes Abenteuer. Nach Regen folgt stets Sonnenschein. Aber komm mir nicht eher unter die Augen, als bis du dein Leben geordnet hast.

Dein trauriger Großvater.

Gewöhnlich lief ich vom Merrion Square durch die winterlichen Straßen, gab meine schmutzige Wäsche in der Wäscherei ab und ging dann hinauf, um vor den Abendschülern am People's College in Ballsridge über den Roman zu sprechen. Ende der sechziger Jahre gab es einen Hunger nach eigener Entwicklung. Der Wunsch nach einer zweiten Bildungschance war Teil einer massiven sozialen Veränderung, die gerade stattfand.

Als Harold Wilson in England gefragt wurde, was seiner Meinung nach die wichtigste Errungenschaft der Labour-Regierung in den sechziger Jahren war, antwortete er: «Die Open University», und obwohl so hoffnungslos unglamourös, war die Förderung des zweiten Bildungswegs genau die richtige Reaktion auf den Zeitgeist. Und Wilson war der Open University gegenüber großzügig. Viele der Labour-Politiker kannten sich persönlich sehr gut in der alten Erwachsenenbildung aus: kalte Hörsäle, das Lehrmaterial auf billigem Papier vervielfältigt, heruntergekommene Bibliotheken, in denen Männer und Frauen versuchten, etwas für sich zu tun. Die Open University sollte glänzende Farbkopien bekommen, bequeme Sommerschulen in den besten Universitäten und vor allen Dingen Fernseh- und Radioprogramme von der BBC, auf höchstem BBC-Standard.

Ich war so an England gewöhnt, dass ich es gar nicht als so etwas Besonderes empfand, als ich mich für einen Job bei der

BBC bewarb, um eben für jene Open University Programme zu machen. Ich glaubte an ihre Aufgabe, für mich war sie eine Erweiterung dessen, was ich abends in meinen Vorlesungen gemacht hatte. Als ich den Job 1970 bekam, zog ich nach London um. Rob hatte ein kleines Haus in Clapham. Wir hätten immer noch heiraten können; ich trug noch meinen Verlobungsring. Wir hatten eine Katze namens Furriskey. Ich glaubte, wir wären glücklich.

Die BBC bildete uns in einem labyrinthischen Gebäude gegenüber der Sendeanstalt aus, das einstmals ein Hotel gewesen war und mit seinen langen und verwinkelten Fluren, den Büros, die immer noch wie Schlafzimmer wirkten, mit seinen falschen Wänden, unerwarteten Wandschränken und Badezimmern mit Badewannen und Hintertreppen eher an einen surrealen Spielplatz als an einen Arbeitsplatz erinnerten. Heute ist es wieder ein Hotel. Neulich stand ich mal mit ganz nostalgischen Gefühlen in seinem glänzenden Foyer.

Wir wurden ausgebildet, als sollten wir in eine der BBC-Hauptabteilungen wechseln. Aber wir waren sowohl Lehrer als auch Rundfunkredakteure. Ich war in dem Team, das die verschiedenen Elemente eines Kurses – beispielsweise über die Renaissance oder den Roman des 19. Jahrhunderts oder die verschiedenen Weltreligionen – erstellte. Mit mir arbeiteten Wissenschaftler für Literatur, Musik, Politische Geschichte – alle Disziplinen, die etwas beizusteuern hatten. Meine Aufgabe war es, eine Idee, ein Thema, einen Ort oder eine Figur herauszufiltern, die sich am besten fürs Radio oder Fernsehen eignete, ja, die den Studenten besser in diesen Medien vermittelt werden konnte als durch Lesen oder Hören. Akademiker glauben, dass eine Vorlesung dann am besten rüberkommt, wenn sie einfach in die Kamera hineinsprechen. Aufgabe des BBC-Mitglieds war es dann, die Experten davon zu überzeugen, ein Programm so zu gestalten, dass es sowohl den akademischen wie auch den ästhetischen Fernsehansprüchen entsprach. Ich mochte das Training. Ich war nie zuvor – und bin es auch seitdem nie wieder gewesen – Teil einer Gruppe mit einem bestimmten Ziel, das durch Übungen, Wettstreit und verschiedene Strategien erreicht werden sollte. Ich mochte es dazuzugehören. Außerdem war die BBC in meinen Augen eine schicke Organisation, die nach Elizabeth Bowens Kriegsromanen duftete, nach Portland Place und Regent's Park und nach Schwarzweißfilmen mit heroisch disziplinierten Männern und Frauen, die glänzende Vaselinetränen in den Augen hatten. In den Pubs um den Fitzroy Square schrieben Kriegsheimkehrer und zerstörte Genies ihre Radio-Manuskripte auf die Rückseiten von bedrucktem Papier. Die BBC beeindruckte mich auch deshalb, weil sie mehr Oxford war als Oxford selbst: staatstragend, hierarchisch und streng separatistisch.

Ein Teil unseres Trainings bestand im Erlernen von Verhaltensweisen – wie man ein BBC-Mitglied wurde. Alte Rundfunk-Gurus kamen und sprachen über Ethos. Ich spürte die Ausdehnung und den Wohlstand der alten BBC-Zivilisation, für die das Fernsehen lediglich ein paar Provinzen mehr bedeutete – und wie sehr die BBC eine Welt für sich war, mit all ihren Häusern in England und London, den eigenen Bibliotheken, Versicherern, Ärzten, Reisebüros, Anwälten, Köchen und Honoratioren. Wir, die wir 1970 im Training waren, waren fast eine Parodie der neuen Ära. Mein Freund Tony war der Sohn eines ghanaesischen Feuerschluckers, und er selbst war Meeresbiologe, nach dessen Name schon eine bestimmte Seeschnecke benannt worden war. Für die von den Künsten bestimmte Produzentenszene war ein Wissenschaftler mindestens so ungewohnt wie seine schwarze Hautfarbe. Einige der anderen Auszubildenden waren Sozialarbeiter, Mathematiker, Chemiker. Es gab einen Schotten und einen Waliser. Ich war irisch und eine Frau dazu. Es wurde als selbstverständlich angenommen, dass wir uns den BBC-Gepflogenheiten anpassen würden, nicht etwa, dass wir und das, wofür wir standen, in irgendeiner Weise die BBC verändern würden.

Meine erste Übung war eine Fernsehbearbeitung, unterlegt mit donnernder Orgelmusik von Widor und langsamen Überblendungen des Richmond-Portraits von Kardinal Newman, als er erfuhr, dass er nach Rom gehen sollte. Dann machte ich etwas über Elvis Presley. (Ich ließ auf eine Schwarzblende die Herztöne eines Embryos abspielen und sie dann in die ersten Akkorde von «Heartbreak Hotel» einfließen; dafür bekam ich keine Punkte, weil ein schwarzer BBC-Monitor nach einer bestimmten Zeit den nationalen Notstandsdienst alarmiert.) Ich wusste einiges und hatte Phantasie. Aber ich hörte nicht einmal zu, wenn wir über die technischen Seiten der Film- und Fernsehproduktion unterrichtet wurden. Wenn ich schon Worte wie «Tiefenschärfe» oder «internegative Phase» hörte, verstand ich nichts mehr und bemühte mich auch nicht. Diese Weigerung, auch nur ein Minimum an technischem Verständnis und technischen Fähigkeiten zu entwickeln, kostete mich – und ich schätze, andere Frauen auch – einiges. Von Männern wurde erwartet, dass sie in der Lage waren, Kameras, Licht und Transmissionsfrequenzen zu verstehen. Aber es hatte nicht nur etwas mit dem Geschlecht zu tun. Man kann diese Scheu vor technischen Dingen auch bei Männern sehen, die entweder aus einem armen oder aus einem intellektuellen Haus kommen. Es war nicht etwa eine Frage meines Selbstbewusstseins. Ich engte nur meine Intelligenz ein, indem ich mich weigerte, Freude an abstrakten Problemen oder an Informationen zu entwickeln, die nichts mit Menschen zu tun hatten. Die BBC ist oder war so strukturiert, dass der Producer an der Spitze der Pyramide der technischen Leute sitzt, die alle ihren Job so gut wie möglich machen, um des Jobs willen. Ein Producer kann die meiste Zeit mit dieser Struktur über die

Runden kommen. So auch ich. Aber technische Unsicherheit ist eine konstante Belastung und am Ende schränkt es das Denken ein. Ich machte mir damit eine Menge Probleme für die Zukunft.

Ich liebte die Trainingskurse. Aber am meisten interessierte mich mein Leben mit Rob. Und das lief hoffnungslos schief. Für eine Weile waren wir glücklich. Er arbeitete zu Hause – er schrieb zwei Bücher, eins über Keats, das andere über die Präraffaeliten –, und abends wartete er auf mich an der U-Bahn. Wir schlenderten dann unsere Straße hinunter, schauten über die Zäune all der kleinen Gärten, bevor wir uns ein Paket Wall's Erste-Wahl-Würstchen in die Pfanne hauten und danach nochmal für ein paar Drinks und eine Partie Billard auf einen Sprung in die Kneipe gingen. Wir hatten Freunde und einen Satz zusammenpassender Messer, ich schrieb hin und wieder eine Buchrezension für die *London Times*, und er zeigte mir, wie man eine bessere zweite Fassung macht. Aber keiner von uns beiden wusste, wie man mit einem anderen Menschen zusammenlebt. Zeitweilig kam ich mit einem blauen Auge in die Schulung. Manchmal – aus Verwirrung und weil wir tranken – attackierten wir uns physisch. Wir sagten einander schreckliche Dinge.

Ich war außer mir, weil er eine andere Frau sehr gern mochte. Sie war von beeindruckender Schönheit. Ich beschaffte mir ein Rezept für die Schlaftabletten, die meine Mutter nahm, ohne zu realisieren, dass Mandrax ein Barbiturat ist und ich davon abhängig wurde. Niemand kümmerte sich um dieses Haus des Unglücks. Die Katze haute ab. Einmal kam ich von einer Reise nach Hause, und auf dem Tisch lag ein kleines, vertrocknetes Stück Orangenschale, dessen Rand mit Staub bedeckt war. Wo war er die letzten Tage gewesen? Ich wurde Expertin für Zigarettenstummel im Aschenbecher, für verkohlte Reste im Ofen, für Briefe, die er direkt zu seinem

Schreibtisch brachte. Eines Winterabends fuhr ich in eine kleine Stadt auf dem Land, um diese Frau zu treffen. Wir saßen an einem Kneipentisch, während mein Taxi draußen wartete, um mich wieder zum Bahnhof zu bringen. Sie war sehr nett. Was sollte sie machen, fragte sie ratlos. Sie würde sicherlich weiterhin mit ihm befreundet bleiben. Was hatte ich erwartet?

Jeder, der Eifersucht kennt, weiß, wie besitzergreifend sie sein kann. Sie umschloss mich wie eine Blase, die ich gerade noch verlassen konnte, um zu arbeiten, aber danach war ich wieder in ihr gefangen. Eine Zeit lang habe ich die Welt nicht mehr wahrgenommen. Ich habe weder bemerkt, wie sich der Vorhang über Nordirland hob, noch sonst irgendetwas. Ich war abgemagert und zittrig. Und mein Herz war wund. Vermutlich waren unsere beiden Herzen wund. Schließlich verließ ich ihn.

*

Die nächsten Jahre arbeitete ich für die BBC in einem edwardianischen Volkspalast, dem Alexandra Palace, auf einem Hügel in einem Park. Beim irischen Fußballfinale kamen die Männer auf den Hügel, hängten ihre Transistorradios in die Bäume und spitzten die Ohren, um den Kommentar aus dem Croke Park zu hören.

Die Open University der BBC wirkte in den riesigen, schummerigen Palaisräumen wie ein Pygmäenstamm. Hinter einer Tür gab es ein komplettes, heruntergekommenes Plüschtheater. Es gab hohe Hallen, voll mit dem Echo vergangener Szenerien; einen grauen Teich mit verbeulten Ruderbooten, die man stundenweise ausleihen konnte, und die Andeutung einer Rennbahn. Es war ein dramatischer Ort, um zu arbeiten, und für uns war die Arbeit, die wir machten, so faszinierend wie ein Drama. Wir Producer in der Sektion für die Künste waren die Pioniere der Open University, und wir redeten die ganze Zeit über die Programme, die wir machten, machen wollten oder nicht machen durften. Wir guckten gegenseitig unsere Rohschnitte an und machten Verbesserungsvorschläge, schrieben uns gegenseitig Szenen für das Script. Meine Kollegen waren sehr talentiert. Ich nicht so. Ich sagte das einmal zu einem von ihnen, den ich bei einer Konferenz traf. «Ich war nicht besonders gut», sagte ich bescheiden. «Nein», sagte er, «warst du nicht. Aber du warst ein Vermittler. Du hast andere Leute dazu gebracht, gut zu sein.»

Die Gegend, in der ich lebte, mit ihren Reihenhäusern, den breiten Bürgersteigen und kleinen, eingezäunten Grünanlagen um den Engel herum, hatte etwas vom 18. Jahrhundert. Der Bus zur Arbeit fuhr bergauf und bergab und wieder aufwärts, nachdem er den Fußballplatz hinter sich gelassen hatte, und folgte weiter der Straße, die um die nördlichen Hügel von London unterhalb der Stadt herumführte. Zurück fuhr der Bus untenherum. Es war leicht, sich die Straßen als Gassen vorzustellen, voll mit Karren, die runter nach West End rollten. Ich kam an dem Friedhof vorbei, auf dem halben Weg den Hügel runter nach Euston, wo Shelley einst Mary Godwin auf dem Grab von Mary Wollstonecraft liebte. Ich rannte über dieses Grasstück auf meinem Weg zur Open University an Milton Keynes vorbei, als ich meinen eigenen Akzent hörte. Ich sah sie vor mir, meine Landsmänner und meine Landsfrauen, torkelnd und mit dem Kopf nickend, die roten Gesichter aufgedunsen von Alkohol und von ihrem harten Leben. Als ich in Brian Friels Stück «Dancing at Lughnasa» war, da sah ich die zwei Tanten, die durch England wanderten, vor meinem geistigen Auge in dem trüben Park außerhalb von Euston. Aber ich dachte kaum jemals über Irland nach.

Ich reiste, allein. Ich fuhr zum Beispiel nach Prag, als noch nicht viele Leute dorthin fuhren. Ich nahm einen Bus nach Lidice. Ich kannte den Namen; es war ein Dorf, an dem sich die Nazis für ein Attentat gerächt hatten. Ich war im Herbst dort. Es gab überhaupt keine anderen Besucher. Aber der Mann, der dort arbeitete, ließ mich alleine in dem Kinosaal sitzen und den Film anschauen, den die Nazis zur drohenden Warnung gedreht hatten. Wie das Dorf in Schutt und Asche gelegt wurde, die Männer zum Erschießen weggezerrt, wie Frauen und Kinder einzeln weggetrieben und die Hunde getreten wurden, und plötzlich Hände mit Gewehren im Bild, die die Hunde in den Kopf schossen. Alles in schnellem halbdunklem Schwarzweiß. Stille. Dann ging ich zum Museum. Dort war ein Haufen von Briefen aufgetürmt, aufbewahrt von der ordentlichen deutschen Post, die niemals ausgeliefert worden waren. Briefe von Kindern an ihre Mütter. Die Mütter waren bald gestorben oder in die Todeslager gesteckt worden. Aber die Kinder wussten das nicht. «Liebste Mama, könntest du mir Brot schicken ...» Ich erinnere mich, dass ich danach, um mich zu fassen, auf dem betonierten Rand eines ausgetrockneten Blumenbeets saß, in dem ein paar Rosen im herbstlichen Frost welkten.

Meine Arbeit bestand auch aus Reisen. Es war modern und man musste es lernen, aber ich war für eine lange Zeit ziemlich schlecht darin. Ich verlor Fahrkarten, nahm U-Bahnen in die falsche Richtung, wusste nicht, wie man das Telefon bedient. Ich war immer nervös. Ich blieb im Hotelzimmer, weil ich Angst vor den Schwierigkeiten hatte, die draußen lauerten. Ich fürchtete mich davor, das Telefon abzunehmen. Aber ich musste diese Unfähigkeiten überwinden, und mehr oder weniger schaffte ich es. Ich überwand die Zigeuner am Bahnhof von Florenz im Winter und die Sammeltaxis, die einen in Teheran nicht rausließen, wo man wollte, und die Männer, die mir bis zu meinem Hotelzimmer folgten, weil ich mich mit ihnen in der Bar eines New Yorker Hotels unterhalten hatte, und den Staub und die Hitze in einem israelischen Dorf, wo niemand sprach, und die Zeit, als mein Vorderzahn ausfiel, während ich ein Interview aufnahm; wenn ich nicht «Jane Eyre» gelesen hätte und wenn Jane nicht so tapfer gewesen wäre, ich wäre in Panik ausgebrochen. Heute sehe ich Frauen mit Aktentaschen in Flughäfen und es ist, als wären sie unter einem anderen Stern geboren.

Manchmal schlug ich die Tür meiner Wohnung hinter mir zu und fuhr ab zum Flughafen. Um in Florenz Material für eine Renaissance-Hochzeit zusammenzustellen; in die USA, um Radiogespräche über Mazzini oder Courbet oder die Rolle von Beton in die modernen Architektur aufzunehmen; oder nach Israel, um die Pessachfeiern bei jemenitischen Juden aufzunehmen; oder nach Schottland, um aufzuzeigen, wie seine Strukturen die soziale Geschichte des Gatehouse-of-Fleet widerspiegeln. In Cornwall nahm ich den englischen Dichter Donald Davie auf, wie er an Hardys Plätzen stand und wortgewaltig dessen Gedichte vorlas. Auf der Brüstung von Thoor Ballylee sprach Professor Denis Donoghue von New York und Dublin über Yeats. Ich ging wegen Rodin nach Stanford, wegen Tolstoi nach Paris und wegen der Revolution von 1848 nach Lyon, wegen der griechisch-orthodoxen Osterliturgie nach Jerusalem und nach Edinburgh wegen des Mannes, der den Dichter John Cornford kannte, bevor er in den Spanischen Bürgerkrieg ging. Ich traf Gelehrte und besuchte Bibliotheken und Galerien. Aber es gab auch die harten, langsamen und beängstigenden Phasen. Ich musste mit Behörden herumfeilschen, mit schwierigen Kameraleuten und Streiks zurechtkommen und Transporten, die nie ankamen, mit Forderungen nach sofortiger Barzahlung, mit einsamen Hotelzimmern und langweiligen Sitzungen und Flughäfen spät am Abend, wenn der letzte Flieger schon weg war. Und mit schlechten Ideen, die auch noch in schlechte Programme umgesetzt wurden. Diese Arbeit kostete mich einen hohen Preis, aber sie war auch voller Offenbarungen.

Ein Augenblick aus diesen Jahren ist mir immer noch gegenwärtig. Es war eine Bemerkung über Musik – oder besser, sie wurde von Musik ausgelöst – und fiel ganz nebenbei eines Abends während einer Opernaufführung in Covent Garden. Es ist wichtig, dass Arnold Kettle sie machte, der zufällig auch Englischprofessor an der Open University war, aber noch berühmter war er als eine der zentralen Figuren der Kommunistischen Partei Großbritanniens. Arnold hatte alles getan, was ein ernst zu nehmender Mann tun konnte, um den revolutionären Sozialismus voranzubringen. Er und seine Frau waren passionierte Opernliebhaber. Und ich hörte Opernmusik, seit ich in dem kleinen mittelalterlichen Haus, in dem ich in Oxford gelebt hatte, in einer holzgeschnitzten Truhe einen Schatz gefunden hatte, eine Plattensammlung mit Maria Callas in «I Puritani».

Es war das erste Mal, dass ich «Fidelio» sah. Arnold und Margot hatten es in Lissabon in der Nacht gesehen, als die Salazar-Diktatur endete. Die Soldaten in der Oper hatten an diesem Abend rote Nelken in die Läufe ihrer Gewehre gesteckt, so wie die richtigen Soldaten der «unblutigen Revolution» draußen auf der Straße. Im ersten Akt gibt es ein Quartett, «Mir ist so wunderbar». Die vier Protagonisten kommen herunter ins Rampenlicht und dann machen sie das, was in Opern passiert – als ob sie sich einander gar nicht bewusst wären, singt jeder seinen Part ins Publikum hinein; so, als ob sie gar nichts damit zu tun hätten, dass sich die verschiedenen Stimmen in dieser komplexen und perfekten Harmonie vermischen, und dennoch muss jeder von ihnen getrennt vom anderen agieren. Ich war wie gelähmt, wie ich es immer bei Ensemblegesang bin. Als der Vorhang fiel, wischte ich mir die Tränen aus den Augen und fragte Arnold: «Warum ist ein mehrstimmiger Gesang so wunderschön? Warum berührt er uns so?» Und er antwortete: «Die Menschen würden gerne immer so sein, wenn sie es könnten.» Diese Bemerkung bedeutete mir sehr viel. Ich glaubte, es hatte etwas mit seinem Kommunismus zu tun. Er musste eine Vision von perfekten Menschen vor Augen haben – die ideale Gesellschaft, frei von Deformationen und Zwängen. Derart befreite Menschen würden so perfekt miteinander kommunizieren, wie sie es singend in der Oper tun.

In meinem wirklichen Leben hatte der Idealismus etwas sehr Zerstörerisches. Er war eine Art Nostalgie oder eine Sehnsucht nach etwas Besserem und anderem – etwas, das überwältigender war als selbst das Beste, was mir widerfuhr. Ich litt unter grundlosen Depressionen. Ich fühlte, dass ich nicht richtig lebte, sondern nur zuschaute. Ich kam von irgendwoher nach Hause in meine Wohnung zurück. Ich drückte die Tür gegen einen Haufen von Reklamewurfsendungen, und die Wohnung war so leer, wie sie leerer nicht sein konnte. Die Luft stand im Raum. Ich öffnete das Fenster und von der Zitronengeranie kamen tote braune Blätter heruntergeraschelt. Ich dachte nicht gern über die Vergangenheit nach, und auf die Zukunft war ich nicht neugierig.

Über die unterschwelligen Veränderungen einer Beziehung zwischen zwei Leuten könnte man einen ganzen Roman schreiben. Vom ersten Tag, an dem wir uns bei der BBC getroffen hatten, schienen mein Freund Tony und ich gut miteinander auszukommen. Wir erzählten uns gegenseitig unsere Sorgen, ohne uns damit zu belasten. Bei ihm war es seine Familie. Er war der älteste Sohn und fühlte sich für die anderen verantwortlich – auch für seine Eltern –, denn obwohl sie talentiert und wunderbar waren, lebten sie in einer öden Wohnsiedlung und hatten kein leichtes Leben. Er sprach über seine Familie und über seine Freundinnen. Ich erzählte von Rob. Aber eine kleine Begebenheit machte uns kurze Zeit später zu richtigen Freunden. Es passierte völlig überraschend, wie in einem Roman. Wir fuhren zum Skifahren nach Österreich, und ich machte mir gleich zu Anfang meine Ferien kaputt, indem ich erst mal auf der Hinreise im Zug völlig betrunken war und dann am ersten Tag dort mein Bein verletzte. Tony war ein Athlet. Er konnte sofort Ski fahren, und gegen den glitzernden Schnee sah er wundervoll blauschwarz aus. Ich hingegen hing nur humpelnd rum.

Dann sprachen wir eines Abends im Hotel über Gedichte. Tony ist Wissenschaftler. Niemand hatte je mit ihm ein Gedicht analysiert. Er wollte wissen, wie man das macht. Ich schrieb also Wordsworths «A Slumber Did My Spirit Seal» runter und zeigte ihm, wie ich das, was es sagte, verstand. Ich erinnere mich an den warmen Raum, das raue, goldene Holz der niedrigen Decke und die gegen den Schnee zugezogenen karierten Vorhänge. Er saß auf seinem Bett mir gegenüber, ich saß auf meinem und machte das, was ich konnte – ich gab ihm ein unterhaltsames Kolloquium über lyrische Dichtung, über die Romantik, Wordworths «Lucy»-Gedichte im Allgemeinen und das kleine Gedicht im Besonderen. Dass er das alles sofort verstand, machte es für mich zu einem unvergesslichen Erlebnis. Ich gewann wieder an Selbstachtung. Der Ekel vor mir selbst, den ich beim Trinken und bei meiner Unbeholfenheit verspürte, war gemildert. Und ich schätzte Tony für seine suchende Intelligenz, deren inneren Vorgaben er folgte. Danach vertraute ich ihm, obwohl das, was dann passierte, nicht gerade vertrauenswürdig war.

Ich wechselte mit ihm in eine neue Abteilung der BBC, die ihren ersten Offenen Kanal einrichtete. Wir wollten in einem ganz normalen Reihenhaus statt in einem Büro sitzen, und dort sollten ein paar Leute arbeiten, die niemanden einschüchterten und Menschen oder Organisationen halfen, ihre eigenen Sendungen zu machen, die sich von der BBC übersehen fühlten. Die sollten dann auf einem bestimmten Programmplatz gesendet werden, der «Open Door» hieß. Wir bewarben uns und wurden angenommen. Die Mittelklasse-Männer in den oberen BBC-Etagen konnten mit dem normalen Publikum gar nicht kommunizieren, vor allem wollten sie auf keinen Fall mit ihnen von Angesicht zu Angesicht zu tun haben. Aber natürlich gab es auch ziemlich konfuse Ansichten über Minderheiten. Es gab zwei Chefs und drei Producer bei der ersten «Open Door». Die beiden Bosse waren weiße Männer, aber die Producer waren ich, eine irische Frau, eine weitere Frau und Tony, der schwarz ist.

Die Idee des Offenen Kanals war zu der Zeit die reinste

Phrasendrescherei. Professionelle Fernsehmacher können es kaum ertragen, all das schlechte Material zu senden, das bei Amateuren nun mal herauskommt. Auch wenn die unsichtbare Hand der Profis überall zu spüren war – sie suchten die Bewerber aus, sie beeinflussten sie, sie verglichen den einen Beitrag mit dem anderen –, so war die ganze Idee ein typisches Siebziger-Jahre-Zugeständnis in Richtung Demokratie, gemacht von einer Eliteorganisation, die schlau genug war zu erkennen, dass sich der Wind gedreht hatte. Im Laufe der Zeit zweifelte ich allerdings daran, ob das, was wir taten, wirklich sinnvoll war. Ich fürchtete, wir ließen ratlose und gekränkte Menschen zurück. Wenn eine Gruppe ein Programm macht, kann der Stress zu schrecklichen Auseinandersetzungen führen: Ich erinnere mich an eine obskure Dichtergruppe in Brighton – die sanftesten Leute überhaupt –, bei denen es am Ende zu Handgreiflichkeiten kam. Die gegenseitigen Überprüfungen bei der Programmgestaltung hatten all die Dinge ans Tageslicht gebracht, die man bis dahin unter der Decke gehalten hatte. Und auch Einzelpersonen schienen, wenn sie das gesagt hatten, was sie zu sagen hatten, nicht gerade glücklicher als vorher. Sie fühlten sich immer noch missverstanden.

Aber die Idee, die dahinter stand, war richtig. Morgens fuhr ich mit der alten, wackeligen Metropolitan Line quer durch London, stieg am Straßenmarkt an der Goldhawk Road aus und ging dann um die Ecke in ein ganz normal aussehendes Haus mit einem Vorgarten. Das war unser Büro. Ich hatte mit herrlich verrückten Leuten zu tun. Zum Beispiel mit einem reichen Buchhalter, der bei der Live-Übertragung konsequent in die falsche Kamera guckte; mit dem Frauenarzt der Queen, mit dem ich einen Protestfilm gegen Pornographie machte.

Ich machte einen Film für Transsexuelle. Eine von ihnen bestand darauf, mir in ihrem abgefahrenen kleinen Apartment in Roehampton ihre neue Vagina zu zeigen, eine Art

Hohlraum, mit der Haut ihres früheren Penis ausgekleidet. Vorher war sie Polizist in Südafrika gewesen. Eine andere aus der Gruppe war eine sanfte Frau aus Yorkshire, die als Kind zum Arbeiten in die Zeche geschickt worden war, weil ihr plötzlich auf der einen Seite eine Brust wuchs. Die Arbeit unter Tage sollte sie stählen und einen Mann aus ihr machen. Wenn die Männer, die Frauen geworden waren, mit in den BBC-Club in Sheperd's Bush kamen, gingen sie gerne auf die Damentoilette. Aber es gab eine Menge Kleinigkeiten, die sie falsch machten. Vor dem Spiegel hoben sie ihre Röcke, um ihre Strümpfe glatt zu ziehen. Richtige Frauen würden das nie tun.

*

Das interessanteste Programm, das ich machte, war in Derry, nachdem die britischen Truppen einmarschiert waren, um den «Free Derry»-Widerstand zu beenden. Ich wusste nichts über Nordirland; ich war einmal in meinem Leben in Derry gewesen, als ich zwölf war. Aber als Irin bekam ich natürlich den Auftrag – so wie sich Tony wegen seiner Hautfarbe um Türken oder Somalier kümmern musste, auch wenn er in West-London geboren war.

In Derry sah ich zum ersten Mal, wie eine Stadt verwüstet wurde, und ich sah zum ersten Mal Menschen, die einem Staat völlig entfremdet waren, der auf ihre Loyalität pochte. Für mich war es eine außerordentliche Erfahrung. Ich war, wie die meisten ausländischen Reporter, von diesem Ort fasziniert und hatte keine Angst. Die Wohnungen mit den Einschusslöchern, die einzelnen Brachen, über die flüchtende Jungen nach ihren improvisierten Aufständen stoben, die Terrassen von winzigen Häusern an Orten wie Brandywell, wo die gemeinsame Verteidigung die Menschen nur noch fester zusammenschweißte, der langsam dahinziehende Fluss, die mit Waffen bestückten Autos und Hubschrauber und Soldaten, die rückwärts in die Gassen hinter den ausgebrannten Gebäuden rannten, die Menschen, die in ständiger Anspannung lebten – nirgendwo war es so exotisch. Und so beeindruckend. In der Bogside Community Association waren Männer – Frauen tauchten in dieser Zeit überhaupt nicht auf –, die sich unter dem Druck in solche Aktivisten verwandelt hatten, wie ich sie mir niemals hätte vorstellen können. Derry war eine Brutstätte von Ideen zur Verbesserung der Gesellschaft, aber es konnte auch eine alte Dame ins Büro kommen und einen der Aktivisten bitten, ihr eine Glühbirne einzuschrauben. Die Kinder kamen, um ihre Väter nach Hause zum Tee zu holen.

Ich hatte kein Recht, dort zu sein – eine Person, die sich nicht auskannte, geschickt von einer verständnislosen Institution. Ich hatte die Macht, diese Leute darzustellen. Aber sie waren nicht sehr bekannt und noch viel weniger geachtet. Nur die Open University würde ihnen Gelegenheit zur Selbstdarstellung geben. Ich drehte einen Film für sie – mit der BBC Belfast –, der etwas von der Intensität des Ortes einfing. Eines Tages gerieten wir beim Drehen in einen Kugelhagel. Das war ganz normal. Trotzdem war die BBC Belfast für die BBC nur ein Außenposten, der schon seit Jahrzehnten vor sich hin moderte. Einige der Leute dort profitierten von diesem langweiligen Status quo in der Provinz. Sie waren weder intellektuell noch physisch in der Lage, auf die Anforderungen der neuen Situation zu reagieren. Sowieso hassten sie alles, was seit 1969 passierte.

Mir war das zwar aufgefallen, aber als ich nach England zurückkam, dachte ich über das, was ich gesehen hatte, nicht weiter nach und informierte mich auch nicht weiter. Es war nur ein weiterer exotischer Krieg, wie Vietnam oder Algerien. Als ich zwei oder drei Jahre später nach Nordirland zurückkam, war ich immer noch genauso ignorant wie die meisten englischen Medienmenschen. Ich war nicht mehr bei der «Open Door», sondern arbeitete jetzt im übergeordneten Bildungsprogramm der BBC. Ich sollte zwei irische Filmportraits machen. Eins über Crossmaglen und eins über die Shankill Road. Es war für eine Serie, die über den Alltag in den so genannten Randgebieten (so sah man das in London, wobei natürlich Worte wie «Randgebiet» taktvoll vermieden wurden), wie Schottland, Wales, Nordirland, berichten sollte. Das waren die letzten Sendungen, die ich für die BBC machte. Und wieder einmal packte ich meine Tasche aus – diesmal im Rio Guesthouse, Crossmaglen; im Windsor-Bed-and-breakfast, Belfast – und stiefelte los, mit nichts weiter als ein paar Namen von Leuten und meinen Augen im Kopf, und das reichte natürlich nicht. Es gab an diesen Orten keinen Alltag. Aber ohne auf die politischen Verhältnisse einzugehen, konnte man nicht erklären, warum es keinen normalen Alltag gab, und Politik, so lautete der ausdrückliche Auftrag, sollte nicht vorkommen. So blieb mir nichts weiter übrig, als möglichst unverbindliche Filme zu machen. Es waren tolle Bilder. Hinter brennenden Ginsterbüschen sah man durch die heiße Luft verzerrt Panzer in Stellung. Auf den Sonnenstrahlen, die durch die geschlossenen Läden einer Bar schienen, tanzten silberne Staubpartikel, aber da Politik mit keinem Wort erwähnt wurde, ähnelten diese Filme alten Reiseberichten über heruntergekommene Seebäder. Damals war mir das nicht wirklich klar.

Als ich gegen Ende der Siebziger zurück nach Irland kam und einen Job bei RTÉ bekam, zeigte ich Nicky Coffey, einem alten Fernsehhasen von Dundalk, ganz naiv meine Crossmaglen-Sendung. Ich schob das Video in den Recorder, der im Büro stand, und setzte mich hinter einer Trennwand an meinen Schreibtisch. Ich hörte, wie er zu lachen begann. Am Ende konnte er sich kaum noch einkriegen vor schallendem Gelächter. Als der Abspann lief, stand er auf, ging raus und sprach nie wieder ein Wort mit mir. Dieses Lachen machte mich überhaupt erst aufmerksam. Ich beobachtete danach den Norden sehr genau.

In gewisser Weise fanden Rob und ich wieder zusammen. Wir kannten uns nun zehn Jahre. Ich arbeitete zu dieser Zeit bei access television. Ganz unerwartet wurde es ein sehr glückliches Jahr. Ich arbeitete gern beim Offenen Kanal, aber ich liebte es, frei zu haben. Der Grund dafür war Wrabness.

Wrabness klingt skandinavisch. Ich schätze, dass die Wikinger dort vorbeigesegelt sind, wo heute Harwich liegt, und dass sie die breite und schöne Mündung hochgefahren sind, die Suffolk von Essex trennt. Wrabness war ein Weiler auf der Südbank der Mündung – nicht viel mehr als eine kleine Bahnstation, ein Pub und ein paar Häuser und Wälder und Felder runter bis zum breiten Ufer –, eine üppige und verborgene Landschaft, ein Stückchen England, das man nicht kennt.

Rob schrieb an einem Buch über Picasso, aber er war damit im Verzug, weil er so viel Zeit damit vertrödelt hatte, in London herumzuflanieren und mal hier eine Buchrezension zu schreiben und dort das Honorar für eine Lesung einzutreiben. Deshalb teilte ihm sein Verleger eines Tages mit, er habe ein kleines Landhaus für ihn angemietet, packte Rob, Kochgeschirr und Bücher in den Wagen, fuhr nach Wrabness und ließ Rob da. Er sollte so lange bleiben, bis er das Buch fertig hatte.

An den Freitagen stürzte ich nach der Arbeit davon,

quetschte mich in eine überfüllte U-Bahn bis zur Liverpool Street, wo ich mit meinen schweren Taschen voller Leckereien durch den großen, widerhallenden Bahnhof rannte und in einen Schnellzug sprang, der nach Ipswich oder Norwich fuhr, nach etwa einer Stunde an einer Kreuzung hielt, wo ein paar Pendler und ich ausstiegen. Während die Pendler zu ihren Autos im Parkhaus gingen und ich sie davonfahren hörte, stand ich – ob Sommer, ob Winter, ob laue Abende oder Wind und Regen im Winter – auf dem Bahnsteig, bis der kleine Bummelzug kam, der den Abzweig nach Harwich runtertutete und an jeder kleinen Station hielt.

Wenn er in Wrabness hielt, sah ich Rob, während ich darauf wartete, die Tür öffnen zu können, schon am Bahnhofsvorplatz, neben der von Hundsrosen überwucherten Hecke stehen oder, wenn es kalt war, beim Geräusch des Zuges aus dem Pub und in den Lichtkegel der Straßenlaterne rennen. Fast nie war irgendjemand sonst da. Wenn der Zug den Bahnhof verließ, hörten wir nur die Vögel ihre Abendlieder zwitschern oder die Geräusche einer Winternacht.

Wir rannten rüber zum Pub, und die stillen Trinker dort schauten kurz auf und sagten «Hallo, Nooly». Der Platz, den Rob verlassen hatte, war in der Ecke: sein halb ausgetrunkenes Glas, seine Papiere und Bücher und ein paar Besorgungen aus dem Dorfladen. Wir hielten ein Schwätzchen mit jedem – ob die Springbohnen diesen Sommer gut gediehen, ob am Sonntag im Nachbardorf ein Fest war, ob eine elektrische Heizung in der Bar sinnvoll wäre. Es waren leichte Gespräche, so wie sie seit Jahrzehnten in dieser kleinen Bar geführt wurden. Selbst in den Siebzigern gab es in Wrabness noch viele Leute, die noch nie in London gewesen waren.

Dann nahmen wir einige Flaschen mit und stiefelten los. Erst gingen wir über einen Feldweg, dann am Rand eines dichten Buchenwaldes entlang, und schließlich tauchten wir in den

Wald ein, gingen über weichen Boden und bogen die Äste beiseite, bis wir mitten im Wald auf eine Lichtung kamen, wo auf einem Grasflecken wie verzaubert das Häuschen stand.

Jede Jahreszeit war schön. Im Frühling lag ein Meer von Sternhyazinthen unter dem lichten Grün der jungen Buchenblätter. Im Sommer glühten goldene Strohballen auf Stoppelfeldern und die Wälder waren dunkelgrün. Im Herbst warfen die Suchscheinwerfer der kreisenden und stampfenden Mähdrescher ihre Lichter auf die Baumstämme, während die Maschinen ganze Erbsenpflanzen fraßen und den Mulch hinter sich wieder ausspuckten. Der Winter war am schönsten. Erst kam die Zeit, in der die Blätter so dicht fielen, dass Stille im Wald herrschte. Von der Mündung kamen die Nebel heraufgezogen und die nackten Äste der Bäume waren mit Raureif bedeckt. Dann gab es die ersten Fröste, und wenn wir aus dem Pub kamen und auf dem Feldweg nach Hause gingen, brachen wir die dünne Eiskruste, die sich auf den Pfützen gebildet hatte. Und wenn wir in den blätterlosen, knochigen Wald einbogen, dann lag da auf dieser kleinen, frostüberzogenen Lichtung unser Häuschen, aus dessen warmer Küche das Licht schien und wo im Ofen das fertige Essen wartete. Wir hatten kein Badezimmer, keinen Fernseher, kein Telefon. Wir hatten alles, was wir brauchten.

Die meiste Zeit kam niemand in die Wälder. Es gab unten in einer Wiese, die zum Ufer führte, wo das braune Wasser wisperte, eine verlassene, von Efeu und Brombeersträuchern überwachsene Steinfarm. Auf der anderen Uferseite schmiegte sich eine Wiese hinauf bis zum ansehnlichen Säulengang einer Villa. Das waren die einzigen menschlichen Lebenszeichen. Wir waren allein mit den Vögeln, den Blumen und den sich ständig verändernden Bäumen. Abends ging ich auf die Lichtung, um zu pinkeln. Im Winter schmolzen meine warmen Füße ihre Spuren in den pudrigen Frost. Dann rannte ich zurück und kuschelte mich rasch, rasch an Robs Rücken in dem alten, gemütlichen Bett. In dem Jahr, als Rob dieses Haus bewohnte, fiel zwischen uns kein böses Wort, noch nicht einmal an jenem Wochenende, als ich bei meiner Ankunft feststellte, dass alle meine Sachen versteckt waren. Es war jemand da gewesen, und er wollte nicht, dass sie von mir wusste. Jede Frau, dachte ich verbittert, hätte die Dinge wieder genau dorthin zurückgelegt, wo sie gewesen waren. Er hatte nicht daran gedacht. Ich ging in die Küche, stand an dem Steinwaschbecken und kontrollierte zum ersten Mal in meinem Leben meine Reaktion auf Schmerz. Dieser Ort lehrte mich Verhältnismäßigkeit.

Am Ende wollte der Besitzer wieder in sein Haus zurück. Rob hatte in der Zwischenzeit auch seine Londoner Wohnung verloren. Wir versuchten, in meiner dunklen Kellerwohnung zusammenzuleben. Es war nicht möglich. Da legte er den Zettel «Dienstag zurück» auf den Tisch und verschwand, und obwohl ich ihn eine Zeit lang wieder sah, kam er doch niemals wirklich wieder zurück. Aber was danach passierte, ist eigentlich nicht mehr wichtig gewesen. Das Jahr mit dem Offenen Kanal und Wrabness war der Höhepunkt. Alles Mögliche hatte passieren müssen, damit es geschehen konnte. Es war unwirklich, es konnte gar nicht so weitergehen. Aber es war wunderschön, das erlebt zu haben, und schon während dieser Zeit wusste ich, dass sie nicht von dieser Welt war.

Bei der ersten der großen Frauendemonstrationen der siebziger Jahre grölten uns die jungen Männer noch höhnische Bemerkungen hinterher, als wir durch die Oxford Street zogen und unsere Slogans skandierten. Nichts auf der Welt hätte mich von dieser Demonstration abhalten können. Aber obwohl ich wusste, dass ich dabei sein musste, wusste ich doch nicht, warum. Offensichtliche Ungerechtigkeiten gegenüber Frauen gab es überall, besonders im Arbeitsbereich, aber ich hatte ja einen tollen Job. Wenn jemand zu mir gekommen wäre, wie ich da stand in meinem bodenlangen Hippiekleid, und hätte mich gefragt, weshalb ich dabei sei, hätte ich gesagt, dass ich es für die anderen Frauen tue. Es kam mir nie in den Sinn, mich selbst in Frage zu stellen oder dass ich mein ganzes Erwachsenenleben damit beschäftigt war, ein Frauendasein anzustreben – auf der Suche nach einem Mann, nach Liebe, nach dem einen Mann, den ich liebe und der mich liebt und mit dem ich Babys haben würde –, obwohl ich eigentlich eine solche Frau gar nicht sein wollte. Überall in der Gesellschaft konnte ich Sexismus feststellen; wenn es einmal PING gemacht hat und bewusst geworden ist, kann man gar nicht mehr aufhören, ihn zu sehen. Aber mir war überhaupt nicht bewusst, mit welchem Nachdruck ich die Verantwortung für mein persönliches Glück regelmäßig den Männern zuschob. Wenn ich gefragt wurde, warum ich oft unglücklich war, sagte ich: «Oh, ich habe gerade Probleme mit X», und erwähnte irgendeinen Mann.

Beziehungen waren jedes Mal aufs neue schwierig. Ich bin nie in einer Frauengruppe gewesen, so habe ich auch nie von den Einsichten anderer Frauen profitiert. Eine meiner Schwestern, eine ernsthafte Feministin, machte einmal eine Bemerkung, bei der mir ein Licht aufging. Sie spöttelte über eine einseitige Schwärmerei – Beziehung wäre zu viel gesagt –, die ich einmal hatte. Für mich war dieser Schürzenjäger ein «armer Mann». Meine Schwester spottete: «Ach Gott, der arme Mann!» Das war alles, aber es wirkte.

Er war einer der beiden Männer, mit denen ich während der Siebziger eine sporadische Beziehung hatte, die nur deshalb erwähnenswert ist, weil sie wie im Lehrbuch die Beschränktheit meines angeblich entwickelten und feministischen Bewusstseins zeigte – und die Begrenztheit jeglicher Veränderbarkeit in der Beziehung zwischen Männern und Frauen, zumindest wenn sie nicht mehr ganz jung sind. Der erste Mann war nicht ehrlich oder vertrauenswürdig, aber er war außergewöhnlich süß und sanft, und weil er so süß und sanft war, ließen ihm die Frauen – ich eingeschlossen – ein Verhalten durchgehen, das sie verletzte. Der zweite Mann war so intelligent und fein, wie man überhaupt nur sein kann – außer mit Frauen, mich eingeschlossen.

Durch einen Engländer, den ich kannte, hatte ich eine tragische amerikanische Schönheit namens Peggy Craig kennen gelernt, die in einer großen Wohnung in Rom lebte, zu Hause im Nachthemd herumlief, Kunstgeschichtsbücher las und sich den Kopf zerbrach, wo ihr Ehemann, ein Hollywood-Drehbuchschreiber, stecken mochte – ein Ire namens Harry Craig, der schon lange bevor er sich von seines Vaters stillem Pfarrhaus in County Limerick nach Trinity aufgemacht hatte, ein passionierter Herzensbrecher war. Er war ziemlich charmant und ein Idealist – ein Gewerkschaftsfunktionär –, und er liebte Gedichte.

Der Engländer und Peggy standen sich nahe. Er und sie kamen einst von Rom in die Suite nach Paris, die für Harrys Party im Ritz reserviert war wegen der Premierenfeier von «Waterloo», einem Film – Rod Steiger spielte Napoleon –, dessen Drehbuch Harry geschrieben hatte. Peggy hatte Harry seit Wochen nicht gesehen. Aber Harry tauchte nicht auf. Zu der Zeit traf ich Peggy in Paris. Ich wartete mit ihr in einer Bar auf den Engländer, der das Auto aus der Garage holen wollte, um zurück nach Rom zu fahren. Sie hatte einen überwältigenden Charme, wenn es ihr gut ging, und an diesem Tag ging es ihr gut. Und wie sie so in ihrem schwarzen Samtmantel in der geschmacklosen Plastik-Bar saß, blendete ihre goldene Schönheit wieder für ein paar Stunden. Als wir uns aufmachten, nach Süden zu fahren – ich fuhr einen Teil der Strecke mit ihnen –, verehrte ich sie schon. Abends hielten wir in Vezelay. Es war Winter. Als wir durch Burgund fuhren, war es schwarz wie das Meer. In den Gassen, die zu der großen, grauen Abtei führten, lag kalter Nebel. Das Dorf war wie ausgestorben. Ich erinnere mich, dass das Hotel in einem alten Gemäuer war und wir ganz viel Wein am Kamin tranken. Und dass es eine große Treppe aus poliertem, dunklem Holz gab, die sich auf dem Absatz teilte, mit engeren Treppen nach rechts, wo mein Zimmer war. Ich wusste nicht, welche Treppe der Engländer nehmen würde, als wir drei zusammen nach oben ins Bett gingen. Ich wusste nicht, welche Absprachen zwischen ihm und Peggy herrschten. Ich wäre damit zufrieden gewesen, ihre Freundin zu sein. Ihr Interesse hätte mir mehr bedeutet als das von Harry. Aber sie war nur an ihm interessiert. Sobald er mich sah, ordnete er mich – es war wie ein Reflex – unter seine weniger wichtigen Frauen ein. Wir mussten uns wie Verliebte benehmen, obwohl es uns durchaus genügt hätte, zusammen

Mittag zu essen. Ich war für ihn uninteressanter als jeder Mann, weil ich eine Frau war, und er wusste, wie man mit gedämpfter Stimme telefoniert, den Wagen rumschickt und kalten Chablis aufs Zimmer kommen lässt. Peggy und Harry waren nicht fähig, sich aus den alten Bahnen konventionellen Verhaltens herauszubewegen, genauso wenig wie ich, obwohl die Frauenbewegung gerade angefangen hatte, die Welt zu verändern.

Harry sah herrlich aus und war gleichzeitig so albern, dass es nicht leicht war, sich ein Bild von ihm zu machen. So versicherte er unserem kleinen Zirkel von Ausländern, die er in römische Restaurants einlud, dass er etwas für Nordirland tun wollte. «Ich werde zur Grenze gehen! Ich werde dort stehen, meine Arme ausbreiten und zu ihnen sagen: Hört zu! Und dann werde ich ihnen Yeats vorlesen.» Dann rezitierte er uns mit Tränen in den Augen die Yeats-Abschnitte, die er ihnen vorlesen wollte, sollte er jemals Zeit finden, nach Irland zu gehen. Manchmal war es auch die Politik in Nordafrika, über die er sich aufregte. Irgendwie war er bei der moslemischen Filmindustrie wohlgelitten, obwohl er leidenschaftlich gern trank. Er konnte sich gut in andere Personen hineinversetzen, aber in seinen moralischen Ansichten war er auch opportunistisch. Niemand konnte sich auf ihn verlassen.

Er verströmte Charme, solange er tun und lassen konnte, was er wollte.

Ich akzeptierte das. Als ich meiner Schwester die Ohren voll schnatterte, dass dieser arme Mann mit seinem Pass rumtricksen musste, um all seinen Frauen zu entkommen, und sie nur sagte: «Ach Gott, ach Gott, der arme Mann», da begriff ich, was ich tat. Aber ich wollte dem Aufruf der Feministinnen gar nicht folgen, doch mehr Selbstwertgefühl an den Tag zu legen. Ich wollte Harry kennen lernen, und die Konditionen dafür waren nicht verhandelbar.

Zu dieser Zeit kannte ich einen anderen Mann, einen berühmten amerikanischen Kunstkritiker namens Clement Greenberg, der absolut ungewöhnliche Anstrengungen unternahm, ehrlich zu sein, aber er war nicht besser als Harry. Und ich war mit ihm auch nicht aufrichtiger, als ich es mit Harry war. Wenn es nur auf Intelligenz ankäme, hätten Clem und ich eine wahrhaftige, intime Beziehung gehabt. Aber Intelligenz scheint nur einen geringen Einfluss auf alte Gewohnheiten von Selbsterniedrigung, Heimlichtuerei und Verlogenheit zu haben. Als ich Clem traf, war er alt. Er sah wie ein typischer New Yorker Jude aus. Er bewegte seine schwerlidrigen Augen und seinen kahlen Kopf so langsam wie eine Schildkröte und er kleidete sich so, wie sich ein kleiner Bücherwurm aus der Bronx einen englischen Gentleman vorstellte. Und er war gefürchtet. In seinen Kreisen hielt man ihn für einen großen Kulturhistoriker – für den Matthew Arnold dieses Jahrhunderts mindestens; eine Verwandtschaft, die er im Titel seiner Essaysammlung «Art und Culture» begrüßte. Er war der Erste, der Matisse für einen Meister hielt; er sorgte dafür, dass die moderne Malerei mit anderen Augen gesehen wurde, und er förderte den abstrakten Expressionismus seines Freundes Jackson Pollock. Er war ein Freund und der Testamentsvollstrecker von Rothko. Zu der Zeit, da ich ihn kannte, wurde er dafür bezahlt, durch Galerien zu laufen und den dort ausgestellten Kunstwerken allein dadurch Prestige zu verschaffen, dass er sie anschaute. Er war ein enorm ernsthafter und originärer Denker. Die fünfziger Jahre in Amerika und die Rolle, die damals die Kunst spielte, hatten ihn reich und berühmt gemacht. Die Verknüpfung von Kunst, Kunstkritik und Wohlstand, die er repräsentierte, wurde später von Tom Wolfe in dem Essay «Worte in Farbe» verrissen. Dieser Verriss störte Clem nicht; er war selbst ziemlich kampflustig.

Wie auch immer, als ich ihn traf – er kam 1972 zu der ersten

Ausstellung zeitgenössischer Kunst in Dublin –, wusste ich nichts von alledem. Ich erkannte nur eine dieser dominanten, schwierigen Persönlichkeiten, deren Aufmerksamkeit zu erregen lohnenswert war. Wir fuhren in einem Auto mit Chauffeur nach Westen, mit dem jungen Kunsthistoriker John Elderfield. Bei Lord Mountbatten's Castle in Mullaghmore bestach Clem einen Wachmann, uns hereinzulassen, weil er ein glühender Verehrer von Prinzessin Margaret war, und er wollte einen Blick auf die Fotos von ihr werfen, die unter all den anderen Fotos auf Kaminsimsen und Klavieren hingen. In Galway gingen wir in eine kleine Ölgemälde-Ausstellung von Amateuren aus Salthill. «Siehst du», knurrte Clem zu John, als wir hineingingen, «hier gibt es mehr Leute mit einem wirklichen Gefühl für Ölmalerei als in den gesamten Vereinigten Staaten.» Wir fuhren nach Cork. «Haben Sie irgendeine Art von Säure?», fragte er den Weinkellner ernst. «Irgendetwas, das gut gegen Trägheit ist?»

Ich kannte ihn fünf oder sechs Jahre lang, besuchte ihn in Amerika und traf ihn, wenn er in London war. Wir schrieben uns. Er drückte sich sehr grob aus, aber ich wusste, dass er nur das tat, was er auch in seinem intellektuellen Leben getan hatte: er versuchte, den «ganzen Schmus bleiben zu lassen». Er wollte sich selbst erkennen und ehrlich in seiner Beziehung zu Frauen sein: «Wie man leben soll? Finde heraus, wie du deinen Vorahnungen folgen und diese von den Einflüsterungen des Teufels unterscheiden kannst. Was Frauen angeht, war ich schon verzweifelt. Nun übe ich.» Oder: «Höchstens einer von sieben oder acht aus der Menge der westlich-zivilisierten Menschen ist koscher (was ich als Frucht meiner achtundsechzigjährigen Lebenserfahrung behaupten würde). Aber wie schon Kant gesagt hat: man findet nur, wonach man sucht; irgendwann, nach einer gewissen Zeit, verändern sich die Dinge in einem. Man meidet die Unkoscheren, und von den Koscheren treten mehr in den Gesichtskreis.» Er ermutigte mich: «Du wirst zu dir selbst finden. Aber je länger du es hinausschiebst, je nachlässiger du bist, desto deutlicher zeigt das beim Schreiben, was immer auch in dir sein mag. Ich glaube, das Einzige, was ich dir voraushabe, ist ein Vertrauen in das Resultat. Aber das ist nur ein männlicher Vorteil – speziell in meinem Fall –, ohne Eier wäre ich ein Krüppel.»

«Es scheint so, als seien alle Frauen der Britischen Inseln dazu erzogen worden, Bittstellerinnen zu werden», schrieb er. Und «in der Hoffnung auf einen nächsten Orgasmus» unterschrieb er einmal ganz offen. Aber ich wusste, obwohl ich es mir selbst nicht eingestehen wollte, dass er mich nicht mochte. Wir bedeuteten uns nicht wirklich etwas. Ich schätzte ihn nicht. Warum also flog ich eines Winters von New York zu seinem Haus auf dem Land, an einem zugefrorenen See, wo es nichts zu essen gab und er dauernd Koks schniefte und ausgeflippt zur Swingmusik seiner Jugend tanzte, wenn sie im Radio kam, und wo ich mich miserabel fühlte? Einmal fuhr ich mit ihm nach Edinburgh und wir gingen durch die National Gallery of Scotland. Etliche Menschen hätten wer weiß was für dieses Privileg gegeben, aber ich wusste nicht genug über die Geschichte der Malerei und hatte auch kein Auge für die Gemälde vor mir, um von seinen Kommentaren fasziniert zu sein. Und er – mit seinem tollen «Auge» –, konnte er mich als lebendiges Wesen sehen? Glaubte er, dass ich ihn körperlich attraktiv fand? Warum behandelte er mich so, als hätte ich genauso viel Geld wie er? Er sagte, ich solle von New York zu seinem Haus auf dem Land fliegen; warum sagte ich ihm nicht, dass ich mir das gar nicht leisten konnte? Weil er dann geglaubt hätte, ich wollte ihn anbetteln? Und vielleicht hätte er mich gar nicht haben wollen, wenn ich alles so kompliziert machte. Und abgesehen davon: wären wir überhaupt befreundet gewesen, wenn ich nicht mit ihm geschlafen hätte?

Die Kluft zwischen uns wurde immer sichtbarer. Ich ärgerte ihn und er griff mich an. «Du bist eine Looserin», krächzte er und in seiner Stimme lag die pure Verachtung. «Ihr Iren seid doch alle Looser.» Und er hielt mir einen geschwollenen Vortrag über Menschen wie mich und meinesgleichen. Menschen, die keine Konturen hätten, die keine Rolle spielten, die nicht wichtig waren, die weich und melancholisch und depressiv waren, anstatt für den Erfolg draußen, in der hellen, harten Welt zu kämpfen. (Diese Reaktion auf Iren habe ich auch noch bei anderen erfolgreichen Amerikanern erlebt. Mary McCarthy erzählte mir einmal, dass sie das Lätscherte von Iren so sehr fürchtete, dass sie noch nicht einmal das Flugzeug verließ, wenn es in Shannon zwischenlandete, aus lauter Angst, in diesen Sumpf hineingezogen zu werden. In der Nacht, in der Dukakis die Präsidentschaftswahlen gegen George Bush verlor, saß ich zusammen mit Murray Kempton in Boston vor dem Fernseher, einem von mir sehr verehrten amerikanischen Kolumnisten und Autor. «Ich wollte nie in Ihr Land reisen», sagte er zu mir. «Allein der Gedanke daran macht mich müde.») Clem machte auf einen Unterschied aufmerksam, der, glaube ich, tatsächlich zwischen New Yorker Juden und irischen Katholiken existiert. Aber er betonte ihn so heftig, weil er sauer mit mir war. Er war in seine Unehrlichkeit mir gegenüber verstrickt, aber er konnte es nicht erkennen, das weiß ich. Ich wusste es damals schon.

Vielleicht wusste er, genau wie ich auch, dass wir uns bei jedem Zusammenstoß weiter voneinander entfernten. Aber es schien so eine gute Idee, dass wir beide uns kannten. Vielleicht hielt er, ähnlich wie ich, in einer Mischung aus Unsicherheit und Eitelkeit an unserer Beziehung fest, und aus dem Trieb heraus, nicht aufzugeben – immer weiter zu versuchen – weiter zu leben und zu lernen. Und wieder war diese

Beziehung, wie die mit Harry, zu sehr in einer alten Kultur verwurzelt, als dass sie sich von den Ideen der Frauenbewegung anregen ließ. Diese alte Kultur war zusammengebrochen, aber wir irrten durch ihre Ruinen und sammelten die Scherben ein.

Während dieser Jahre in London ging mir die Familie – der Haushalt in Clontarf – nie für längere Zeit aus dem Sinn. Ich habe sie nie aus der Distanz betrachtet. Mich selbst nannte ich in meinen Briefen «euer Londoner Zweig». Ich war nicht einmal sonderlich überrascht, als mir meine Eltern meinen jüngsten Bruder schickten, den ich durch seine schwierige Pubertät begleiten sollte. Er hatte in Dublin Ärger mit dem Gesetz bekommen. Später schrieb er mir über diese Zeit: «Vater schlug dem Gericht vor, dass es keinen Ärger mehr mit mir geben würde (für ihn!), wenn ich aus der Stadt raus wäre. Dann wäre das ganze Problem einfach nicht mehr da. Ich kam um zwei Uhr morgens an der Lime Street Station in Liverpool an. Hatte keine Ahnung, wo ich war, wie man telefoniert, auf welchen Bahnsteig ich musste usw. Ich geriet in Panik und fing an zu weinen. Ein Polizist nahm mich mit auf die Wache, Tasse Tee, beruhigende Worte usw ...»

Dieser Bruder war von meinem Vater immer mitgenommen worden, als er neun oder zehn war. «Wir haben Tantchen Carmel besucht, die immer ‹krank im Bett› lag. Er ließ mich bei einem kleinen Jungen im Wohnzimmer, mit dem ich Eisenbahn spielte. Heute kommt es mir ziemlich komisch vor, dass ich Tantchen Carmel nie zu Gesicht bekam und nie Verdacht schöpfte, in welcher Beziehung der Junge zu uns stehen könnte. «Hier, mein Sohn, hast du eine halbe Krone. Erzähl deiner Mutter nichts von Tantchen Carmel, sie regt sich nur auf.»

Viel hat mein Bruder nicht von seiner Kindheit gehabt: «Mein Vater war nie zu Hause. Meine Mutter trank. Gelegentlich kam der alte Herr von irgendeiner Reise zurück, hörte irgendetwas über mich und prügelte mich windelweich. Einmal kam ich nach einem solchen Zwischenfall drei Tage lang nicht nach Hause, ich verkroch mich in einem großen Pappkarton auf einem Müllplatz am Ende der Clontarf Road. Am vierten Tag hat Mutter mich gefunden. ‹Komm nach Hause, Sohn›, sagte sie müde, ‹komm ruhig nach Hause. Er ist weg.›»

Mein Bruder war außergewöhnlich sanft und ein sehr intelligenter Junge – ich erinnere mich, wie er Thomas Hardy las und sagte: «Er ist ein mieser Schwachkopf, aber ich kann was mit ihm anfangen.» Aber er hatte auch etwas Verwahrlostes an sich. Ich erinnere mich noch an den Gesichtsausdruck eines Freundes, als mein Bruder gerade nach London gekommen war und seine Zigarette auf einem Teller ausdrückte, auf dem noch ein Rest Eigelb war.

Ich wünschte, ich könnte die Zeit zurückdrehen. Heute würde ich meinen Bruder mit aller Kraft auf irgendein Ziel hinschubsen und -stoßen. Aber damals war ich so mit mir selbst beschäftigt und kümmerte mich nur hin und wieder um ihn. Die nächsten paar Jahre waren überschattet von Auseinandersetzungen mit der Schule, Verhaftungen bei Rockkonzerten, mit Bewährungshelfern und der Suche nach meinem Bruder in besetzten Häusern. Er war die einzig wirkliche Verantwortung, die ich je hatte. Wahrscheinlich gibt es ziemlich viel hoffnungslosen Schmerz in der Welt, der keinem aufzufallen scheint – der Schmerz derjenigen, die nicht ihr Bestes für einen jungen Menschen gaben und es niemals wieder gutmachen können.

Irgendwann während dieser Jahre akzeptierte ich, dass Rob weg war. Ich sah ihn – wie sich später herausstellen sollte, für ein Jahrzehnt – das letzte Mal bei einem Dinner zu Ehren von Conor Cruise O'Brien in St. Antony's in Oxford. Das Essen wurde von Lord Goodman dominiert, der erst dann aufhörte, selbst beweihräuchernde Anekdoten zu erzählen, als es Conor gelang, eine Geschichte über sich selbst dazwischen zu schieben. Rob und ich schliefen in der Nacht sehr unbequem in dem Einzelbett seines kleinen Zimmers. Am nächsten Morgen brachte er mich zum Bahnhof. Der gleiche Ort: zehn Jahre später. Nun war es wirklich vorbei. Aber nicht in meinen Wunschträumen.

Ich habe aus der Zeit noch ein Büchlein, in das ich Notizen schrieb, wenn ich nachts in meiner Wohnung in Islington saß, Radio hörte und Wein trank. «Wenn man die Abkürzung über das Weizenfeld nahm, das im Oktober abgemäht wurde, ging man etwa drei Minuten lang an der dünnen Hecke des alten Pfarrhauses entlang», schrieb ich über das verlorene Wrabness. Im wirklichen Leben wusste ich nicht mehr weiter. Die Liebe schien fehlgeschlagen. Mit einer anderen irischen Journalistin, die ich auf einer Lunchparty kennen gelernt hatte, zog ich auf Sauftour. Wir tranken den ganzen Nachmittag lang und fanden uns dann in einem ziemlich finsteren Cockney Pub in Kentish Town wieder. In der Nähe gab es ein Haus, wohin wir mit Männern aus dem Pub gingen. Als ich am nächsten Tag nach Hause ging, war mir übel. Übel von mir selbst. Unter anderem wegen dieser Geschichte ging ich kaum noch aus. Es kamen auch nicht viele Leute zu mir.

Ein irischer Schriftsteller, den ich kannte, kam mich mal eines heißen Sommerabends besuchen und blieb für ein paar Tage. Er lag im Schlafzimmer auf dem Boden und guckte Wimbledon im Fernsehen. Es machte schon einen Unterschied, ob ich nach der Arbeit, die heiße Straße runter, zu ihm oder in eine leere Wohnung kam. Ich schrieb Notizen an diesen Mann in mein Büchlein, sehnsuchtsvolle Ergüsse. Und voller Lügen, die ich mir sogar selbst weiszumachen versuchte. Ich versicherte ihm, dass ich weder bedürftig noch einsam sei. Ich wirkte total abgeklärt. Und das, obwohl ich am vorhergehenden Sonntag sogar zur Messe in die Westminster Cathedral gegangen war, in der verrückten Hoffnung, ihn vom Bus aus zu sehen, weil er in der Gegend wohnte. Ich hätte alles getan – sogar: ihm das alles zu erzählen –, um ihn wiederzuhaben.

Aber ich hatte auch Freunde und Verehrer. Zwei meiner Schwestern lebten in der Nähe und ich hatte meinen Bruder. Ich reiste. Es war so einfach, billige Tickets von London aus zu bekommen, sodass ich übers Wochende nach Rom fahren konnte. Ein paar Monate arbeitete ich in Teheran. Und dann gab es die Frauenbewegung, die ihre Schatten vorauswarf.

Mitte der siebziger Jahre veränderte sich die Beziehung zwischen England und Irland. Noch einige Jahre zuvor hatte ich Rob vertrauliche Dinge mitteilen oder meinen Arbeitskollegen etwas in aller Unschuld erzählen können, obwohl sie den Akzent noch vor den Worten hörten. Kurz bevor Rob mich verließ, hatte die IRA bei einem Bombenattentat in Birmingham einundzwanzig Menschen getötet und über hundert verletzt. Es war schlimm genug, dass mich die Putzfrauen aus unserem Büro in der Toilette gegen die Wand drückten und mich mit wütenden Vorwürfen überschütteten. Aber selbst Rob sagte in meiner eigenen Küche zu mir: «Deine Freunde bringen meine Freunde um.» Und das, obwohl er mich kannte. Obwohl er sich an fünf Fingern ausrechnen konnte, dass ich wohl kaum jemanden in der IRA kannte. Von den letzten zehn Jahren war ich sieben Jahre nicht in Irland gewesen. Außer meiner Familie und Sean Mac Réamoinn kannte ich kaum jemanden dort. Ich war so uninteressiert an Irland – oder am öffentlichen Leben in England –, dass ich noch nicht mal Sachen wie den

Bloody Sunday von Derry* mitbekommen hatte. Ich fühlte mich nicht irisch, außer dass ich sonntags oft zur Messe ging. Ich liebte das England des neunzehnten Jahrhunderts – das provinzielle, Arbeiterklassen- und Fußballclub-England. Ich wusste eine Menge über England – zum Beispiel kannte ich die Literatur bis zurück zu den Angelsachsen. Aber ich wusste fast nichts über Irland.

Mein alter Freund Sean Mac Réamoinn kam mich besuchen, als er in London war. Wir tischten sein Lieblingsessen auf: Spaghetti carbonara und jede Menge sprudelnden Veuve du Vernay. Sean meinte, dass ich in den Ferien zur Merriman Summer School kommen müsse, die er mitgegründet hatte. Sean gehörte zu einer Gruppe, die die irische Sprache davor bewahren wollte, ein trockenes Unterrichtsfach in der Schule zu werden; sie wollten sie wieder im normalen Alltag aufleben lassen: im Witz, beim Sex, beim Fluchen, Trinken, bei allem eben. Sie gründeten die Brian Merriman School, wo man eine Woche im Jahr nach Clare kommen konnte, um in Irisch oder Englisch, aber auf jeden Fall im alten gälischen Geist, lernen, sprechen, singen und tanzen konnte.

Mein erstes Merriman-Semester bedeutete einen Wendepunkt in meinem Leben. Es war 1973. Ich flog eines Tages im August nach Shannon und fuhr über Land bis nach Scarriff, jenem Marktflecken aus grauem Stein, in der leicht türkisen Landschaft bewaldeter Hügel, Wiesen und Seen und breiten Auen des Shannon River. Ich war vorher nie in der Umgebung von Clare gewesen. Ich konnte die Tage an meinen Fingern abzählen, die ich überhaupt je auf dem Land in Irland verbracht hatte. Nach den grauen Straßen und den schmutzigen

* An einem Sonntag im Januar 1972 feuerten britische Soldaten auf eine friedliche Bürgerrechtsdemonstration in Derry City, Nordirland, und töteten 13 Zivilisten.

U-Bahnhöfen, auf denen ich täglich in London herumlief, war es so schön. Die Stimmen der Menschen waren so ausdrucksvoll. Und in der Schule verliebte ich mich total in ein Irland, das es schon längst nicht mehr gab. Trotzdem gab mir dieses imaginierte Irland den Anstoß, meine Zelte in England abzubrechen. Und es wies mir den Weg zu dem wahren Irland, das ich erst allmählich kennen lerne. Wenn ich das moderne Irland nicht erst so spät in meinem Leben getroffen hätte und es nicht – wegen meiner Ignoranz und wegen meiner Abwesenheit – auf eine so magische Weise interessant gefunden hätte, dann wäre ich nie so eifrig bemüht gewesen, etwas darüber zu lernen. Und darüber zu lernen bedeutet mir mit jedem Jahr mehr. Es kam ein neuer Begriff von «Heimat» in mein Leben, als ich erkannte, dass dieses Irland in all seinen gegenwärtigen und vergangenen Facetten zu mir gehörte. Dass ich zu Irland gehörte, einfach weil ich irisch bin.

Die Leute, größtenteils aus Dublin, die in Scarriff auf der Schule waren – Akademiker und Künstler und Journalisten und Diplomaten – waren genau das, was ich brauchte. Ich brauchte den Rahmen von Vorlesungen und Seminaren. Es hätte nicht ausgereicht, irgendeine liebliche kleine Ecke Irlands für die Ferien gefunden zu haben. Ich brauchte einen Crash-Kurs in Sachen Heimat. Das erste Mal nach so langer Abwesenheit war ich schockiert und entzückt von der verschwenderischen Fülle an Persönlichkeiten dort. David Greene, der Direktor, eine große bärtige Erscheinung, ist in jeder Hinsicht bemerkenswert. Als ich in Scarriff ankam, machte ich mit ihm und seiner Frau, der Bildhauerin Hilary Heron, einen Spaziergang. «Montbretien», murmelte sie, als wir an den Büschen der schmalen, feuerfarbenen Wildblumen vorbeigingen, die über die grasbewachsene Böschung rankten. Ich hatte diese Blumen zum ersten Mal gesehen, als ich elf Jahre alt war, als man mich nach Gaeltacht zum Irischlernen geschickt hatte. Nun wusste ich endlich, wie sie hießen. Dass hier etwas gleich einen Namen bekam, von dem ich nie wusste, wie es hieß, ist für mich ein Symbol dafür, was alles mit mir passierte, seit ich auf die Merriman School in Clare ging.

Die Menschen, die an der Schule etwas zu sagen hatten, waren für mich die größten. Und jedes Ereignis schien von größter Bedeutung. Liam de Paor war in Scarriff, weil er dort lebte; er war an der archäologischen Ausgrabung einer mittelalterlichen Pilgerstätte auf Inis Cealtra in Lough Derg beteiligt. An einem wundervoll milden und blauen Tag, als Liam eine Enkeltochter von de Valera auf die Insel brachte, eine Archäologin, die den Studenten etwas über Skelette erzählte, die sie gefunden hatten, besuchte ich die Ausgrabung. Wir fuhren mit dem Boot auf die Insel und standen in einer kleinen Laubhütte, der Wind strich durch das Gras und wir schauten auf die Skelette hinab, die auf der Erde lagen. Sie waren sehr klein. Eines war das Skelett einer Frau, in deren Becken das verklemmte Skelett eines Babys lag. De Valeras Enkeltochter kniete sich hin, um uns die Zähne unserer Vorfahren zu zeigen, die bis aufs Zahnfleisch runter waren. «Das kommt vom Kauen auf Getreidekörnern», sagte sie, «und vom Honig.» Das brachte einem diese Menschen nahe. Ich war so bewegt von dieser Situation: Da diese einfachen Menschen, die im Mittelalter gestorben waren, dort de Valeras Fleisch und Blut; und ich durfte auch dabei sein.

Für mich waren die Merriman-Leute keine normalen Menschen. Für mich waren sie wandelnde Schatztruhen. Ich war theaterbesessen. Ich heulte mir bei fast allem die Augen aus. Ich hörte zum ersten Mal Aufnahmen einiger der großen irischen Songs. Ich hörte Diarmuid Breathnach *Na Connerys* singen, einen Lehrer aus Clare *Sliabh na mBan* und irgendjemanden *Príosún Chluain Meala*. Es gab im Hotel einen Nachtclub, in dem getanzt wurde. Aber manchmal, man wusste nie wann, brach auch dort der Gesang aus. Plötzlich stand irgendeiner mit seinem Glas in der Hand und fing an.

Ich hörte Menschen irisch schwätzen. Oder besser – sie achteten gar nicht darauf, ob sie irisch oder englisch plauderten. Verglichen mit den Londonern, an die ich gewöhnt war, kamen mir diese Leute wie eine neue Gattung vor. Jeder war so direkt. Es gab so wenig Graues. Trunken vor Glück bewegte ich mich durch das kleine Scarriff. Ich konnte entweder zu einer Vorlesung runter ins Technikum gehen oder über die Straße ins Kino. Ich konnte in einen der unzähligen Pubs gehen, wo Johnny mit gekreuzten Beinen an seiner Näharbeit im Fenster saß, während er die Affären des Pubs und der Nation kommentierte. Ich konnte ein paar Häuser weiter zu Maire Melody's gehen, wo es in der Küche Sandwiches mit dicken Schinkenscheiben zwischen dicken, frisch gebackenen Brotscheiben gab. Abends konnten wir Karten spielen. Wenn ich nach Hause in mein Bed-and-breakfast stolperte – es war ein so neuer Bungalow, dass drum herum alles aufgebuddelt war und ich jede Nacht in einen Graben fiel –, war ich völlig aufgewühlt.

Heute weiß ich, dass ich alles falsch machte. Ich war viel zu sentimental und schwärmerisch. Außerdem trug ich zu der Zeit indische Baumwollhänger, lange Röcke und keinen BH. Aber meine naive Begeisterung für alles muss mich gerettet haben. Ich glaubte, dass alle Leute, die ich traf, ob Besucher oder Einheimische, dass jeder Einzelne von ihnen wunderbar sei. Wir fuhren mit dem Bus nach Doolin und saßen in der Sonne draußen vor Gussy O'Connor's Pub. Dort spielte ein Mädchen, das gerade den Flötenwettbewerb von Fleadh Cheoil na hÉireann gewonnen hatte. Nach einer Woche voller Ekstase und Alkohol warf ich mich in ein Taxi nach Shannon und weinte den ganzen Weg bis zu meiner eintönigen Londoner Wohnung und auch noch Tage danach; ein ganzes Jahr musste ich warten, bis ich wieder zurückkonnte; ich träumte oft von den goldenen Männern und Frauen, die dort zur Schule gingen, und von dem lieblichen Clare.

Als die Schule zuerst nach Ennis und dann nach West Clare umzog, war ich dem Land noch mehr verfallen als vorher. Ich mietete ein Haus südlich von Lahinch, auf der Miltown Malbay Road. Einige meiner Schwestern kamen mit ihren Kindern auch dorthin. Das waren die ersten Familienferien, die wir je hatten. Wir waren dort, als Mountbatten ermordet wurde. Wir waren dort, als das englisch-irische Abkommen unterzeichnet wurde. Wir fahren heute noch hin. Einige meiner Schwestern – ich kann es kaum glauben – machen Volkstanz, das so genannte Set-Dancing, in London und Dublin. Das kam von Merriman: Ich hatte tatsächlich noch nichts von Set-Dancing gehört, bis ich dreißig war. Diese eine Ecke von Clare – der Stein und das Gras, die Kühe, die in den gekalkten Stall draußen an der breiten, kurvigen Straße hinter dem Caravanstellplatz kommen, der kleine Strand, von dem Bach geteilt, der zwischen den Felsen runterkommt –, dies war der Boden, auf dem wir heute stehen, auf dem wir eine Beziehung zu Irland geknüpft haben, die mehr als zufällig ist.

Jetzt, da ich Irland als Heimat empfand, entschied ich mich heimzukommen. Ich hatte ein paar Jahre zuvor ein kleines Haus in einer Dubliner Slumgegend für 4000 Pfund gekauft. Darin hatten zunächst Hausbesetzer gewohnt, aber sie waren dann raus. Nach sieben Jahren kam ich zurück nach Dublin mit nichts weiter als einem Koffer voller Briefe, die ich irgendwie während dieser Lebensphase aufbewahrt hatte.

*

Mein neues Leben in Irland begann am 1. Januar 1977. Ich bekam einen Teilzeitjob als Producer bei Radio Telifís Éireann, dem staatlichen irischen Radiosender. Für die Arbeit reiste ich die ganze Zeit mit Moderatoren durch Irland, die alle Ins und Outs des Landes kannten. Ich erinnere mich an das erste Mal in West Cork mit Doireann Ní Bhriain. Ich erinnere mich, wie ich mit ihr in Donegal rausgesegelt bin, zu den ausgewaschenen Steinen der stillen Häuser auf Inishbofin, die gegen den grausamen Winter verbarrikadiert waren. Ich erinnere mich an die vornehmen Felsen in Glenbarrow in den Slieve Bloom Mountains – der innere Kern dessen, was man in letzter Zeit Irland nennt. Ich erinnere mich, mit Paddy Gallagher durch Kilkenny nach Enniscorthy gelaufen zu sein und bei jedem Pub angehalten zu haben; für *Folio* war ich auf den Spuren der Designerin Eileen Grey. Als ich das erste Mal auf Aran war, um Inis Meáin zu besuchen, wuchsen im Frühjahr wilde Blumen in Hülle und Fülle aus Felsspalten heraus, und Hühner scharrten auf dem Feldweg. Unsere Crew übernachtete in jedem zweitklassigen Hotel jeder Stadt in Irland. Bailieborough. Youghal. Birr. Dungarvan. Loughrea. Listowel. Cavan. Jeder dieser Namen – jeder Name in diesem Land – weckt ein ganzes Netz von Erinnerungen und Eindrücken, hat einen ganz besonderen Geschmack, ruft eine Atmosphäre hervor, so klar wie eine Farbe.

Was die sozialen Verhältnisse in Irland angeht, war ich extrem naiv. Der Schock, als ich das begriff, war schließlich ein Segen: Heute bin ich daran interessiert, hinter die Fassade zu schauen. So realisierte ich zum Beispiel mit der Zeit, die ich an der Merriman School verbrachte, dass es dort, wie überall in Irland, einen inneren Zirkel von Insidern und Menschen gab, die als «wichtig» wahrgenommen wurden, und eine Peripherie von Menschen, die als weniger wichtig galten, und dass diese Hackordnung schwierig und oft auch verletzend war. Aber ich sah die Schule auch als einen der wenigen Orte, wo erwachsene Männer und Frauen außerhalb ihres normalen Alltags über die Unbeholfenheit und Schüchternheit und die jähen Grausamkeiten nachdachten, die das Verhältnis zwischen den Geschlechtern bei uns deformiert. Ich glaube, dass sich die Schule mit der Zeit geändert hat und dass sie inzwischen zugänglicher geworden ist. Als ich einmal mit Nell McCafferty, einer Republikanerin von Derry, am ersten Abend einer Merriman-Schule in einen brechend vollen und fröhlichen Pub ging, schickte mir eine Merriman-«Persönlichkeit» – ein Geschichtsprofessor aus Cork – einen Zettel, auf dem stand: «Provo-Liebchen sind hier unerwünscht.» Das verzeihe ich ihm nicht. Mir selbst verzeihe ich nicht, dass ich später am Abend um den gleichen Mann herumschleimte, damit er etwas sänge. Ich werfe das nicht der Schule vor. Sie bietet einmal im Jahr die seltene Gelegenheit, dass sich gegensätzliche Kräfte – Menschen aus dem Norden und dem Süden, Nationalisten und Unionisten – treffen. RTÉ war auch nicht leicht. Das Herumreisen im Land war eine Sache, aber in der Hauptredaktion in Montrose zu arbeiten eine andere. Die schillernde Persönlichkeit, die ich bei irischen Menschen so bewunderte, war, verglichen mit den Engländern, ein Horror, wenn man Tag für Tag mit ihnen verhandeln musste.

Trotzdem war es ein Hochgefühl, zurück aus England und seinen rigiden Klassenstrukturen zu sein. Es war wunderbar, mit Menschen zusammen zu sein, die einfach das waren, was sie waren, und nicht per Geburt eingeschüchtert und klassifiziert. Als ich in den frühen Siebzigern bei der BBC am Drehort arbeitete, aßen die Techniker an einem anderen Tisch als die Producer und Moderatoren. Anstatt mit seinem richtigen Namen rief man den Elektriker «Kabel». Es war sehr erleichternd, das nicht mehr um sich zu haben. Aber natürlich funktionieren Organisationen bei einer akzeptierten sozialen Hierarchie wie in England auch viel reibungsloser. Im Vergleich zur BBC schienen einige der Menschen bei RTÉ zu erwarten, dass man sie mehr oder weniger motivieren, charmieren oder drangsalieren sollte, damit sie ihren Job tun. Oft waren sie dabei verdammt gut. Aber es nur um der Sache willen zu tun befriedigte sie nicht. Wenn sie sich langweilten, blockierten sie alle anderen, und wenn sie gut gelaunt waren, halfen sie mit nahezu beunruhigender Großzügigkeit. Und natürlich gab es das übliche Problem mit Männern, die nicht gern mit Frauen arbeiteten und von den goldenen Zeiten der RTÉ-Produktionen schwärmten, wo diese oder jene Truppe von Männern noch «tolle Nächte» – die üblichen Saufgelage – verbracht hatte. Es war unmissverständlich: mit Frauen zu arbeiten war ein Abstieg. Der raue Macho-Stil hinter den feinen Manieren des offiziellen Managements ließ Frauen erst gar nicht hochkommen. Die Redaktion wurde von Männern bestimmt – oft gar nicht die richtigen Chefs –, die «stark» waren. Diese Stärke war persönlich oder politisch begründet, fast nie professionell. Einige Producer oder Manager wussten im technischen Sinne nicht wirklich, was sie taten. Aber es kümmerte sie nicht. Ihre wahren Leidenschaften lagen auf ideologischer oder politischer Ebene, obwohl das viel zu große Worte für dieses beschränkte Ziel waren, nämlich, niemandem Einfluss zu geben, der irgendeine Sympathie für nordirische Nationalisten hatte. Angeblich kam RTÉ nicht recht in Schwung, weil seine Entwicklung von den politischen Schwierigkeiten überschattet wurde. Aber andere Medien – die *Irish Times* zum Beispiel – entwickelten sich hervorragend und behandelten das Thema Nordirland kompetent und seriös. Bei RTÉ durfte jeder, der im Verdacht stand, entweder nationalistisch oder nicht genügend antinationalistisch zu sein, offen diskreditiert werden. Wenn auf Sitzungen über Paragraph 31 des Rundfunkgesetzes gesprochen wurde, das Nationalisten zensierte, glichen sie Tribunalen. Vielleicht lag es daran, dass RTÉ so eine junge Organisation war, aber es schien überhaupt keine Standards von professionellen oder persönlichen Maßstäben zu geben. Und weil alle Anstrengungen in den Antinationalismus investiert wurden, spielten nur politische und tagespolitische Sendungen eine Rolle. In der BBC arbeiteten dynamische und talentierte Leute in der Kultur und beim Spielfilm, bei RTÉ lagen diese Bereiche brach.

Ich selbst profitierte von einer ganz anderen Entwicklung – dem neuen Interesse an Frauen. In den Achtzigern arbeitete ich viel an Frauensendungen, oft Talkshows mit Publikum. Doireann Ní Bhriain und ich fuhren durchs Land und saßen mit allen möglichen Frauen zusammen und nahmen ihre Diskussionen auf, über alles, was sie interessierte. Dann arbeitete ich bei dem Frauenprogramm, wo Clare Duignan, Marian Finucane und Doireann und ich Pionierarbeit leisteten und die ersten Beiträge über Inzest, Prostitution, Abtreibung, Frauengehälter und Frauenarbeit machten, über kontemplative Nonnen, Gesundheitsthemen, Gewerkschaftsfrauen und was es für Familien bedeutete, wenn einer von ihnen Spitzel war, über globale Themen für Frauen, über Hormontherapie und über die Frage, wo in Irland die meisten unverheirateten Männer lebten (zu der Zeit: Ballaghaderreen, County Roscommon). Es war seriös und es machte Spaß.

Nell McCafferty machte fantastische Texte über Frauen in den Zeitungen der Woche. Sie nahm irgendwas – zum Beispiel eine Anzeige für Thermal-Unterwäsche, wo ein Priester sagte, wie bequem er in dieser Unterwäsche auf verschiedenen Berggipfeln die Messe gehalten hat – und strickte daraus ein Fantasiestückchen. Wir fünf Redakteurinnen machten aus allem und in jeder Stimmung ein Frauenthema. Bei einer EU-Konferenz in Brüssel über Frauen und Rundfunkanstalten in der EU kamen Rundfunkleute aus ganz Europa und gratulierten uns. Sie hielten RTÉ für progressiv. Und es war auch ein Ort, wo man ganz plötzlich eine Chance kriegen konnte. Das war das Gute an dem Mangel an Hierarchie: Irgendjemand konnte mit einer Idee zu einem Manager gehen, und wenn die Idee gut war und der Manager mächtig genug, dann konnte man die vorhandenen Strukturen übergehen und eine neue Sendung machen. So kam ich zu «Plain Tales», meiner Serie über ältere Frauen.

Ich begann und beendete meine Karriere bei RTÉ mit Magazinen. Solche, deren Titel niemand erinnern kann: sie laufen am frühen Abend und bestehen aus vier oder fünf harmlosen Themen, die von angemessen gut aussehenden Moderatoren präsentiert werden, die auf Sofas herumsitzen. Diese Magazine zu produzieren ist sehr anstrengend. Iren bei der Stange zu halten ist nicht einfach. Viele der Menschen, die bei RTÉ arbeiten, sind grundsätzlich unzufrieden. Ich war es auch. Es war ein Glücksfall, dass ich die Chance erhielt, zur *Irish Times* zu gehen.

*

Zu der Zeit ging es mir ganz gut. Aber die ersten Jahre in Irland waren in vielerlei Hinsicht die magersten Zeiten meines Lebens. Ich war wieder bei meiner Familie. Ich hatte kein Verhältnis zu meinem Körper. Mir fehlte das Handwerkszeug in Fernsehregie, und das machte mich schrecklich nervös. Ich fürchtete mich ständig. Ich konnte keinen Gasofen anmachen, weil mich das *Plop* der ersten Flamme erschreckte. Ich konnte nicht zum Zahnarzt gehen, ich konnte wegen Höhenangst auf keine Leiter klettern, ich war zu nichts zu gebrauchen. Ich konnte nicht Auto fahren, ich konnte nicht tippen, ich wusste nicht, wie irgendwas funktionierte. Mein Haus in den Slums wuchs mir über den Kopf. Aus der Heißmangel sprang eine dicke, graue Ratte, der Putz fiel in Placken von der Decke. Ich wusste nicht, was es hieß, Hausbesitzer zu sein, und selbst nachdem ich einen Handwerker nach dem anderen angeheuert hatte, wurde es eher schlechter als besser. Ich verstand Irland nicht. Eines Nachmittags lag ich im Bett, als sich vier oder fünf große Männer unten ins Haus drängten. Sie seien von der Sicherheitspolizei, behaupteten sie. Sie sprachen nicht mit mir, als sie meine Kohlensäcke durchsuchten und meine Dielenbretter hochhoben. Dann sah ihr Anführer, dass ich einige Bücher in Irisch hatte. «Können Sie Irisch lesen»?, fragte er sichtlich beeindruckt. Er stoppte die Durchsuchung. Ich wusste nicht, dass sie das nicht durften – einfach ins Haus kommen und einen Bürger rumschubsen.

Zu der Zeit widerfuhren mir Situationen eher, als dass ich selbst bestimmte, was passierte.

Das Schlimmste war die Schwangerschaft. Ich war neununddreißig. Ich war von dieser Wendung der Ereignisse so gelähmt, dass ich keinen klaren Gedanken dazu fassen konnte. Ich hatte eine Fehlgeburt, sehr schmerzvoll und ganz allein in einem Zimmer im Holles Street Hospital, und wusste nicht, wie ich mich fühlte. Ich weiß es immer noch nicht.

Wenn man zu viel trinkt, kriegt man sein Leben nicht geregelt. Man kriegt ein bisschen, aber nicht alles geregelt. Aber das Trinken hat auch sein Gutes. Im Pub findet man immer die Gesellschaft von Stammgästen. Leute, die nachmittags trinken, gehören zur Gesellschaft anderer Leute, die ebenfalls nachmittags trinken. Das Leben im Pub fordert nichts von einem, es richtet nicht, es fließt dahin und ist voller kleiner Begebenheiten. Menschen, die so labil sind, wie ich es damals war, sind sehr freundlich zueinander. Ich hatte lose Beziehungen zu Menschen, die ebenfalls zu viel tranken. Es ging mir nie gut, aber das hatte ich mir selbst zuzuschreiben, zumal ich meinem Körper hauptsächlich Kater und Imbissbudenessen zumutete. Mein früherer Freund Michael, mit dem ich die

Freuden der Sexualität entdeckt hatte, als ich zwanzig war, führte mich ein paar Mal aus. Aber wir hatten uns nichts mehr zu sagen. Ich pflegte die Beziehungen, die ich hatte, völlig mechanisch.

Aber auch diese scheinbar vergeudete Zeit, bevor ich vierzig wurde und kurz davor war, Alkoholikerin zu werden, war auf eine tiefe Weise lohnenswert. Wenn man verletzlich ist, ist man auch sehr offen. Ich lag manchmal auf dem Bett und schaute in den Himmel, wie er an Sommerabenden ganz allmählich dunkel wurde. Darin lag Vollkommenheit und Melancholie. An Sonntag- oder Feiertagsmorgen hatte ich nichts anderes zu tun, als die Stille zu spüren. In gewisser Weise war ich sehr eins mit mir. Später habe ich dieses Gefühl des Aufgehobenseins inmitten der reinen Leere vermisst.

Ich empfand diese Zeit als Stillstand. Aber in meinem Kopf passierte ganz viel. In meinem Kopf setzte sich ein Mosaik des Landes zusammen. Die geheimnisvollen Täler zwischen Leitrim und dem Meer mit den ölschwarzen Flüssen voller fetter Forellen. Die lang gestreckte Ebene – in tiefstem, seidigem Grün – jenseits von Lissadell, mit ihrem abrupten Ende an schroffen Stränden, so unscheinbar schön wie damals, als die kleinen verzierten Boote der Armada an ihren Felsen strandeten. Der Shannon, der erst leise in sein rundes Becken plätschert und sich dann eines anderen besinnt, die Jugend entdeckt und in Richtung Dowra herausspaziert, um seine lange Rutschpartie hinunter durch das Land zu beginnen. Nach unten, durch die silbrig grünen Sumpfwiesen, vorbei an ehemaligen Hotels, Kornmühlen, alten Kanalgebäuden, vorbei an den Schwänen, die neben halb versunkenen alten Bäumen warten. Im Winter, wenn man den Zug bekommt, der den Shannon River überquert, dann scheint es, als ob man von der Oberfläche eines hohen Gewässers in niedriges Land kommt. Im winterlichen Licht fährt der Zug ins Wasser, und das Wasser ist aus

Stahl und trägt den Zug. Aber Irland ist nicht nur Landschaft, sondern auch Geschichte und Gesellschaft. Es gab Hungersnot, Brutalität und Leere im Land. Und die zerstörte Unterklasse, zu der auch ich an jenen Pub-Nachmittagen gehörte, war genauso ein Teil von Irland wie seine Schönheit.

Die meisten irischen Autobiographen erzählen von ihren Vätern in einem schönfärberischen eindimensionalen Ton und so, als ob es nur eine faktische Ebene und kein Unbewusstes gäbe. Der ältere Mann, den ich kannte, als ich ein junges Mädchen war – der Arzt, der mir half, durchs College zu kommen –, war misstrauisch, was meine Beziehung zu meinem Vater anging. Er wies mich manchmal darauf hin, dass mein Vater mich lieber ein bisschen heruntergekommen sah. Dass es ihn bedrohte, wenn ich es schaffte, mir ohne sein Wissen von meiner Mutter helfen zu lassen. Aber ich merkte das alles nicht, ich merkte nur, dass meine Gefühle meinem Vater gegenüber widersprüchlich waren (und immer noch sind). Jedes Mal, wenn ich daran denke, dass das Letzte, was er von mir wusste, diese Trinkerjahre waren, versetzt es mir einen Stich. Heute wäre er so stolz auf mich. Trotzdem glaube ich, dass es kein Zufall war, dass ich zu genesen anfing, als der Tod erst ihn und dann meine Mutter von mir nahm.

Die anderen, meine Schwestern und Brüder und sogar meine Mutter, müssen ihm gegenüber ebenso ambivalent gewesen sein wie ich. Wie sehr er uns auch immer wieder enttäuschte, so verließ er uns doch nicht. Wir bedeuteten ihm etwas. Und keiner von uns stand ihm je auch nur einen Moment indifferent gegenüber. In dem Moment, wo man glaubte, es sei am sichersten, ihn zu hassen, machte er eine liebevolle, einfühlsame Geste. Ganz besonders nett war er zu der Tochter, die seiner Mutter am ähnlichsten war: meine Schwester Deirdre, die jung heiratete und eine überzeugte religiöse Katholikin ist und mit ihrem Mann eine große Familie in einem bescheidenen und glücklichen Heim aufgezogen hat. Der Gedanke an diesen Haushalt muss meinem Vater immer wieder tröstlich gewesen sein (wie uns allen). Als Daddy Deirdre im Krankenhaus besuchte, nachdem sie nach drei Jungen ihr erstes Mädchen bekommen hatte, erschien zuerst eine Hand mit einem Silberbecher im Türspalt, dann eine weitere Hand mit einer Flasche Champagner. Das hätte er für jeden von uns getan. Aber zu Deirdre war er immer ganz besonders freundlich.

Jedem von uns neunen war er ein anderer Vater. Einige von uns hatten fast nichts von unseren Eltern gehabt. Andere wiederum kamen, als mein Vater älter und milder geworden war, einmal in der Woche in den Genuss eines üppigen Essens und spielten mit ihm in der kleinen Wohnung Karten, in der er, meine Mutter und meine kleine Schwester, das letzte der Kinder, gestrandet waren. Nicht dass Mammy mitspielte; sie schwirrte schwankend im Nachthemd rein und raus und sah aus wie Miss Havisham.

Meine Mutter quälte am meisten, dass mein Vater ihr nichts sagte. Sie wusste nie genau, wie es um unsere Finanzen stand. Ein paar Mal ging die arme Frau in die Stadt und bat dann tapfer und bebend seinen jeweiligen Zahlmeister, das Geld direkt an sie auszuzahlen. Nichts war jemals geklärt. Das Leben meines Vaters war eine einzige Heimlichtuerei. Niemand fühlte sich meiner Mutter gegenüber zu irgendetwas verpflichtet.

Als mein Vater das einzige Haus verkaufte, das er besaß und auf dem eine Hypothek eingetragen war, bekam meine Mutter endlich ein Druckmittel in die Hand. «Eurer Mutter kann man ja die Treppe nicht mehr zutrauen», murmelte er und wollte mit dieser Bemerkung Verständnis wecken, dass es ihre Trunkenheit war, die ihn zu diesem Schritt gezwungen hatte. Tatsächlich war er aber zu der Zeit in Geldnot, die die übliche Misere noch übertraf. Er brachte meine Mutter und meine kleine Schwester, die einzigen Familienmitglieder, für die er noch immer Verantwortung zeigte, in eine Wohnung, die sich hinterher als die Wohnung seiner Geliebten entpuppte. Sie hatte vermutlich irgendwo anders hinziehen müssen. Meiner Mutter wurde das eines Nachts klar, als es still und sie allein war und im Bett las. Plötzlich stürmte die Geliebte ins Schlafzimmer und bedrohte sie mit der Nachttischlampe. Es hätte komisch sein können, wenn nicht beide Frauen so entsetzlich unglücklich gewesen wären.

Ich entnehme den Erinnerungen von Michael O'Toole, dass meines Vaters Geliebte eine öffentliche Figur gewesen sein muss. O'Toole schreibt nur einen Halbsatz über meine Mutter, dass sie eine sehr intelligente Frau mit einem Alkoholproblem gewesen sei, fährt aber dann mit einer Anekdote über die langjährige Freundin meines Vaters fort, die offenbar eine lokale Größe und berühmt genug gewesen ist, um einen Spitznamen zu erhalten: «Die Lady». Ich hatte gar nicht gewusst, dass diese Frau so bekannt war, bis ich O'Tooles Buch las, und ich schämte mich für meine Mutter. O'Toole erzählt, wie mein Vater einst mit einer blutenden Kopfwunde auf einer Antiquitätenmesse ankam. Seine Geliebte – offenbar nicht in der Lage, ihren Drink festzuhalten – hatte ihn auf dem Rücksitz des Autos angegriffen. Der Mann vom Begrüßungskomitee wusste bei ihrem Anblick nicht genau, was er sagen sollte, und fragte dann aus Verlegenheit meinen Vater, ob er an Antiquitäten interessiert sei. Und mein Vater antwortete mit dem Scherz, dass er niemals ohne auf Reisen gehe.

Ich kann nicht behaupten, dass ich das witzig finde. Aber ich bewundere seine Schlagfertigkeit, auch bei anderen Gelegenheiten. Mammy erzählte mir, dass Vater sie im Krankenhaus besuchte, als meine kleine Schwester geboren war, und vorschlug, das Baby solle doch Carmel heißen. «Carmel?», sagte meine Mutter. «Warum denn?» – «Ich war schon immer ein Verehrer unserer Lady von Mount Carmel», erzählte er ihr. Ich wusste später – anders als meine Mutter –, dass seine Geliebte – und es war bestimmt dieselbe Person wie in Michael O'Tooles Anekdote – Carmel hieß.

Nach dem Zwischenfall mit der Nachttischlampe ging meine Mutter zur Polizeistation von Clontarf, wo sie verarztet wurde und Anzeige gegen die Geliebte erstatten wollte. Schon kam mein Vater von welchem Stadtteil auch immer angerauscht und flehte meine Mutter an, uns nicht öffentlich zu blamieren. Im Gegenzug wollte er ihr alle Informationen geben. Sie sollte nun wissen, wie viel er verdiente, wie viele Schulden er hatte und wie viel er für das Haus bekommen hatte. Sie erklärte sich einverstanden.

Er war ein sehr disziplinierter und zudem ein extrem reservierter Mann. Die öffentliche Affäre mit Carmel und dass sie ihn geschlagen hatte, war unter seinem Niveau. Es machte sich nun bemerkbar, dass er jahrelang nur sich selbst getraut hatte. Er hatte keine Partner, keine Mitstreiter, keine Freunde, wenn man sie brauchte. Als er schließlich nicht mehr zur Arbeit gehen konnte, traf er seine eigenen Entscheidungen. Draußen wartete sein Chauffeur, um mit ihm auf die übliche gesellschaftliche Tour zu gehen. Dabei war mein Vater schon zu schwach, um noch seinen Schlips zu binden. «Er saß eine ganze Weile gedankenverloren auf einem Stuhl neben dem Telefon», schrieb mir meine Schwester, «sein kleiner Finger polkte zwischen den Zähnen, den Kopf hielt er zur Seite geneigt, als lausche er. Dann nahm er den Hörer auf und sagte alle Termine ab. Noch am gleichen Tag meldete er sich im Krankenhaus an.»

Meine Schwester Deirdre erinnerte sich, wie er und meine Mutter nacheinander verlangten, in dem Moment, als er wusste, dass er sterben würde. Mein Vater hatte Leukämie, und nach zwei Monaten schrecklicher Chemotherapie sollte uns der Arzt sagen, ob die Behandlung angeschlagen hatte. «Um fünfzehn Uhr tauchte der Arzt auf und schlenderte den Gang herunter», schrieb meine Schwester. «Wir waren in Dads Zimmer abgeschoben und redeten verzweifelt mit gedämpften Stimmen, während wir warteten. Als wir ihn näher kommen hörten, verstummten wir. Eine kleine Pause, dann beschleunigte er seinen Schritt und eilte an der Tür vorüber den Flur hinunter. Vaters weit aufgerissene stahlblaue Augen trafen sich mit denen meiner Mutter, die in Tränen schwammen. Er streckte seine Hand nach ihr aus. Keiner von ihnen sagte ein Wort. Einige Zeit später lachte Dad leise und wehmütig, drehte das Gesicht zur Wand und ergab sich in sein Schicksal.»

Wir «Kinder» waren in diesen letzten Monaten nicht so wichtig. Aber besonders meine Brüder, denen er das Leben so verdammt schwer gemacht hatte, ließen alles fallen, nur um bei ihm im Krankenhaus zu sein. Ich verstehe, was sie dazu treibt. Ich verstehe ihre Sehnsucht. Ich verstehe nicht, warum er sie so vernachlässigte. Ich sehe Väter um mich herum, die ihre Söhne mit praktischer Leidenschaft lieben. Aber mein Vater lehnte es einfach ab, ein Vater zu sein. Meine Brüder waren liebenswürdig und gescheit, aber er hatte für ihre Schwierigkeiten beim Erwachsenwerden kein Verständnis. Einer von ihnen machte überhaupt keinen Ärger, aber er wurde fast noch dafür bestraft. Er ließ sich hängen und übernahm Jobs, die ihm nichts abverlangten, und vergeudete so Jahre seines Lebens. Ein anderer landete nach Jahren der Verzweiflung hungernd in England, wohin ihm sein Vater ein One-way-Ticket gekauft hatte. Er ging in die British Army, was meinen Vater mehr als alles andere verletzte – ausgerechnet ihm musste das passieren, der seinen Namen Phelan, den seine Eltern angliziert hatten, ins einheimische O'Faolain ändern ließ! Mein Bruder machte das, um meinen Vater zu beeindrucken. Er war zu jung, um zu begreifen, dass die Nostalgie für die irische Armee etwas anderes ist, als sich darüber zu freuen, dass der eigene Sohn ein englischer Soldat ist. Eine meiner Schwestern, selbst noch ein Teenager, arbeitete als Bankangestellte und versuchte, einen Vorschuss auf ihr Gehalt zu bekommen, um meinen Bruder loszukaufen. Mein Vater sagte, er würde ihn loskaufen, wenn irgendeine Versicherungsprämie fällig würde. Aber keiner kaufte meinen Bruder frei. Stattdessen schickten sie mir noch den jüngsten Bruder nach London. Meine Mutter war betrunken, als sie ihn aufs Schiff brachte, und mein Vater war noch nicht mal da.

Wie soll man solche Dinge verzeihen?

Ziemlich spät in seinem Leben hatte mein Vater es zu einem Kumpel gebracht – Frank Finn, ein langer, gutmütiger, wortkarger Mann, der ihn ein paar Jahre lang überallhin begleitete. Als Frank starb, schrieb ich meinem Vater einen Beileidsbrief. Er antwortete:

«Ich glaube nicht an all das Zeugs von Leben, Tod und Auferstehung, auch wenn ich in St. Gabriel's gestanden und all das bekannt habe. Ich könnte mich nur dann auf die Wiederauferstehung freuen, wenn ich wüsste, dass meine Freunde, Nachbarn und all diejenigen, die ich geliebt habe, mich dort erwarten. Aber das klingt ja eher wie die Vision eines nicht enden wollenden Presseempfangs ...

Wir haben neulich Onkel Frank beerdigt. Er hatte keine nächsten Angehörigen und vermachte mir seine Garderobe. Ich hab sie in verschiedene Obdachlosenheime gebracht, und jetzt werden ein paar riesige Tramps und Drop-outs in hervorragender Kleidung von O'Callaghans in der Dame Street herumlaufen ... Du kannst dir vorstellen, dass mich der Verlust von Frank mehr schmerzt als der meines Bruders. Er war sein ganzes Leben lang einsam und ich weiß, dass dieser riesige und sanfte Mann mich in seinen letzten Jahren mehr brauchte, als eins meiner Kinder mich je gebraucht hat, und ich bin froh, dass ich jede Nacht mit ihm verbracht habe, bevor er in Würde starb.»

Mein Vater sagt hier die Wahrheit. Er liebte Frank. Aber die Zeile, dass Frank ihn mehr brauchte, «als mich je eines meiner Kinder gebraucht hat», macht mich fertig. Meine Brüder brauchten ihn. Wir alle brauchten ihn.

Selbst als er am Ende seines langen Sterbens schon geschrumpft und bar jeder natürlichen Hautfarbe wie ein Furcht erregender brauner Junge in seiner Windel zusammengekrümmt in dem heißen Raum auf seinem Bett lag, bewunderten wir ihn noch. Es war für uns alle schrecklich, ihn zu verlieren. Mein Bruder, den er nicht vor der englischen Armee gerettet hatte, kam nach Hause und leistete der Nachtwache Gesellschaft in dem verqualmten Raum am Ende des Krankenhauskorridors – obwohl dieser Bruder als Kind von dem Geräusch gemartert wurde, wenn mein Vater meine Mutter schlug, und obwohl, wie er mir später schrieb, «mein Vater ein- oder zweimal meinen Namen nicht wusste».

Es gab nichts, was wir nicht getan hätten. Ich ging zum ersten Mal seit zwanzig Jahren zur Beichte, um mich für eine Messe neben seinem Bett vorzubereiten. Meine Brüder und Schwestern schliefen nicht und aßen nicht. Das einzige Mal in meinem Leben konnte ich nichts lesen. Immer wieder kam ich auf dasselbe Gedicht zurück, die Zehnte der Duineser Elegien, wo Rilke das Leiden preist. *«Wir, Vergeuder der Schmerzen»*, sagt er,

Wie wir sie absehn voraus, in die traurige Dauer,
ob sie nicht enden vielleicht. Sie aber sind ja
unser winterwähriges Laub, unser dunkles Sinngrün,
eine der Zeiten des heimlichen Jahres –, nicht nur
Zeit –, sind Stelle, Siedelung, Lager, Boden, Wohnort.

Diese Elegie und der letzte Teil von Mahlers «Lied von der Erde» fielen mir ein. Ich ging vom Krankenhaus zurück in mein kaltes Haus im Slum, wollte nichts mehr und war zu müde und zu nüchtern, um Selbstmitleid zu empfinden. Aber diese beiden Werke trösteten mich ganz einfach. Sie sind beide voller Erkenntnisse – uneindeutig, aber zwingend. Die Verheißungen des Christentums bedeuteten mir nichts. Dieser deutsche Romantizismus war alles, was ich dem schmerzvollen Mitleid für meinen Vater entgegensetzen konnte. Dass Gott ihm nicht seine Unnahbarkeit bis zum Ende gelassen hatte, sondern ihn zwang, um etwas zu bitten: «Bringt mich weg von hier, bringt mich hier raus.» Und seine Augen wurden rund und dabei genau wie die seiner Mutter, als sie alt war, und bekamen einen milchigen Schleier. «Bringt mich einfach nach Hause.» Auf seinen Grabstein ließen wir eingravieren: *«Ar ball, gheoamíd radharc, aghaidh go h-aghaidh.»* Am Ende werden wir sehen, nicht dunkel wie durch ein Glas, sondern klar, von Angesicht zu Angesicht.

Ich erwarte beileibe nicht, das Leben und den Tod zu verstehen. Aber vielleicht verstehe ich eines Tages, was mein Vater glaubte, was für ein Vater er war. Was es alles für Väter gibt.

Er war sehr einsam. Und meine Mutter war einsam. Aber ich glaube, sie hatten ein schlafwandlerisches Verständnis füreinander, wovon nur sie etwas wussten. Sie prahlte manchmal, scheu, damit, wie sehr sie sich in der Liebe einander anvertrauen konnten. Vielleicht fühlte sie sich lebendig, wenn sie sich liebten.

Ich war einmal bei einem fürchterlichen Sonntagslunch bei dem Schauspieler Robert Shaw und seiner damaligen Frau, der Schauspielerin Mary Ure, in ihrem Haus in Hampstead. Vom Beginn der Mahlzeit beschimpfte er sie. Wenn irgendjemand etwas sagte, dann sagte er, der sie ständig beobachtete, so etwas wie «Na, hörst du das, du dummes Weib? Hörst du endlich, was eine intelligente Unterhaltung ist? Oder bist du zu dumm dazu?» Nach fünf Minuten rannte sie schluchzend aus dem Zimmer. Er entspannte sich augenblicklich und ließ es sich schmecken, lächelte uns vergnügt zu, die wir völlig verstört dasaßen: «Tut mir Leid», sagte er, «aber ich muss das machen. Sie weiß sonst nicht, dass sie existiert.»

Die Szenen zwischen meinem Vater und meiner Mutter waren für uns, die wir danebenstanden, ähnlich schwer zu ertragen. Sie waren grausam zueinander. Dann vergaßen sie es aus uns unerfindlichen Gründen und waren wieder gut miteinander. Für Jahrzehnte tat mein Vater so, als sei Mammys Alkoholproblem lediglich eine amüsante Angewohnheit von ihr. Er nahm sie mit an Feiertagen und ignorierte die Kritik, auf die er sicherlich stieß. Unausgesprochen erlaubte er keinerlei Diskussionen über sie. Wenn sie auf der Straße hinfiel! Wenn ihr in der Öffentlichkeit übel wurde! Es war das große Leugnen. Aber es ermöglichte ihnen auch eine Art von Würde im Umgang miteinander.

«Oh, Katherine! Ich habe dein Lächeln immer geliebt!» Ich erinnere mich, wie er ihr mit letzter Kraft schmeichelte, in seinem Krankenzimmer, wenige Wochen bevor er starb, obwohl ihr Lächeln für jeden anderen halb zugedröhnt und halb erschreckend sperrangelweit auf war. Nachdem er gestorben war, schaute sie sich geistesabwesend nach ihm um, so wie man sich in einem Raum umschaut, in dem sich plötzlich das Licht verändert hat. Ein ums andere Mal schickten meine Schwestern sie mit heroischer Anstrengung in ein Heim, wo sie für eine

Weile trocken war und gegen ihre Unterernährung behandelt wurde. Mammy war dort wie ein Kind – sie hatte Angst vor denen, die was zu sagen hatten, sie versteckte sich in ihrem Zimmer, so einsam wie immer. Klagend fragte sie mich: «Was haben denn deine Schwestern? Warum ist denn nur jeder böse auf mich?» Sie erinnerte sich noch nicht einmal an all die schrecklichen Geschichten, mit denen meine Schwestern die ganze Zeit zurechtkommen mussten. Und sie fragte mich ganz im Ernst und ganz mürrisch: «Warum ist dein Vater gestorben und hat mich hier gelassen?»

Sie wankte noch nicht mal mehr zum Pub. Sie blieb in der Wohnung. Sie sorgte dafür, dass sie nur für ganz kurze Zeit am Tag bei Bewusstsein war. Wenn sie aufwachte, weil ihr übel von Gin und Schlaftabletten war, fing sie sofort wieder an zu trinken. Wenn sie die richtige Dosis erwischte, konnte sie ab nachmittags bedröhnt und unerreichbar sein. Ich fuhr jede Woche zu ihr raus. Ich rief vorher an, mit Magenkrämpfen. Manchmal hängte ich den Hörer wieder ein, während ich wählte. Aber dann fasste ich wieder Mut, um sie mit ein bisschen Glück genau in der kurzen Zeitspanne zu erwischen, wo ihr nicht mehr zu übel war, aber wo sie auch noch nicht zu betrunken zum Reden war. Wenn sie am Telefon einigermaßen klar klang, beeilte ich mich, zu ihr zu kommen. Manchmal wartete sie schon auf mich und saß da, in ihrem verknautschten Mantel, ihre Handtasche mit fahlen, zitternden Händen vor die Brust gepresst. Vor lauter Erleichterung öffnete sich mein Herz für ihr Leiden. Den Lippenstift hatte sie mit unvergessener Sachkenntnis aufgetragen. Die Mascaratupfen. Die pinkfarbenen Puderflecken. Unter dem Make-up war ihre Haut grau und auf ihrer Oberlippe kamen Bartstoppeln durch.

Wenn man sie im Auto mit ein paar Stichworten fütterte, um ihr kleines Gedächtnis anzukurbeln, und wenn man sie die Stufen zur Bibliothek hochkriegte und wenn die Bibliothekarin schnell genug die vier oder fünf Bücher holte, die sie wollte, und wenn man dann mit ihr an einem sonnigen Fensterplatz in irgendeiner Hotellobby saß und sie einen doppelten Gin vor sich hatte, dann strahlte sie Glück aus. Dann hatte sie das Gebaren einer umsorgten, hübschen Frau. Auf verschwommene Weise strahlte sie alle Leute um sie herum an. Die Blüte konnte eine halbe Stunde andauern. Eine Stunde.

Eines Sonntags rief ich an, bevor ich zu ihr rausfuhr. Sie schien in Ordnung. Aber sie kam nicht, um die Tür aufzumachen, als ich klingelte. Ich stand vor der Tür und hatte Angst, dass sie tot war. Ich ging zum Fenster und starrte durch die Ritzen im Rollo. Sie lag der Länge nach auf dem Fußboden. Ihre Beine gespreizt. Sie schnarchte. Sie war nicht tot. Sie war stinkbesoffen. Sie trug ihren Mantel, also hatte sie sich für mich fertig gemacht, aber sie hatte entweder zu viel von irgendwas Flüssigem runtergeschüttet oder zu viel von irgendwelchen Tabletten gelutscht. Ich stand draußen und hämmerte und hämmerte gegen das Fenster und schrie sie an aufzustehen, steh auf! – rasend vor Wut und Kummer und einem lebenslangen Zorn auf sie, wegen allem, was sie mir angetan hatte.

Bald danach fuhr ich gen Westen und schrieb ihr im Kopf einen Brief. Du hast dies getan und hast jenes getan, und das und das hast du nicht getan … und plötzlich spürte ich eine kleine, scharfe Sensation: die Vibration eines einzelnen, schweren Tons. Und das war der Abschied von meiner Mutter. Es war total unerwartet. Wendepunkt. Von diesem Augenblick an gewann ich ein bisschen Distanz zu ihr. Als sie mir ein paar Jahre später einen Schreck mit der Bemerkung einjagte, dass sie wahrscheinlich bald sterben würde – obwohl gar nichts Besonderes falsch bei ihr lief –, und mit einem wundervollen, offenen Lächeln zu mir hochschaute, als ich am Fußende ihres Bettes stand, und sagte: «Nuala, so kann's nicht weitergehn», da entgegnete ich nur: «Stimmt.» Ich bewunderte sie in diesem Moment aus vollem Herzen, als ich so auf ihr armes Gesicht herunterblickte, das von Stürzen gezeichnet war. Sie war auf der Höhe ihres Stoizismus. Sie wollte kein Mitleid und keinen Kommentar. Sie wollte nur – und das durchaus humorvoll – mitteilen, dass sie am Ende war.

Als sie mich ein paar Wochen später anriefen, um mir zu sagen, dass Mammy tot war – dass sie sie im Badezimmer auf dem Boden liegend gefunden hatten –, da war ich fast vorbereitet. Ich hatte sie schon der Länge nach auf dem Fußboden liegen sehen. Ihr toter Körper war derselbe, der mich an dem Tag ausgesperrt hatte, als ich sie durchs Fenster anschrie.

Ich habe sie oft durch Fenster gesehen. Wie sie am Schlafzimmerfenster des Hauses stand, in dem wir lebten, als sie noch jung war, und schnell ein Laken um die elfenbeinfarbenen Schultern gewickelt hatte. Sie rief uns Kindern zu, wir sollten spielen gehen und draußen bleiben und ja nicht eher reinkommen, als bis sie uns rief. Dann ging sie wieder ins Bett zurück, wo mein Vater schon auf sie wartete.

Sie hinterließ ihre Kleidung, einen Ring und einen Besitz von tausend Pfund. Sie hinterließ die Keksdose mit den gekritzelten Buchrezensionen und dem Brief meines Vaters aus Donegal. Und sie hinterließ uns, ihre Kinder. Niemand von uns hatte ihr viel bedeutet. Einmal, als wir zufällig alle in Dublin waren, nahmen sechs von uns Erwachsenen allen Mut zusammen, um sie zu bitten, Hilfe für sie besorgen zu dürfen. Sie warf uns mit ein paar giftigen Worten aus der Wohnung. Wir waren nur «die Kinder».

Eine meiner jüngeren Schwestern lebt in einer Kleinstadt. Vor nicht allzu langer Zeit organisierten die Frauen dort einen Frauentag, und ich fuhr hin, um darüber zu berichten. «Ich muss am Morgen zu einem Workshop», sagte ich zu meiner Schwester, als ich ihr in der vollen Halle über den Weg lief.

Und meine Schwester gab etwas von sich preis – ich kenne sie kaum –, als sie sagte: «Also, ich gehe zu einem Workshop für erwachsene Kinder von Alkoholikern.» Es war schon etwas Besonderes, neben dieser Schwester in einem kleinen Raum zwischen lauter Frauen zu sitzen, die tote Mammy mit all ihrer Macht zwischen uns. Im Verlauf der Sitzung sollten wir einen Grundriss der Wohnung zeichnen, in der wir aufgewachsen waren. Ich zeichnete stattdessen die Wohnung, in der meine Mutter gestorben war. Zwei kleine Zimmer – Schachteln, ein Bad, wo ihre Lungen Flüssigkeit absonderten, ihr der Atem stockte und ihr Gewicht aufs Herz drückte, bis es nicht mehr schlagen konnte und das Leben aus dem leeren Körper auf dem Boden entwich.

Meine Schwester und ich haben fast nichts gesagt. Die schrecklichsten Geschichten wurden von anderen erzählt. Als wir danach rausgingen, sagte ich zu ihr: «Sie war doch nicht so schlimm, oder? Verglichen mit dem, was andere auszuhalten hatten, ging's uns doch gut, oder?» Meine Schwester guckte mich an und ging weg, und in mir hallte noch der eifrige Ton meiner Stimme nach. Und die Falschheit.

In Mopti,

einer kleinen Stadt am Niger in Mali, an der Grenze der südlichen Sahara, Tausende von Meilen im inneren Afrika, gibt es ein heruntergekommenes Hotel. Nell McCafferty und ich stolperten nach zehnstündiger Busfahrt von der Hauptstadt Bamako in die dampfende, von Insekten summende Dunkelheit von Mopti. Der Junge, der unsere Rucksäcke trug, wollte nicht, dass wir in das Hotel gingen. Es sei *trop cher.* Das war es allerdings. In dem schummerigen Foyer voll leerer Schaukästen raffte sich aus dem Gewimmel von Hotelangestellten, die auf schimmeligen Sofas herumlümmelten, eine Frau mit Mühe auf, um uns einen Schlüssel zu geben und die unglaublich teuren Preise mitzuteilen. Als wir uns im Dunkeln den Pfad zu unserem Zimmer ertasteten, sprangen Heerscharen samtgrüner Frösche vor uns her. Sie hüpften gegen unsere Tür. Drinnen tropfte das Wasser aus einer unberechenbaren Klimaanlage, die die abgestandene Luft im Zimmer verquirlte. Die Betonmauern waren mit dem Schmier toter Moskitos tapeziert. Wir hatten uns geweigert, wie die anderen Businsassen, eine undefinierbare Masse am Straßenrand zu kaufen und während der Fahrt zu essen, aber hier im Hotel gab es auch nichts zu essen. Mir war schon den ganzen Tag von den Malariatabletten schlecht gewesen. Wir machten das Licht aus. Wir lagen auf unseren Messingbetten, der Schweiß troff von unseren Gesichtern. Die Luft war zum Schneiden. In dem schrecklich kleinen Zimmer stank es nach Schimmel. Draußen heulten Hunde. Es versprach, eine grauenhafte Nacht zu werden.

Ich war diejenige, die unsere Ferien plante. Ich hatte tolle Ideen – wir waren zum Beispiel in Mopti, weil wir nach Timbuktu wollten. Ich habe diesen Ausspruch als Kind so oft gehört: von hier bis nach Timbuktu – und Timbuktu war der exotischste Ort, den ich mir vorstellen konnte. Also habe ich Nell an ihrem fünfzigsten Geburtstag mit den Tickets überrascht. Aber meine Ideen bescherten uns oft ein Desaster, und dann war ich völlig verzweifelt. Nell war diejenige, die uns dann wieder rausholte. Sie konnte jeder Situation noch etwas Komisches abgewinnen. Einmal waren wir auf dem Peloponnes in einer Strandhütte. Gleich am ersten Tag wanderten wir durch die Olivenhaine bis zum Dorf, ohne zu realisieren, wie heiß es war. Nach einer Weile fingen wir zu keuchen an, wurden knallrot im Gesicht und konnten kaum noch atmen. Ich hatte Angst zu kollabieren. Und dann sahen wir einen Trog mit einem Rohr, aus dem Wasser tröpfelte. Wir schmissen uns in den kühlen Matsch, der drum herum war, und weichten uns darin ein. Als wir uns schließlich wieder erhoben, waren unsere Haare und unsere Kleider bis auf die Haut voller Matsch, Moos und Blätter, und Nell sagte – als ob sie eine Bildunterschrift zu formulieren hätte –: «Irische Models pausieren vom Laufsteg.»

Sie klagte nie, egal in welche Situationen wir gerieten. Ob wir ein Reisebüro in Bologna übers Ohr hauten und uns Zugfahrkarten nach Hause erschlichen, obwohl unsere Kreditkarte abgelaufen war; ob uns serbische Männer bedrohten, mit denen wir Cherry Brandy in einer Belgrader Hotelbar getrunken hatten; oder ob wir in Norwegen versuchten, einen Gletscher mit einem Eispickel zu erklimmen, weil unseren Bergführer die nackte Angst gepackt hatte. Es gab nichts, was Nell nicht erheitern konnte. Selbst als sie nach Timbuktu mit einer lebensbedrohlichen Malaria ins Krankenhaus eingeliefert wurde, war sie es, die verhinderte, dass ich hysterisch wurde. Als man sie mit hohem Fieber, halb im Delirium, in den Krankenwagen hob, konnte sie noch flüstern: «Bei meinem sechzigsten Geburtstag arrangiere ich die Überraschung aber selber.» Aber ich weiß nicht, ob wir uns an ihrem sechzigsten Geburtstag begegnen werden.

Wir lebten fast fünfzehn Jahre zusammen, und es war mit Abstand die lebendigste Beziehung meines Lebens. Ich hatte sie immer schon als brillante Journalistin und furchtlose Bürgerrechtsaktivistin – für den Norden wie für den Süden – bewundert. Dann liebte ich sie. Aber am Ende waren wir hilflos vor Zorn. Ich weiß nicht, warum. In *Hamlet*, wenn der Geist seines Vaters zurückkommt, um ihn zu schikanieren, springt Hamlet immer hin und her, legt sein Ohr auf die Erde und ruft: «Bist du da, alter Maulwurf?», und versucht so, ihn unten zu halten. Die alten Maulwürfe meiner Kindheit kamen auf bösartigste Weise aus der Tiefe empor.

Als ich noch ein Kind in Athlone war, fand dort ein Festival statt. Es sollte erst eine Parade mit Musik und schicken Kleidern geben und dann Limonade und Sandwiches. Ich half bei den Vorbereitungen. Ehrenamtlich. Ich war wie berauscht vom Helfen – hierhin rennen und dahin rennen, Nachrichten überbringen, Krepppapier antackern – verantwortlich und Teil jenes unbeschreiblichen Glanzes sein. Ich sehe mich an den erleuchteten Fenstern vorbei die regennasse Straße zur Aula hinunterhasten, wo die Lady, der ich half, mich brauchte. Ich war nie wieder von irgendetwas so erfüllt. Es war mein Ideal. So habe ich mir immer Beziehungen vorgestellt. Nie wieder, in meinem ganzen Erwachsenenleben nicht, wollte ich einem anderen aus ganzem Herzen beistehen wie damals dieser Dame.

Ganz primitive Gefühle, tiefer als im Herzen beheimatet,

wurden aufgewühlt, immer wenn Nell wirklich etwas von mir wollte. Warum kann man sich nicht um sich selbst kümmern? Ich bitte sie doch auch um nichts. Ich kümmer mich um mich, und sie soll sich um sich selbst kümmern. Ich höre diese Stimme und ich glaube, sie von irgendwoher zu kennen. Ist das nicht die primitive Feindseligkeit, die meine Mutter mit ihrer Sauferei ausdrückte?

Unsere Lebenswege kreuzten sich in der Zeit, als mein Vater starb. Ich war körperlich und seelisch am Ende. Am Weihnachtsmorgen 1980 ging ich in die Psychiatrie vom St. Patrick's Hospital. Vierzehn Tage vorher hatten wir meinen Vater beerdigt. Ich stand immer noch unter Schock. Seit seinem Tod hatte ich kaum geschlafen. Ich hatte auch keine Wohnung mehr. Ich hatte mein kleines Slumhaus in dem gleichen Jahr verkauft, weil ich es nicht mehr halten konnte. Ein Freund nahm mich auf. Ich war nicht besonders angenehm. Ich trank die ganze Zeit und wurde nicht betrunken. Irgendwann bat ich den Freund, mich ins Krankenhaus zu bringen.

Der Zusammenbruch war aufregend. Ich meinte Unglaubliches zu erkennen. Ich kritzelte alles nieder und war sicher, später einmal würde es von größter Wichtigkeit für mich sein. Eines Abends lag ich im Bett, lauschte dem Regen vor dem Fenster, dachte daran, wie er auf das frische Grab meines Vaters auf dem Hügel von Sutton prasselte und seinen einsamen toten Körper aufweichte. Unter dem Deckmantel der Trauer um ihn trauerte ich um mich selbst. Plötzlich hörte ich seine Stimme! Seine Stimme! In dem vor sich hin dudelnden Radio spielte irgendjemand zur Erinnerung die Aufnahme eines alten Interviews mit ihm. Selbst als Trauernde war ich in einen Hinterhalt geraten. Als ich an seine Stimme zurückdachte, die jetzt für immer verstummt war, musste ich an all die Stimmen in all den vergangenen Jahrhunderten denken, die ihr ganzes Leben lang stumm geblieben waren. Ich weinte um die Millionen und

Abermillionen von anonymen Frauen, die es nicht hätten sein müssen, nach dem, was wir von ihnen wissen. Ich schrieb eine Art Hymne auf sie. Ich konnte immer noch nicht schlafen.

Aber Nell kam zurück von ihrem Familienweihnachten in Derry; ein Freund stellte uns sein Haus in Sandymount zur Verfügung und ich erholte mich langsam. So wenig ich dazu bereit war, das Leben von jemand anderem bestimmend, liebevoll und unbefangen in die Hand zu nehmen, so sehr war sie es. Sie kümmerte sich um mich. Ich trank weniger. Ich aß ein bisschen. Sechs Monate nachdem ich sie kennen gelernt hatte, warf ich die letzten Schlaftabletten weg. Ich erinnere mich an jenen wundervollen Frühlingsmorgen, an dem ich aus der Wohnung trat, an den Strand ging und aus reiner Freude tanzte.

Langsam war ich in der Lage, einen Schritt zurückzutreten, der Welt ins Auge zu schauen und mich ein bisschen zu organisieren. Ich versuchte, ein solides, kleines Haus zu kaufen, aber es war zu der Zeit schwer, einen Kredit zu bekommen, weil ich nicht fest angestellt war. Dabei hatte ich einen Job: in dem Jahr, als ich mir von RTÉ freigenommen hatte, unterrichtete ich. Eines Tages wollte ich mir dort eine Bestätigung holen, dass ich voraussichtlich eine feste freie Stelle dort erhalten würde. Ich brauchte ein solches Schreiben, um einen Kredit zu bekommen. Ich glaubte, wenn ich ein Haus hätte und meine Kleider aufgehängt wären, dann könnte ich auch mich selbst in Ordnung bringen. Ich saß also vor einem Mann in einem großen Büro, er hinter seinem Schreibtisch. Er schaute mich mit offener Verachtung an. «Wie kommen Sie darauf, dass wir Sie hier behalten wollen? Nichts deutet darauf hin, dass Sie Ihre Pflichten zufriedenstellend erfüllt haben. Tut mir Leid, meine Liebe, aber ich schreibe Ihnen bestimmt keinen solchen Brief.» Und so weiter. Er war so schadenfroh, weil ich so selten da gewesen war. Und er wusste, wie man's macht – er war sein ganzes Leben lang oben gewesen. Ich kroch zu Kreuze. Ich musste, um den Brief zu kriegen. Als ich nach Hause ging, war ich froh, in einem Frauenhaushalt zu leben. Ich ging zurück zu RTÉ, diesmal zu *Féach*. Dieses einstmals so mächtige Irisch-Programm hatte eine komplexe Geschichte und seine Position bei RTÉ war eine höchst diffizile Sache. So viel hatte ich verstanden.

Ansonsten aber war ich eine Außenseiterin. Es machte mir nichts aus. Ich wurde wie viele Angestellte; der eigentliche Dreh- und Angelpunkt meines Lebens war mein Heim. Ich konnte es kaum glauben. Wir hatten ein Haus. Wir kauften Geschirr im Ausverkauf. Ich wusste gar nicht, wie erholsam Ordnung, Sauberkeit und Gemütlichkeit waren. Einmal kam ich nach ein paar Tagen, die ich woanders gearbeitet hatte, zurück und fand Nell erhitzt und genervt vor. Um ihre Jeans war ein Handtuch als Schürze gewickelt. Sie hatte einen Pizzateig gemacht, der in einer Schüssel vor dem Kamin lag und nicht so aufging, wie er sollte. Ich hatte niemals zuvor eine solche Krise um nichts erlebt. Die Situation befriedigte mich zutiefst. Ich wollte nie wieder in einen Pub. Ich fühlte mich, als sei ich zeit meines Lebens unterwegs gewesen und nun endlich angekommen. Ich spürte, dass wir zusammengehörten.

Wir kannten ein Pärchen, mit dem wir beide befreundet waren. Als die beiden ein Mädchen bekamen, wurden wir Patinnen. Ich pflanzte eine weiße Lilie in ein kleines Stückchen Erde vor dem großen Fenster. In unserem ersten gemeinsamen Sommer frühstückten wir am ersten warmen Samstagmorgen draußen. Eine ältere Dame, die weiter oben wohnte, lehnte sich über unseren Gartenzaun und sagte: «Es ist so schön mit anzusehen, wie sie beide das Leben genießen. Sie sind in dieser Straße sehr willkommen.» Je regelmäßiger und geordneter unser Leben verlief, desto befreiter fühlte ich mich. Das öffentliche Leben interessierte und amüsierte mich, weil mein privates Leben sicher war.

Nell und ich waren sehr verschieden. Wir waren nur selten mal einer Meinung. Nur wenn wir im Ausland waren, gingen wir entspannt miteinander um. In den Ferien rundeten sich die scharfen Kanten unserer Persönlichkeiten. Wir waren nie mehr als gewöhnliche Touristen, aber wir waren es mit der Intensität von Reisenden. Wir bereisten die osteuropäischen Länder, ohne zu wissen, dass der Eiserne Vorhang einst fallen würde. Weil diese Länder so billig waren, konnten wir riesige Trinkgelder geben. Die alten Garderobieren küssten uns ständig ab. In Budapest aßen wir Ente und Brombeeren im «Gundel» und hatten ein ganzes Zigeunerorchester und eine Loge in der Oper für uns, wo man den Sängern nach einer Arie so herzlich applaudierte, dass sie sie noch einmal wiederholten, selbst wenn sie dafür vom Tod durch Erschießen oder Erstechen wieder auferstehen mussten. Wir fuhren Richtung Osten und wurden von einem Gewitter erwischt, als wir durch die endlosen ungarischen Ebenen wanderten; der Himmel war schwarz und aufgerissen und wir schmiegten uns aneinander und kauerten uns auf die Erde, während die Blitze um uns herum einschlugen.

Um das streng calvinistische Sitzungshaus in Debrecen versammelten sich die ersten rumänischen Flüchtlinge; die Grenzen wurden durchlässig. Als wir zu dem breiten Fluss kamen, der uns von der Sowjetunion trennte, stellte sich Nell ans kieselbedeckte Flussufer und sang in Richtung der dichten Wälder auf der anderen Seite «Laras Thema» aus dem Film «Doktor Schiwago», um zu zeigen, dass wir freundlich gesinnt waren. Wir lernten das Essen hinter dem Eisernen Vorhang kennen, bevor er fiel. Getrocknetes Schweinefleisch. Knorpelklöße. In Warschau standen die Leute – die Frauen so zierlich in ihren selbst genähten Kleidern – nach dem Essen vom Tisch auf und tanzten zur Musik der etwas heruntergekommenen Band und naschten dies und das von dem billigen Essen. In

Prag sprachen die Menschen in den weihnachtlich vollen Straßen so leise, dass die Abwesenheit von Lärm geradezu surreal wirkte. Wir waren die Einzigen, die in der intarsiengeschmückten Loge des getäfelten Restaurants im Hotel Europa ein Weihnachtsdinner aßen. Wir hatten unsere Mäntel an. Die Küche hatte sich für diesen Anlass große Mühe gegeben. Um das Fleisch herum waren kleine Gurken dekoriert. Der Kellner fror genauso wie wir. Wir lehnten unsere Bücher an das prunkvolle Tafelsilber und zitterten.

Prag war traurig, aber in Budapest hörten wir an einem anderen Weihnachtsfest, wie die Menschen bei einer Messe in der Kathedrale Moskau eine Antwort gaben. Von der Empore schmetterten Solisten und Orchestermusiker von der Oper nach der Messe ihr «Halleluja» durch die große Kirchenkuppel. Und dann sang die Gemeinde – die Männer in ihren Lodenmänteln und die Frauen mit ihren adretten Hütchen – eine ungarische Hymne mit solcher Inbrunst, dass es sich nur um ein Pendant zu unserem «Faith of Our Fathers» handeln konnte. Wir waren so ergriffen, als wir aus der Kirche kamen, dass wir laufen mussten, halb lachend und halb heulend, um auf der Damentoilette des Hilton wieder zu uns zu kommen.

Wir nahmen die ersten Anzeichen vom Untergang des sowjetischen Reiches wahr. Wir waren in Österreich und radelten an der Donau entlang. Ungarn hatte den ersten Ostdeutschen erlaubt, über die Grenzen zu gehen, und ihr Weg nach Westdeutschland führte am Fluss entlang. Nachts, wenn die Landschaft ganz still war, hörten wir das Rattern der überladenen Trabants mit den ersten vom sozialistischen Experiment befreiten Menschen ihren Weg in ein neues Leben nehmen.

«Das ist das Leben», pflegte eine von uns inbrünstig zu sagen, wenn wir uns an warmen Mittelmeerabenden im Cafëstuhl zurücklehnten. Das Gefühl von Leichtigkeit: frisch geduscht, leicht angezogen und nichts zu tun. Hummer und Kerzenlicht am Kai von Fethiye. Das Mittagessen, das wir jeden Tag in dem Café mit den zwei Tischen hinter einer Hecke in Sperlonga hatten, wo es goldgelbe Kartoffelchips und grünlichen eiskalten Wein gab. Wir hatten den Wein gerade ausgetrunken, als der Nachmittagsregenschauer herunterkam. Wir rannten über die Straße, schälten uns auf dem tropfengespickten Sand aus unseren T-Shirts und stürzten uns im warmen Regen in die schäumende See. In Aswan gingen wir in einen Fin-de-siècle-Tabakladen, wo sie einzelne Zigaretten in altem, arabischem Zeitungspapier verkauften, mieteten eine Pferdekutsche, aßen Eis auf der Straße und genossen unser Leben, das so viel abenteuerlicher war als das der englischen Unterdecktypen auf dem Kreuzschiff, das vertäut auf dem Nil lag. Wir schwammen in BHs und Unterhosen in türkisfarbenen Atlantikwellen, die in eine felsige Bucht in der Nähe von Lissabon rollten. Wir wanderten durch die heiße Dämmerung in ein Dorf südlich von Kalamata, um unseren Ouzo und einen Teller voll Leckerbissen draußen zu essen, wo die Männer des Dorfes sich unter Lichtern, die von Platanen herunterhingen, stritten und lachten und Schwärme von lärmenden Vögeln von Baum zu Baum hüpften und Wahlpropagandawagen auf und ab fuhren und Blechmusik spielten. «Das ist das Leben», sagte eine von uns.

Wir mieden die Video-Bars auf Korfu und nahmen das Boot über die Adria nach Ancona, gingen oben durch Pfirsichplantagen, um endlich auf der honigfarbenen Piazza von Urbino zu landen, wo wir stolze Eltern und ihre durcheinander wuselnden Kinder beim Abendspaziergang beobachteten. Als wir in einer eiskalten Silvesternacht durch ein ausgestorbenes und schönes England wanderten, betranken wir uns an heißem Sake mit den Besitzern eines chinesischen Restaurants, deren einzige Gäste wir waren. Die Ilex-Wälder oberhalb von Spoleto, die Sushibar in New York, der dahinrasende grüne Fluss in Norwegen, der runter zum Fjord führte, der Paso doble in dem zwielichtigen Lokal in Barcelona, das Forellenessen in Salzburg, das Schwimmen in den heißen Quellen von Pammukale – «Das ist jetzt aber wirklich das Leben.»

Als es auf einer Geröllhalde in den Agrafabergen bergab ging oder als ich am Abgrund einer Schlucht vor Schwindel wie gelähmt war, redete Nell mir gut zu und brachte mich durch. Sie zeigte mir, wie man mutig war. Wenn ich müde wurde, erzählte sie mir Filmplots, damit ich noch die letzten Meilen schaffte: «Die glorreichen Sieben», «Stadt in Angst». In Rom kannte sie das Kolosseum bereits aus dem Kino. «Victor Mature kam aus diesem Torbogen.» In Sizilien sahen wir überall Don Corleone, selbst unter den Geschäftsleuten, die neben uns in dem schicken Café an dem Brunnen von Arethusa lunchten, wo wir Pasta mit Sahne und Krabben aßen, damals im Januar, fünfzehn Jahre nachdem wir uns kennen gelernt hatten. Ich sagte: «Das ist das Leben», an diesem Tag zögerlich, aber wir konnten ohnehin nicht lächeln, denn wir trennten uns.

Als wir zurück nach Irland kamen, waren wir uns nah. Dann aber kamen die Nachrichten, die Anspannungen des freien Journalisten-Daseins, das gegenseitige Anfauchen … Und doch liebte ich es, wie sie täglich aufwachte, fröhlich an die Oberfläche schwimmend, über ihre Träume murmelnd und noch halb im Schlaf den Tee schlürfend, den ich ihr brachte. Ich hörte sie jeden Morgen in der Dusche singen. Wenn sie krank war, war sie so bescheiden. Und ich sah sie die Straße herunterkommen, eine beeindruckende Frau in ihren Jeans und ihren kleinen, abgetragenen Schuhen. Einmal fuhren sie und ich für einen Abend zum Volksfest nach Belfast und spazierten durch die Straßen runter zu den Docks, wo die großen Schiffe lagen und die halbe Stadt auf den Beinen war, um die Schiffe zu sehen. Wir hatten uns ein paar Unionistenfrauen angeschlossen, die Nell aus dem Fernsehen kannten; Protestanten oder nicht – sie kannten ihre *Late Late Show.* Wir bummelten herum, waren glücklich, zusammen zu sein, die Frauen interessiert an Nell, sie fasziniert von ihnen. Sie liefen vor mir: vier oder fünf Frauen mittleren Alters in pastellfarbenen Strickwesten und großen, beigen Schuhen, ihre Köpfe waren Nell zugeneigt, der kleinen Entzückten in der Mitte. Die meisten von uns nehmen, was sie kriegen. Aber schau sie dir an, dachte ich, wie sie so voller Energien und Argumente ist, weil hier Frauen sind, mit denen sie reden kann, und es Politik gibt, über die man streiten kann. Sie stritt mit der ganzen Welt. Sie *hat* mit der Welt gestritten.

Wenn man zu Besuch in Nells Elternhaus war, saß man auf dem Sofa im Hinterzimmer, eine große Glotze starrte einen aus der Ecke an, während Nells Mutter geschäftig rein und raus lief, ihre Schürze glatt strich und die Gäste mit jeder Menge Anekdoten und Gedanken ergötzte, tragischen und erquicklichen Geschichten und Fragen über die Welt und Abhandlungen über dies und das. Ich hatte noch nie eine so charmante Person getroffen. Sie spielte auf dem Sofa mit ihren Enkelkindern und brachte ihnen Hymnen und Lieder bei und wie man höflich zu den Nachbarn ist, besonders zu den älteren, und wie man Dinge tut und wie sie schon immer getan worden sind. Der Tee zum Beispiel war nicht korrekt, wenn er nicht zusammen mit geschnittenem Weißbrot und Butter, eingelegten Zwiebeln und Roten Beten gereicht wurde. Manchmal, wenn wir alle zusammen unterwegs gewesen waren, etwa bei einer Tochter, wo die ganze Familie – Großmutter, Töchter, Schwäger, Freunde, Enkelkinder – sich mit ihrem Tee vor den Fernseher verzogen hatte, kam ich früher wieder zurück in dieses Haus, weil ich ein bisschen für mich sein wollte. Dann klaubte ich mir den Schlüssel aus der Briefklappe und ging durch den braunen Flur, vorbei an dem Weihwasserbecken in das kleine Zimmer, wo die Tischdecke schon zum Ausbreiten gefaltet auf der Tischkante lag, Mutters Schürze an der Tür hing, die Latschen ordentlich nebeneinander unter dem Schaukelstuhl standen und an der Wand die Kuckucksuhr tickte. Ich stand inmitten dieser viel sagenden Stille und ahnte, dass diese Familie genau wusste, wo was liegt und immer schon gelegen hat – dieses Nippesstück, jenes Tablettenfläschchen, Lilys Börse, die Karte mit Papst Pius. Am Anfang rührte es mich. Dann fühlte ich mich als Fremde darin.

Besonders eines Abends beeindruckte mich die Höflichkeit der McCaffertys. Um 1994 gab es in der Guildhall eine Diskussion über Feminismus und Nationalismus zwischen Bernadette MacAliskey und mir, bei der es unentschieden stand. Die Halle war brechend voll mit Anhängerinnen von MacAliskey, die hinter mir auf dem Podium auf und ab strich, kleine, harte Papierkügelchen gegen meinen Rücken schnippte, während ich sprach, und dadurch das Publikum immer mehr anstachelte. Ich sagte, dass es dem Feminismus um die Weiterentwicklung von Menschen ginge und er deshalb mit dem Töten von Menschen unvereinbar sei. Ich sagte, dass der bewaffnete Kampf einer der Gründe dafür sei, dass es keine gesamtirische Frauensolidarität gäbe. Dass die Frauen aus dem Süden meiner Meinung nach wenig oder gar kein Mitgefühl mit den nordirischen nationalistischen Frauen hätten. Dass die Männer von Sinn Féin nur eine andere Spielart jener nordirischen Patriarchen waren, die Frauen unterdrückten. Dass die Frauen, die von Tee und Keksen lebten, ihren Männern die Steaks ins Gefängnis brachten, die das auch, ohne mit der Wimper zu zucken, annahmen. Ich bereue diese letzte, unsensible Bemerkung heute bitterlich. Aber ich ertrug es, von Bernadette und anderen feurigen Rednerinnen aus dem Publikum angegriffen zu werden. Auf meinem Weg aus der Guildhall wurde ich angespuckt.

Es tat mir wahnsinnig gut, dass die McCaffertys so taktvoll

waren, als ich zurück zu dem kleinen Haus kam. Sie verstanden nicht, warum ich so war, wie ich war, genauso wenig, wie ich sie verstand. Wir waren von so unterschiedlichen lebensgeschichtlichen Erfahrungen geprägt. Trotzdem waren sie nie selbstgerecht, und nie richteten sie über mich.

Nell und ich waren fast nie einer Meinung, besonders nicht, wenn es um irische Politik ging, und nach einer Weile sprachen wir kaum noch darüber, aus Angst, uns zu streiten. Es kamen nicht viele Leute zu uns. Wir redeten zu Hause nicht viel. Nach und nach kam es mir selbst so vor, als hätte ich die Fähigkeit verloren, überhaupt natürlich zu reden. Zuerst bemerkte ich es nicht. Ich mochte es, nicht zu reden. Aber als ich die Chance bekam, bei den *Booklines* zu arbeiten, entdeckte ich, dass ich völlig eingerostet war, was eine ganz normale Kommunikation betraf, und dass ich richtiggehend üben musste, wie man in einen Raum kommt, wo das Produktionsteam ist, und wie man mit ihnen spricht, weil ich vergessen hatte, wie man sich in einer Gruppe benimmt. Manchmal kam ich heulend vor Wut raus, weil ich wieder etwas falsch gemacht hatte – zu laut gewesen war oder zu zickig oder zu schnodderig. Ich war lächerlich empfindlich gegenüber den Verletzungen durch andere und nicht empfindsam genug, um zu merken, wenn ich andere verletzte. Ich wusste kaum, wie man einfach ruhig dasitzt und das Gespräch dahinplätschern lässt.

Im Ausland schwätzten wir über die banalsten Kleinigkeiten des Tages. Wir wanderten in einem warmen, regnerischen Mai von Volterra nach Siena. Wir stellten uns unter tropfende Bäume, während die Blüten der Mohnblumen den Regen so aufsogen, dass sie einknickten, und die großen Tropfen die Veilchenbeete glitzern ließen. Abends versuchten wir, unsere Stiefel mit dem Föhn zu trocknen. Eines Tages kamen wir in einem leuchtend grünen Tal voller Wiesen an einen Fluss. «Benutzen Sie die Trittsteine ans andere Ufer» stand auf einem

Schild, aber der Regen hatte den Fluss so anschwellen lassen, dass keine Trittsteine mehr zu sehen waren. Wir zogen unsere Stiefel und Hosen aus und wateten in Turnschuhen rüber, sogar unsere Unterhosen waren klatschnass. In diesem Aufzug kletterten wir auf der anderen Seite durch das nasse Gestrüpp, bis wir in ein Dorf kamen: zwei halb nackte Frauen mittleren Alters mit blau gefrorenen Beinen voller Gräsersamen und Blätter, die sich ausschütten wollten vor Lachen. An diesem Abend quetschten wir uns zu zweit in eine volle Badewanne und konnten nicht aufhören zu lachen, bis wir nur noch hilflos prusteten.

Auf Reisen machte es nichts, wenn wir wenig miteinander redeten. Wir lasen. Wir lasen zur gleichen Zeit dieselben Taschenbücher – ich las schnell voraus und riss für Nell die Seiten raus, die ich schon gelesen hatte. Ich erinnere mich an Opatija – dort waren wir von Triest aus mit der Fähre hingefahren wegen einer Geschichte von Nabokov, die ich einst geliebt hatte – wir saßen in unserem heißen, kleinen Zimmer hinter dem metallenen J des Hotel-Opatija-Zeichens und reichten uns feierlich die Seiten eines Kitschromans namens «The Rich and the Beautiful» hin und her. Wir lasen die ganze Zeit, auch bei den Mahlzeiten. Wir lasen die lokalen Zeitungen und Schulbücher für Kinder und, wenn nichts anderes da war, französische Krimis, die irgendjemand zurückgelassen hatte. Meine schönste Erinnerung an uns beide: Wir lesen – die eine in einem kleinen Bett unter der Schräge eines Mansardenholzdachs, die andere in einem kleinen Bett, in einen Alkoven eingeklemmt. Wir sind in einem Bed-and-breakfast in Bergen, unsere erste Nacht in Norwegen. Wir sind an diesem Abend im späten September in weichem Dauerregen durch die menschenleere Stadt gelaufen. Wir waren nicht die Reichen. Wir standen draußen vor einem Restaurant und beobachteten durch die Scheiben, wie die Leute eine Flasche Wein an ihren Tisch bringen ließen.

«Mindestens zwanzig Pfund», seufzten wir. Wir hatten chinesisch gegessen und Tee getrunken. Nun saßen wir in unseren Betten, hörten den Regen aufs Dach trommeln und sahen ihn die kleinen Mansardenfenster runterfließen. Warm und vertraut, hatten wir unsere irischen Sorgen vergessen. Und waren von kleinen Lampen umgeben. Die Hausbesitzerin schien ein Faible für Lampen zu haben. Wir machten sie alle an, und so war es, als segelten wir in unserem regensingenden Dachgeschoss voller Lichter und Schatten durch die Nacht.

Und, hast du vom Leben bekommen, was du wolltest?
Ja.
Und was wolltest du?
Dass ich sagen kann, ich wurde geliebt, und mich geliebt fühlen kann auf Erd.
Raymond Carver, «Late Fragment»

Ich hätte diesen Bericht über mein Leben nicht ablegen müssen. Ich weiß nicht, warum diese Geschichte darauf bestand, dass ich sie erzähle. Vielleicht wurde irgendetwas in mir durch einen spektakulären Mordprozess ausgelöst, in dem die Schwester des Angeklagten aussagte und die Brutalität schilderte, der ihr Bruder in seiner Kindheit ausgesetzt war: er sah seinen Vater, wie er der Mutter die falschen Zähne rausschlug, wie die Mutter versuchte, aus dem Auto zu entkommen, und wie der Vater sie unentwegt schlug. Seine Mutter – die bis zu ihrer Heirat ganz in Ordnung war – brach irgendwann zusammen. Mutter und Sohn schlossen sich so eng zusammen, dass sie ihn zur Schule brachte und so lange im Flur stehen blieb, bis er sie gehen ließ.

Für die Zeitungen war das alles nicht interessant. Es war ja doch nur eine weitere gescheiterte irische Familie. Aber mich erinnerte dieser Prozess an meine eigenen Sorgen und meine Wut und an meine zwei Brüder in England, denen die Kindheit ebenso geraubt worden war wie diesem Mörder. Aber vielleicht ist das auch nur Einbildung. Weihnachten stand vor der Tür, und vielleicht lag es daran, dass ich zum ersten Mal daran dachte, etwas über mich selbst zu schreiben. Zu Weihnachten werde ich leicht von Gefühlen überwältigt. Und dieses Weihnachten war das erste, das ich allein verbringen sollte. Ganz allein. Es gab noch nicht mal irgendeinen Menschen, der durch besondere Umstände davon abgehalten wurde, die Feiertage mit mir zu verbringen. Seit Nell und ich uns getrennt hatten, gab es keinen solchen Menschen mehr. Natürlich war ich nicht völlig allein; ich telefonierte mit meinen Geschwistern, und andere Leute riefen mich an. Aber es war niemand nur für mich da. Eine Frau um die fünfzig. Ich musste dieser Tatsache ins Auge blicken. Es war nicht so, dass ich unglücklich war. Aber ich dachte immer wieder – manchmal überrascht, manchmal nüchtern, manchmal panisch: «Du bist allein. Du bist allein.»

Was war geschehen?

Ich weiß, dass das keine Tragödie ist. Am Weihnachtsmorgen war ich in Clare und fuhr die Küste hoch, um einen Freund zu treffen, der mich nach Ballyvaughan mitnehmen wollte. Ich wollte über den Burren zu meinem Auto zurücklaufen. Plötzlich hörte ich mich selbst im Radio. Ich hatte einen Beitrag für die Morgensendung aufgenommen über das wunderschöne Licht und die Farben an dem Weihnachten meiner Kindheit – und wie dieser Zauber seitdem für mich über den Worten «und das ewige Licht leuchte ihnen» lag. Und so war es. Aber mein schönes Patenkind starb, als es acht war. Ich stelle mir vor, wie es von irgendwelchen goldenen Strahlen gehalten wird. Und das Wort «ewig» bedeutet, dass es für immer in dieses Licht gegangen ist. Für alle Ewigkeit. Sein Leiden, seine sinnlose Tapferkeit – alles umsonst. Was es durchgemacht hatte und der Verlust, als es starb – das ist eine Tragödie. Ich dachte an meinen Bruder, der vor langer Zeit zu mir nach London geschickt worden war (es vergeht kein Weihnachten, an dem man nicht an die Familie denkt). Heute ist er ein erwachsener Mann, der sein eigenes Leben lebt. Aber ich sehe das leidende Kind in ihm. Er beendete einen Brief an mich, in dem er über die Leiden seiner Kindheit schrieb: «Ich klage keinen an und hasse niemanden. Nur mich selbst.» Nur sich selbst. Das ist eine Tragödie. Und er ist nur einer der Iren, die aus England gestolpert kamen, sich die Augen rieben und fragten, ob man die Vergangenheit wohl ungeschehen machen könne. Und die Welt – ein paar Wochen vor Weihnachten war ich aus Manila zurückgekommen, wo ich über Sextourismus und missbrauchte Kinder recherchiert hatte. Ich war noch immer ganz gefangen davon.

Ich weiß verdammt gut, dass ich in so einer Welt kein Mitleid verdiene. Und ich verplante den Tag, um jedes Selbstmitleid im Keim zu ersticken. Aber warum sollte ich das, was falsch in meinem Leben lief, unterdrücken? Außer mir glauben Millionen und Abermillionen von Menschen, dass man zur eigenen Vervollkommnung einen anderen braucht – und dass man zusammen das Beste aus der Welt und sich selbst herausholen kann. Vor nicht allzu langer Zeit war ich in Holland und fuhr mit dem Zug zu einem Freilichtmuseum, mit Enten und Apfelbäumen und alten Fischerhütten. Plötzlich wurde mit einer seidigen Brise allerfeinster Regen über den Platz gesprüht. Ich will mit jemandem zusammen sein!, schrie ich innerlich auf. Es ist lächerlich, alleine durch Freilichtmuseen zu gehen.

Ich bin so knüppelvoll mit Erfahrung, dass es nun zu spät ist, sie zu teilen. Bis ich Nell traf, hatte ich niemanden, mit dem ich mich über die Welt wundern konnte. Einmal war sie auf einem Waldweg oberhalb von Glendalough hinter mir zurückgeblieben. Als ich zurückging, stand sie bewegungslos mit offenem Mund da und beobachtete einen Vogel, der eine Schnecke auf einen Stein schlug, um sie aus ihrem Haus zu lösen. In Paris fanden wir die Türschwelle, auf der das Baby Edith Piaf geboren wurde. Nell ging wie ein Kind rückwärts die Straße runter, sie konnte sich nicht losreißen von diesem Ort. Ich erkannte Dinge durch die Intensität, mit der sie in ihr aufgingen.

Wie tapfer doch Witwen und Witwer sind! Wie erfinderisch Menschen sein können und wie viele Geheimnisse sie mit sich herumtragen. Diese Sehnsucht, etwas mit einem anderen Menschen zu teilen, hat nichts mit Sex zu tun. Aber mit Gestaltung. Selbst das, was «zusammen» bedeutet, ist ein Mysterium. Im letzten Herbst war ich in einem Dorf in den Pyrenäen. Es war ein kleiner, ruhiger Ort. Abends spielten ein paar Jungen und Mädchen auf dem Kirchplatz Federball. Sie spielten auch noch, als die Dämmerung anbrach, unter sanften Zurufen, so lange, bis es zu dunkel wurde und man den leuchtend weißen Federball nicht mehr erkennen konnte. Dieses Erlebnis wäre nicht anders gewesen, wenn noch ein Mensch mit mir aus dem Hotelfenster geguckt hätte. Aber es wäre perfekt gewesen: hier wir, da das Geschehen. Stattdessen war etwas Zerbrochenes an meiner Seite, etwas von mir selbst, das wusste, dass mein einsames Selbst diese schöne Szene beobachtete.

Wenn ich mit dem befreundeten Paar zusammen bin, das zu meinen engsten Freunden zählt, höre ich sie im Bett lachen und reden und manchmal steht einer von ihnen mitten in der Nacht auf und macht Tee, und wenn es schon auf den Morgen zugeht, dann fangen sie wieder an, miteinander zu reden.

Und ich? Was ist mir widerfahren?

Ich hatte meinen Weihnachtstag umsichtig geplant. Ich machte mir Luxus-Sandwiches mit Schinken und Avocado, packte eine Thermoskanne voll Kaffee für mich und eine Flasche Wasser und einen Karton mit Gourmet-Hundefutter ein für Mollie, meinen Colliemischling. Als mein Freund uns an dem Weg rausließ, der um den Hügel oberhalb von Ballyvaughan herumführt, hüpfte und sprang der Hund in eine Landschaft, die vor Frost knisterte und strahlend in der Wintersonne leuchtete. Man kann gar nicht anders als von ganzem Herzen dankbar sein für einen so breiten blauen Himmel und ein so hinreißend funkelndes Tal. Wie klug von mir, hierher gekommen zu sein. Aber so ganz traute ich meiner Klugheit doch nicht. Was lässt mich so vernünftig sein?, dachte ich. Werde ich dieses positive Getue aufrechterhalten können? Was wird nächstes Jahr sein?

Was machte meine Zufriedenheit eigentlich so fragil? Ich habe hier zu verstehen versucht, wie die Dinge in meinem Leben gelaufen sind. Und obwohl es meine persönliche Geschichte ist, enthält sie doch auch einige allgemeine Aussagen. Mit den Herausforderungen des Älterwerdens und den Herausforderungen der Einsamkeit – die es bekanntermaßen auch in Beziehungen gibt – bin nicht nur ich konfrontiert; genauso wie der Ort, an dem ich aufgewachsen bin, und die Einflüsse, denen ich unterworfen war, mehr Menschen als nur mich betreffen. Die Lehrer sagten immer «Miss Zettelkasten! Du bist nichts weiter als ein Zettelkasten!» Wenn Erwachsene Kinder zurückpfeifen und ihnen erzählen, sie sollen nicht die Aufmerksamkeit auf sich ziehen, was machen die Erwachsenen dann eigentlich? Warum wollen sie, dass die Kinder ruhig sind und weggehen?

Allein stehende Frauen mittleren Alters sollten sich nicht so wichtig nehmen. Wer interessiert sich schon für sie? Wenn sie niemanden haben, der sie braucht? Wenn sie niemandes Mutter sind? Niemandes Ehefrau? Niemandes Geliebte? Wenn sie nicht berühmt oder stark sind? Meine Probleme sind nur deshalb banal, weil so viele Menschen sie haben.

Die Zeit und die Kultur, in der ich aufwuchs, lehrten mich, dass es irgendwo in der Schöpfung einen anderen Menschen gibt – meine andere Hälfte –, der auf mich zukommt. Dieser Mensch würde mich irgendwann erblicken. Aber eine Frau, die das Alter einer möglichen Sexualpartnerin hinter sich hat, wird kaum wahrgenommen. Sie verwandelt sich in eine Silhouette. Niemand guckt sie genau an. Sie kann eine «Type» werden – in Irland sowieso. Aber aufmerksam beobachtet zu werden, weil man jederzeit einen Witz reißen könnte, ist geradezu eine Parodie zu der Beachtung, die man erfährt, wenn man begehrenswert ist. In einem Zug in Kalifornien traf ich zwei ältere Damen am Anfang einer langen Reise. Sie befanden sich ganz offen, um nicht zu sagen ausschließlich, auf der Suche nach einem Ehemann. In Irland darf man, wenn man ein bestimmtes Alter überschritten hat, von Liebe nicht mehr sprechen.

Dabei lehrt einen das Leben selbst, die Liebe mehr und mehr zu schätzen. Menschliche Liebe, wenn man sie kriegen kann. Wenn nicht, muss man hoffen, dass man von einer anderen Liebe durchgebracht wird – von der Liebe zu einem Haus, einem Garten, einem Land oder zu einem Job, in dem man immer besser wird, oder zu Geld, oder zu Tieren. Aber wie kann man all dies mit der Liebe zu einem Menschen vergleichen?

Durch die Hündin werde ich weich. Sie konnte ihr Glück an diesem Weihnachtstag kaum fassen. Sie rannte vor mir her, drehte sich geduckt um, schaute mich in ihrer milden und hoffnungsvollen Art an, um herauszukriegen, ob es weiterhin bei dieser himmlischen Aktivität blieb. Wir liefen unterhalb des Hügels hinter Newton Castle lang, kletterten dann auf dem kleinen Weg hoch zum Hügelkamm, wo ein altes Fort ist, und saßen inmitten von glitzernden, vereisten Steinen und machten ein Picknick. An dem Abend schaute ich mich in meinem Zimmer um: Molly lag fest schlafend auf dem Rücken, ihre Beine staken gerade in die Luft, ihr rosa Bauch war schutzlos dargeboten: Hodge, die Katze, starrte regungslos in die Flamme der Weihnachtskerze. Ich liebe diese Tiere mehr, als ich sagen möchte. Aber es sind keine Kinder.

Rob hat ein Kind. Er rief mich über die Jahre von Zeit zu Zeit an, meistens dann, wenn jemand gestorben war, den wir beide kannten. «Ich konnte nicht zur Beerdigung, weil ich meinen Sohn von der Schule abgeholt habe», sagte er. Oder: «Ich hab ihn zuletzt gesehen, als ich mit meinem Sohn Fahrrad gefahren bin.»

Als ich letztes Jahr in London war, bat er mich zum Mittagessen. Ich wollte ihn noch einmal sehen, solange ich noch meine eigenen Zähne im Mund hatte. So fuhr ich zu ihm, und wir plauderten in der großen Küche, während er sich fertig machte. Freunde kamen vorbei und er öffnete ein paar Flaschen Wein, dann kam seine Frau von der Arbeit und begrüßte jeden herzlich, und schließlich hatte niemand mehr Lust, wieder arbeiten zu gehen. Irgendwann verständigten sich Rob und seine Frau mit einem Kopfnicken und schnell gemurmelten Worten über die häusliche Organisation, und sie verschwand. Ich sah, dass Rob die Tür im Auge hatte. Dann veränderte sich plötzlich die Atmosphäre im Raum. Im Flur stand ein kleiner blonder Junge in abgewetzter Schuluniform. Er schickte seinem Vater einen flehenden Blick, uns nicht alle begrüßen zu müssen. Dieses Wesen, das dringend darauf wartete, nach oben vor den Fernseher zu sausen, war von einer anderen Welt als wir. Sein Kopf, sein weiches Haar, die schlecht geknotete Schulkrawatte um den dünnen Hals: je länger man ihn anschaute, umso mehr verstand man, warum ihn sein Vater in jedem Satz erwähnen wollte, warum er immer sagen musste: «Mein Junge, mein Junge.» Er teilte uns flüsternd, aber siegesgewiss mit, dass Arsenal den Pokal holen würde. Dann nickte ihm sein Vater zu und er stahl sich davon.

Die meiste Zeit meines Lebens wäre ich sicher eine schlechte Mutter gewesen. Aber heute wäre ich eine gute Mutter. Zu spät. Manchmal muss ich bei kleinen Kindern weggucken: wie sie auf der Stelle hüpfen, wenn die Mutter ihnen ihren kleinen Anorak anzieht oder wie sie vor mir im Bus ihre Nasen an die Scheiben pressen und mit sich selbst reden. Dann sind sie so wundervoll, dass ich sie nicht ertragen kann. Aber ich sehe auch, was ihnen angetan wird. Einmal sah ich am Strand einen Vater, der seinen entsetzlich verängstigten Sohn ins Wasser baumeln ließ und ihn in die Wellen tauchte. Nach solchen Erlebnissen, wenn ich sowohl von meiner eigenen Feigheit wie von Mitleid und Wut erschöpft bin, möchte ich nicht mehr auf der Welt sein. Aber meistens meldet sich dann meine Lebenskraft zu Wort.

Wenn die Welt auf Frauen mittleren Alters schaut, spricht sie über sexuelle Frustration. Aber was ist eigentlich so frustrierend? Dass das Leben einer Frau von zwei hormonellen Gezeiten zusammengehalten wird und in der Lebensmitte irgendwann Ebbe ist und die Frau am Strand hin- und herrennt, um nach der Flut Ausschau zu halten? Weil die Kinder in einem aufschreien, die man nicht bekommen hat? Aber es fühlt sich nicht nach einem Abschied an, es fühlt sich eher so an, als verlange der Körper nach einem Neuanfang. Ohne nachzudenken, sagen die Leute manchmal: «Ach, was die braucht, ist Sex.» Es wäre eine nette Ablenkung. Aber die Sehnsucht ist sowohl im Kopf und im Herzen wie im Körper.

Aber im Körper kommt sie zum Ausdruck. Vor einiger Zeit schrieb ich den Anfang von etwas, das ich «Roman» nannte. Es waren nur ein paar Zeilen:

«Manchmal, wenn sie nachts aufwacht und sich streckt, gleiten ihre Hände an ihren Brüsten entlang, und bevor sie sie woandershin führen kann, ist sie erschrocken über deren Zartheit. Dann sieht sie von oben auf sich selbst herab. Eine Frau mittleren Alters unter einem Federbett auf der Oberfläche des sich drehenden Planeten, die ihr Gesicht mit dem Schmerz eines einsamen Körpers in die eigene Schulter presst. Vor Scham kneift sie ihre Augen zu, als ob jemand ihr Aufstöhnen hören könnte. Manchmal streicht sie mit den Händen an sich entlang, streichelt den Bauch und reibt ihre Schenkel mit ihren nutzlosen Händen. Um ihre Hüften liegt ein Fettgürtel. Aber sie ist immer noch gelenkig. Ich bin immer noch eine Frau, sagt sie. Benutze mich! Finde jemanden, der mich benutzt. Oder lass mich ganz schnell alt werden!»

Ich glaube, sie fleht nicht einfach um körperliche Aufregung, sie möchte nur nicht unsichtbar werden – zumindest nicht für Gott.

Die Erinnerung an das Verschmelzen mit einem anderen Menschen, die Erinnerung an das Loslassen des Selbst – das ist es, was ich vermisse. Vor drei oder vier Jahren sah ich Liebe, wo ich ging und stand, überall. Ich sah ein gut aussehendes Touristenpaar mittleren Alters – vielleicht Italiener –, die bei einem Regenschauer, der über der Nassau Street runterkam, lachend, Arm in Arm, in weißen Regenmänteln zu laufen begannen. Ich sah einen Kollegen meines Alters, wie er seiner gleichaltrigen Frau einen Kuss auf den Kopf drückte, als sie darauf warteten, den Eden Quay zu überqueren. Ich wollte jemanden, der mich kannte, als ich jung war, der die Spuren des Alters in meinem Gesicht mit zärtlicher Vertrautheit zurückverfolgen konnte. Und genauso wollte ich verrückt nach jemandem sein. Ich wollte mehr Zeit! Und ich wollte, dass Zeit bedeutungslos wird, so, wie es mal war!

Zeit. Ich notiere jeden Tag die körperlichen Details des Älterwerdens. Die transparenten Wucherungen in meinem Nacken. Das erste weiße Haar in meinen Augenbrauen. Pigmentflecken auf meiner Taille, die ich nie wieder der Sonne aussetzen werde. Ich kenne Leute meines Alters, die sich sehr um ihre Eltern kümmern. Nichts, was sie für sie tun können, ist ihnen zu viel. Wenn meine Mutter alt geworden wäre und wenn ich sie hätte lieben können, könnte ich dann heute meinen eigenen, älter werdenden Körper lieben? Wie schafft man das?

Wie kann man sich selbst überreden, sein Schicksal zu akzeptieren? Ich war so glücklich wie jeder im Land an Weihnachten, und ich wusste es. Der Hund und ich rutschten und schlitterten den vereisten Weg vom Hügelkamm herunter, überquerten den dahinrauschenden Fluss im Tal und gingen dann durch knirschenden Schnee auf der anderen Seite hinter den verfallenen Mauern und im Schutze der Bäume wieder bergauf. Wir brummten vor Energie in dieser herrlichen Luft. Wir hatten die Hälfte des Weges geschafft. Wie ich. «Nel mezzo del camin.» Und als die Nacht hereinbrach und wir zurück in der Hütte waren, schichtete ich den Torf aufeinander. Ich kitzelte das kleine, zusammengerollte Samtkissen namens Hodge und weckte ihn. Ich machte den Wein auf. Meine Nachbarn sahen, dass bei mir Licht war, und schickten ihre Tochter mit dem in Trockentüchern eingewickelten Weihnachtsessen rüber. Ich hatte mir fürs Essen eine Henry-James-Erzählung aufbewahrt, die ich noch nicht gelesen hatte. Tatsächlich gab es niemanden auf der Welt, mit dem ich jetzt lieber geredet hätte, statt «Madame de Mauves» zu lesen. Es war warm. Wenn ich bei der Weihnachtsmusik im Radio weinte, dann war sie ja schließlich auch dafür gemacht. Und ich war schläfrig; deshalb waren wir so lange gelaufen. Ich hatte alles. Ich musste mich nur noch selbst davon überzeugen, dass ich nicht bedauernswert war, weil ich allein war. Und dass nichts verkehrt daran war, so viel zu haben.

«Ich will so nicht leben!», hatte ich Nell einmal bei einem Streit angeschrien. «Ich will leben wie Colette!» Sogar in der dicksten Krise mussten wir lachen. Ich bin keine Colette. Aber ich sehne mich danach, jetzt, wo ich es so dringend bräuchte, ein klein bisschen von ihrem Lebenstalent zu haben. Colette war um die siebzig, als sie schrieb: «Die Liebe, einer der großen Allgemeinplätze des Lebens, verlässt mich langsam. Mutterinstinkt ist ein anderer Allgemeinplatz. Wenn wir einmal beides hinter uns gelassen haben, merken wir, dass der Rest bunt und bewegt ist. Aber wann und wie man all das hinter sich lässt, entscheidet man nicht selbst.»

Ich kann nicht (noch nicht, noch nicht) darin mit ihr übereinstimmen, dass das Leben ohne Liebe «bunt und bewegt» ist. Das neue Genre der Literatur von und für Frauen mittleren

Alters besteht auf den Freuden des postklimakterischen Zustands. Wir sollen freundliche Hexen werden. Aber mir sagt das nichts. Vor ein paar Jahren ging ich zu einer Lesung von Germaine Greer und hoffte, von ihrer Vision einer neuen Vitalität der Frau um fünfzig inspiriert zu werden. Der Veranstaltungsort war rappelvoll mit Frauen, die alle so erpicht darauf waren wie ich, jemandem zuzuhören, der etwas zu unseren biologischen und kulturellen Umständen zu sagen hatte. Es hat sich gelohnt hinzugehen, allein um einen Blick auf sie zu werfen, weil sie so gut aussehend und so überzeugt von sich ist. Aber wie Primadonnen es so an sich haben, hatte sie sich entschlossen, die Erwartungen zu enttäuschen, und hielt einen ziemlich langweiligen wissenschaftlichen Vortrag. Ich wünsche mir eine überzeugendere Prophetin. Ich möchte daran glauben, dass das Alter nicht zum Fürchten ist.

Glücklicherweise sind die Menschen im wirklichen Leben schon mit kleinen Dingen zufrieden zu stellen. Ich kann es an der melancholischen Sehnsucht erkennen, mit der sie die Tür öffnen, weil sie es sich gerade vor dem Fernseher gemütlich gemacht haben, oder an der Wissbegier, mit der sie im Zeitungsladen im Regal nach der neuesten Garten- oder Musikzeitung greifen und schon darin rumblättern, während sie an der Kasse anstehen. Die Menschen sind nicht immer in der gleichen Stimmung. Ich bin so oft glücklich wie nicht glücklich. Und was immer es sein mag, wonach ich mich sehne, es ist nicht Gesellschaft. Ich habe Yeats' «Company of Friends» in meinem Kopf. Ich habe imaginäre Gesellschaft, die so real ist, wie die Mädchen an der Kasse von Dunnes oder der Mann von nebenan, der zum Rauchen auf seine Treppenstufen kommt. «Bücherwurm» sagten sie immer in der Schule zu mir. Das ist richtig. Ich habe mich in das, was ich lese, «hineingewurmt», und niemand kann mich mehr herausschütteln.

Mit der Musik ist es gefährlicher. Sie kann mich überraschen, sie kann mich kriegen, bevor ich etwas dagegen tun kann. Vor allem die menschliche Stimme und besonders miteinander in Sextetten, Quartetten und Duetten verflochtene Stimmen. Stimmen, die einander anflehen, aufeinander ausruhen, miteinander spielen. Sogar in der Popmusik ist es der Gleichklang der Stimmen – Dolly Parton und Kenny Rogers, Sarah Brightman und José Carreras –, der bei mir etwas hervorruft. Ich lausche in einem Zustand, den Martin Amis das «Miasma der Altjüngferlichkeit» nennen würde, den Perlenfischern, Madame Butterfly, Rusalkas Flehen an den Mond, Gräfinnen, die vergangenen Lieben nachweinen. Dieser romantische Kommentar kommt aus der Kultur um mich herum, die mich berührt und mich zu ruinieren versucht. Das Trio am Ende vom «Rosenkavalier», wo die ältere Frau die Liebe aufgibt und ihre Arie von Hingabe und Entsagung singt, die sich dann mit den ekstatischen Zeilen Octavians und seiner neuen, jungen Liebe verbindet, wirft mich jedes Mal vor Kummer um, bis auf das eine Mal, als eine kleine, fremde Katze ihren Kopf ins Zimmer steckte. Die Katze tat nichts weiter, als aufmerksam hineinzuspähen. Aber es war so anders als die Musik, so hier und jetzt – es brachte eine so andere Welt in diese Welt menschlicher Gefühle und menschlicher Kunst –, dass es die Kraft der Musik relativierte.

An diesem Weihnachtstag hatte ich das, wovon ich lebte, aufmarschieren lassen. Gesundheit. Landschaft. Freunde. Essen und Trinken. Ein Buch und Musik. Und meinen Kater und meinen Hund. Diese kleinen Wesen retten mich viel unmittelbarer als nur durch ihre Gesellschaft, ihre Anmut oder weil sie amüsant sind. Sie haben mir das Maß gegeben, wie ich meine Eltern gerne geliebt hätte. Aber wenn ich an sie und an diese Tiere denke, mag ich meinen Vater und meine Mutter überhaupt nicht. Hodge sitzt ganz still und zusammengerollt und starrt mit schmalen goldenen Augen vor sich hin – eine winzige, aufgeplusterte Sphinx. Er hat einen Kopf wie ein Ball, einen Körper wie ein unförmiger Samttropfen, breite und unschuldige Pfoten und einen dicken Schwanz. «Mrkgnao», schreit er, wie der Kater in Molly Blooms Keller, wenn er Hunger hat. Er lässt sich in den Schlaf fallen und sagt ganz zart «Eck?», wenn er halb wach ist, «eck?» – «Schaff die Katze hier raus», ist alles, was meine Mutter oder mein Vater gesagt hätten.

Ich habe es immer als selbstverständlich hingenommen, dass meine Eltern so wenig Zärtlichkeit für uns übrig hatten. Aber ich akzeptiere es nicht mehr, wenn ich daran denke, dass sie auch für Molly keine Zärtlichkeit übrig gehabt hätten. Sie hätten gesagt: «Du erwartest doch wohl nicht, dass mich der Hund interessiert, oder?» Molly, die zu mir gerannt kommt, wenn ihr draußen irgendetwas Angst gemacht hat, egal wo ich stehe, ob am Spülstein oder am Herd, und schutzbedürftig ihren dünnen Körper gegen meine Beine presst. Und ich denke zum ersten Mal – lasse es zum ersten Mal zu, dass ich es spüre: Wieso haben sich meine Eltern nicht mehr um ihre kleinen Kinder gekümmert? Wieso haben sie sie nie auf den Arm genommen, sie nie getröstet? Wie konnte mein Vater seine wehrlosen Söhne mit seinem Uniformgürtel schlagen? Meine Hündin sammelt ihre Stöcke und Steine zwischen den Pfoten, wenn sie schläft, um sie zu bewachen. Diese Tiere haben mir zum ersten Mal gezeigt, wie man mit hilflosen Wesen umgeht. Wenn ich nach Hause komme, wartet der Hund manchmal drinnen vor der Tür. Der Kater kommt in den Flur geschlichen, wenn er den Schlüssel hört, richtet seinen kleinen Kopf zu mir auf, blinzelt mit seinen goldenen Augen und klagt jämmerlich. Wenn ich reinkomme, kann ich den Kummer in der Luft spüren, so wie es zu Hause in Clontarf war. Mammy erledigte ihre Einkäufe um die Mittagszeit, wenn sie dem Pub einen schnellen Besuch abstattete, um sich gegen meinen Vater zu wappnen, der am Nachmittag aufstand. Wir Kinder saßen machtlos zu Hause und mussten auf die Einkäufe warten. Wenn ich den Hund und den Kater quälen wollte, könnten sie gar nichts dagegen machen.

Ausgehen hilft. An jenem Weihnachtstag tat ich das, was meine Eltern auf Bray Head und auf Howth und in Inishowen gemacht haben, als sie noch jung und hübsch waren und ihre Welt noch in Ordnung zu sein schien. Ich saß auf einer Landzunge und hielt Ausschau nach der Welt. Der Hund und ich saßen gegen eine Mauer gelehnt und schauten uns wie Eroberer um bis zu dem Horizont, wo die Insel in einem schimmernden Nebelschleier von Meer und Himmel endete. Die türkisen Umrisse von Aran lagen ruhig am Horizont. Man kann immer irgendwo weitergehen. Jedes Mal, wenn ich von Dublin aus in Richtung Naas oder Maynooth oder Swords losfahre – um irgendetwas für mich herauszufinden, mich um niemanden als mich selbst zu kümmern, Radio an, Benzin im Tank und Geld in der Handtasche –, das ist das Beste, was es gibt. Mir ist das immer bewusst gewesen und ich bin voller Dankbarkeit dafür. Und ich frage mich oft, ob es Zufall oder das Unbewusste ist, dass ich genau das tue, was mein Vater getan hat. Er pflegte jede Woche zu verschwinden, um seine Seite für die *Sunday Press* zu schreiben, die «On the Road with Terry O'Sullivan» hieß. Und später, als er das «Dubliner's Diary» schrieb, blieb er auch nicht in Dublin. Er baute einfach die Veranstaltungen ein, auf denen er war: das Rose-of-Tralee-Festival, das Galway-Oyster-Festival, das Castlebar-Song-Festival. Dass die Referenten durch die Hotellobbys eilten, um ihn mit äußerster Servilität zu begrüßen, mit den Fingern schnippten, damit Terrys Tasche aufs Zimmer gebracht und ihm einer eingeschenkt wurde – er schien das zu brauchen. Aber trotz seines unpersönlichen Tons war er aus Liebe dort. Er liebte Irland maßlos. Und ich fahre jetzt die Ernte ein.

Und immer wieder gibt es etwas zu sehen. Neulich habe ich eine Kunstinstallation in einem verlassenen Haus oben auf einer ruhigen Straße zwischen Belturbet und Clones entdeckt, in jenem mysteriösen Landstrich, dessen Grenzen man nie ausmachen kann. Der späte Herbsttag, als ich da war, war still und braun. Das Haus war offen für wen auch immer. Mit klopfendem Herzen stieß ich die Tür auf und trat in die Stille der Räume ein. Der Künstler hatte die Küchenwand mit Schuhen tapeziert, getragenen Schuhen, in denen sich blauer Staub ansammelte. Die verschiedenen Kennzeichen der Schuhe – die ungleich abgelaufenen Absätze, die Ausbuchtungen der Zehen, die Risse, wo sich das Leder dem Fuß anpasst – gaben schmerzhaft echt Auskunft über Körper und Gewicht der Menschen, die sie getragen haben. Auf dem rohen Putz der Wände und den Treppen waren alte Briefumschläge und Kofferaufkleber von Emigranten. In einem Schlafzimmer waren Laken wie Segel aufgehängt. Die Riedgrasfelder draußen, die Binsen und Weidenbüsche und niemand dort ... Als ich das Auto anließ, ging eine Bachkassette an, und ich machte sie ganz schnell aus, weil diese Eleganz und Kraft nicht richtig ist. Nicht für dieses Irland. Aber ist es nicht wunderbar, dass das, was sich im Haus befand, geformt und kunstvoll war, nicht unzusammenhängend wie Leiden? Diese plötzlichen Verwandlungen passieren in Irland ständig; sie warten auf mich.

Ich gehe los und suche solche Sachen. Oder besser – diese Dinge machen sich selbst sichtbar. Ich möchte mich vielleicht an die Buntfenster von Chartres erinnern, aber dann erinnere ich mich viel besser an die klebrige Tischplatte eines Cafés neben dem Bahnhof. Ich war allein in Dubrovnik, als es ständig sturzbachartig regnete. Ich erinnere mich sehr gut daran, wie die Stadt aussah. Aber was ich wirklich sah, als ich an einer Bushaltestelle neben einem Stück Brachland wartete, war, wie der Regen in eine Pfütze vor mir hineinpeitschte. Ich fuhr einmal im Bus von Toronto aus nach Norden, in eine kleine Stadt. Ich verbrachte dort das Wochenende in einem der üblichen toten Hotels für Geschäftsleute – versiegelte Fenster, ein dunkles und leeres Restaurant, Muzak, nach Chlor stinkender Pool und ein oder zwei Typen, die schweigend an Fitnessgeräten pumpten. Die Stadt bestand aus zwei oder drei Straßen, ein Ort, der im neunzehnten Jahrhundert Siedlern und vor dem Krieg Farmern gedient hatte und heute keine Rolle mehr spielte. Das Wetter war öde und kalt. Ich hatte nichts zu tun. Aber ich fühlte mich in Ordnung, durch diese Straßen mit den kleinen, winterfest verschlossenen Häusern zu laufen. Der Ort hatte nichts Besonderes, aber er schien voller Bedeutung zu sein. Und manchmal hat etwas so viel Bedeutung, dass es einen wie ein elektrischer Schlag trifft – wie mein erster Besuch in Athen, als ich im Hotelzimmer die Fensterläden öffnete, und da flirrte vor mir, golden vor königsblauem Hintergrund, völlig überraschend der Parthenon. Vielleicht sind Orte für mich das, was Bücher für meine Mutter waren? Sie sind so voll von Überraschungen. Sie mildern mein Bedauern über all die nicht gelebten Leben.

Was da draußen ist, ist mein Gefährte. Was ich darüber schreibe, die Bestandsaufnahme unserer Beziehung. Der Ort, wo ich an jenem Weihnachtsnachmittag hoch über dem Atlantik saß, schien das fast zu illustrieren. Hinter mir, oben in dem Burren, passte nichts zusammen. Dort eine prähistorische Begräbnisstätte, da ein Dorf, das während der Hungersnot verlassen wurde, hier eine winzige Kapelle aus dem 12. Jahrhundert, dort ein heiliger Brunnen und ein Muschelhügel neben einer Kochstelle. Jedes Ding für sich ist diskret: sie sind nebeneinander und vom gleichen Material, aber verbinden sich nicht. So ist das Leben hier gewesen, das ich beschrieben habe. Es gab keine stetige Entwicklung, nur einzelne Momente.

Aber vor mir öffnet sich ein Ausblick: leer und unbeschreiblich weit. Zwischen einer Landschaft aus Stein und dem weiten blauen Raum – da bin ich.

Nachwort

So ging also ein Weihnachtstag zu Ende. Ein Weihnachtsfest später hatte dieser hier vorliegende Bericht meines Lebens – den ich nur für mich selbst als eine Art Klärung geschrieben hatte – alles verändert. Er selbst hatte die Leere gefüllt, die mit Sicherheit auf mich zugekommen wäre.

Und dann wurde dieses Buch auch noch auf Anhieb ein Bestseller. Mehr als ein Bestseller – irgendwie war es ein emotionales Ereignis im öffentlichen Leben Irlands. Manche von den Signierstunden in Buchhandlungen, an die ich im Traum nie gedacht hätte, liefen nicht wie eine literarische Veranstaltung ab, sondern eher so, als seien wir – die Menschen, die ihre Bücher signiert haben wollten, und ich –, alte Freunde. Nachdem ich im Fernsehen über das Buch geredet hatte, konnte ich eine Zeit lang nicht mehr durch Dublin laufen, ohne dass Leute aus ihren Autos sprangen, mich umarmten oder anhielten, um von sich selbst zu erzählen, oder mich baten, einen Moment zu warten, damit sie schnell mein Buch kaufen und ich meinen Namen hineinschreiben könnte.

Dieser Rummel hielt ein halbes Jahr an, bis mein Buch, nach zwanzig Wochen auf Platz 1 der Bestsellerliste, von einem anderen Buch verdrängt wurde. Es war Karfreitag, als ich in der Zeitung sah, dass mein Stern zu sinken begann – von diesem Tag an konnte ich endlich in mein Privatleben zurückkehren und in meinem unauffälligen Mantel die Straßen rauf- und runterlaufen und mir dies und das anschauen. Da hatte ich schon akzeptiert, dass etwas Außergewöhnliches passiert war. Mein Bericht, den ich Hals über Kopf geschrieben hatte, wurde wieder und wieder nachgedruckt. Aber was sich für mich verändert hatte, hatte nichts mit verkauften Auflagen zu tun. Dass etwas, von dem ich dachte, es sei rein persönlich, solche Bedeutung für andere Menschen hatte, das musste ich erst einmal verdauen.

Zwischen diesem Buch und den Menschen, die danach gegriffen hatten, war etwas passiert. Obwohl ich überhaupt nicht an die möglichen Leser gedacht hatte, als ich an meinem Küchentisch Wort für Wort aneinander gereiht hatte. Ich hatte nie eine Person vor Augen, die ein Buch mit meinem Namen darauf las. Aber die Leser wollten, dass ich sie wahrnahm. Sie schoben Zettel unter meiner Tür durch, schrieben Briefe an mich nach Hause oder an den Verlag. Hunderte und Aberhunderte von Briefen. Ja, sogar einen aus einer Trekkerhütte in Nepal. Aus Küchen und Schlafzimmern und Kaminsesseln, wo mir unbekannte Frauen und Männer die ganze Nacht – in gewissem Sinne mit mir – gesessen und mich gelesen hatten. Es kamen Briefe aus Trinidad und Australien und China und Chicago. Und aus Rom, von einem Jesuiten, den ich einst gekannt hatte, der mein Buch im Beichtstuhl zwischen den Beichten las.

Ich hätte eine solche Zuneigung nie für möglich gehalten. «Liebe» ist vielleicht der beste Ausdruck für das, was geschah. In dieser Osterwoche ging ich am Karfreitag aus der Innenstadt von Dublin nach Hause und kehrte in die altmodische katholische Kirche ein, an der ich jeden Tag vorbeikomme, um dem Christentum Respekt zu zollen, aber auch um einen Strich unter diesen Teil meines Lebens zu ziehen. Man kann in diesen riesigen Kirchen gut nachdenken, die bloße Gehäuse sind, wenn sie nicht vom Glauben der Menschen erfüllt werden. Ein Priester übte mit ein paar giggelnden kleinen Jungs eine Zeremonie: Die Kerzen werden nach dort hinausgetragen, jetzt nimmst du das Buch, und du gehst hinüber hinter den Altar ... kirchliche Hausarbeit. Über ihrem Flüstern und Rascheln stand der Tabernakel offen. Gott war aushäusig. In der Unterwelt. Aber morgen würde er auferstehen und die Schöpfung mit seiner Liebe erleuchten. Ich versuchte, es mir vorzustellen. Geliebt werden. Jemand, der mich kennt, liebt mich so, wie ich bin. Genug, um für mich zu sterben. Ich versuchte, mir darüber Rechenschaft abzulegen, was mir von den Menschen angeboten worden war, wenn es nicht eine Art von Liebe war.

Eine Frau, deren Urteil ich fürchtete und der ich ein Exemplar des Buches geschickt habe – ich glaube nicht, dass sie es sonst gelesen hätte –, antwortete: «Ich habe keinen Zweifel daran, dass sich viele Menschen durch Ihren Lebensbericht besser fühlen.» Dieses distanzierte Urteil ließ mich schaudern. Aber ich erkannte, dass sie Recht hatte. Der Kummer, der sich in vielen Briefen vermittelte, und die warmen Gefühle mir gegenüber waren zwei Seiten der gleichen Medaille. Ein Brief wie dieser war typisch:

«Ich heiratete, und als er dreiunddreißig war, hatte er eine Affäre. Ich blieb bei ihm, weil ich kein Geld hatte und wollte, dass die Kinder beide Eltern hatten. Ich pflegte ihn fünf Jahre lang, weil er Knochenkrebs hatte, und jetzt bin ich allein. Sie sind einmal in der Nähe von Trinity auf dem Fahrrad an mir vorbeigefahren. Ich habe geflüstert: ‹Ich bewundere Sie so sehr.›»

So war es oft – ein knapper Lebensbericht und ein Lob auf mich, beides in einem Atemzug, vielleicht nur, weil die Schreiberin unfähig war, sich selbst zu loben. Aber dann dachte ich, vielleicht hat sie meine journalistischen Sachen gelesen, mich im Fernsehen gesehen und bewundert mich wirklich, und ich kann nur kein Lob vertragen. Manchmal erkannte ich, dass es das Irland am Ende des zwanzigsten Jahrhunderts war, das in Bewegung kam. Stimmen, die bisher geschwiegen hatten, waren bereit zu sprechen. Ich war ihnen nur ein Stückchen voraus – gerade genug, um als Vorreiterin zu gelten. «Ich bin eine siebzigjährige Großmutter aus County Armagh, die der Realität oder Traumwelt einer Alkoholikermutter ausgesetzt war, die begabt war und geliebt wurde. Seien Sie weiterhin so tapfer. Sie haben die Aufgabe, das auszusprechen, was wir, die wir uns nicht artikulieren oder von Hause aus zögerlich sind, fühlen und denken.»

Ein solcher Brief quälte mich. Sie projizierte auf mich den Mut, den sie selbst aufbringen müsste, wenn sie ihren Mund aufmachen würde. Aber mich hatte es gar nicht diesen Mut gekostet. Ich war nicht durch Enkelkinder in diese Gesellschaft verstrickt. Als ich meine Memoiren geschrieben hatte, entstanden in meinem Kopf immer wieder diese beiden Sätze: «Es wird ohnehin niemand lesen», und: «Was hab ich schon zu verlieren?»

Männliche Leser riefen lieber an, statt zu schreiben. Meistens riefen sie anonym an, nur um Kontakt zu suchen, erzählten mir nichts über sich selbst, obwohl manche lange, enthüllende Briefe schrieben über Alkoholismus, sexuelle Enttäuschung, Einsamkeit in der Ehe, Brutalität, die sie zu Hause und in der Schule erfahren hatten. Aber meistens waren es Frauen, die zu mir sprachen, als seien wir die besten Freunde. Sehr junge Frauen schrieben:

«... eine obskure Scham darüber, weiblich zu sein – was ich noch nicht mal wusste, dass ich es so empfinde –, löst sich langsam. Ich wünschte, ich könnte Ihnen dafür etwas zurückgeben. Alles, was ich anzubieten habe, ist Dankbarkeit.

P. S. Eigentlich habe ich doch mehr zu geben. Kennen Sie Alice Munros Bücher? Wenn nicht, würde ich Ihnen gerne eines schenken.»

Es waren besonders ältere Frauen, die reagierten. Sie hatten wie ich lange genug gelebt, um innezuhalten und sich zu fragen: «Was hat mir mein Leben gebracht?» Die Kadenzen der Briefe waren absolut überzeugend.

«Ich bin so närrisch, nach all den Jahren noch brennende Leidenschaft zu erwarten, aber die meisten von uns wären schon zufrieden mit der interessierten Frage nach unserem Befinden; doch das Einzige, was wir zu hören kriegen, ist: Was gibt's zum Essen? Ist das verdammte Essen fertig? Ist die Stromrechnung gekommen? Oder ob die Kinder nach Hause kommen, nicht nach Hause kommen, krank oder gesund sind, Geld machen oder verschuldet sind – aber kein Wort über mich, als Mensch, ob ich irgendetwas mochte oder hasste oder liebte oder an irgendetwas oder irgendjemand interessiert war. Nein, ich beklage mich nicht – ich gehöre noch zu den Glücklichen. Es tut mir Leid, dass ich meinen Namen nicht nenne, weil ich nicht so ehrlich bin wie Sie. Ich muss weiterhin zu dem euphorischen Haufen gehören – dieser unermesslich großen Zahl von glücklichen irischen Ehen –, vorwärts, christlicher Soldat. Noch einmal danke, danke für dieses Buch, Nuala. Jeder liebt Sie.»

«Jeder liebt Sie.» In jedem Brief standen Zeilen wie diese. Es war, als ob ich bei meiner eigenen Beerdigung war, wo Lobeshymnen auf einen angestimmt wurden. In diesen Monaten, als ich solche Briefe erhielt, habe ich oft geweint. Ich konnte die Großherzigkeit nicht verkraften, die in den Menschen war und nur auf eine Gelegenheit gewartet hatte, sich mitzuteilen. Aber ich war nicht wirklich erschüttert. Es war eher so, als ob jemand etwas offensichtlich Freundliches, aber in einer fremden Sprache gesagt hatte. In der Kirche erinnerte ich mich an das Ende eines Briefes, und ich musste wieder so weinen wie beim ersten Lesen.

«Sie sind eine gute Frau», schrieb jemand, «und Gott liebt

Sie nicht nur, er mag Sie auch.» – «O nein, tut er nicht», sagte ich zu mir selbst, «wo ist er, wenn er mich liebt? Wo ist die Liebe in meinem Leben?» Die steinernen Figuren um mich herum blieben stumm.

Es ist demütigend für mich, es zu sagen, aber die Wahrheit ist, dass ich Lover hatte. So hätte ich sie genannt, als es sie noch gab. Sie hätten gesagt, ich sei ihr Lover gewesen. Sie müssen das Buch gelesen haben. Aber ich bekam nicht einen freundlichen Gruß von einem meiner früheren Liebhaber – ein schlagender Beweis dafür, wie wenig liebenswert ich bin. Aus all der Leidenschaft ist kein einziger Freund hervorgegangen.

Trotzdem hatte mir die ganze Erfahrung gut getan. Ich hatte eine neue Lebenslust, auch wenn meine Welt immer noch sehr eng war und meine Gefühle voller Selbstmitleid waren. Aber mein altes Selbstmitleid, das konnte ich fühlen, hatte sich verwandelt durch die Reaktionen, die es hervorrief. Es hatte fremde Menschen so angesprochen, dass es zu einem Medium ihrer und meiner Erfahrungen geworden war. Es gab so vieles, worüber sie nicht hatten trauern können, bis sie mich um mich selbst trauern sahen. Es gab nichts mehr, was andere über mich sagen könnten, das ich nicht hätte ertragen können. Sogar Schweigen konnte ich jetzt ertragen.

Ich beantwortete jeden Brief. Manchmal traf ich mich auch mit Menschen, wenn mir die Worte fehlten. Ich traf mich mit einem älteren Mann, der das ganze Unglück seiner Brüder und Schwestern auf sich genommen hatte, die wie er im Waisenhaus aufgewachsen waren, nachdem ihre Mutter früh gestorben war. Aus jedem Satz seines Briefes sprach Schmerz – eine Litanei von verschwendeten Leben und herzzerreißenden Toden:

«Einmal besuchte ich eine meiner Schwestern, ein hübsches Mädchen, die wunderschön singen konnte, als sie jung war. Mit Anfang zwanzig war sie immer wieder in verschiedenen psychiatrischen Krankenhäusern gewesen, bevor sie nach London ging. Für ein unschuldiges Mädchen wie sie war das der letzte Ort auf Erden, und ich glaube, ein älterer Ire hat sie verführt. Das hat sie vermutlich an den Abgrund getrieben. Mein Vater und ich haben sie nach Hause geholt. Über fünfzehn Jahre hat sie in der geschlossenen Abteilung eines Krankenhauses verbracht, ohne Hoffnung, zerstört und ängstlich. Oberflächlich gesehen brachten meine Besuche nicht viel, aber einmal sagte sie: ‹Du bist der Einzige, den ich habe›, und so besuchte ich sie weiter und wünschte, dass sie schnell sterben und damit den Frieden finden würde, der ihr im Leben nicht vergönnt gewesen war.»

In dem Pub, wo wir uns auf einen Kaffee getroffen hatten, war dieser korrekte und adrette Mann sehr kontrolliert. Wir vermieden alles Konkrete. Anstatt über seine kranke Schwester zu sprechen, redeten wir über die Situation der psychisch Kranken in Irland. Wir sprachen über seinen Hund und über meinen Hund. Menschen sprechen nicht so miteinander, wie sie einander schreiben können. Dieselbe Zurückhaltung, die sie aufrecht hält, macht sie auch einsam.

Ich beantwortete die Briefe, auch wenn ich gar nicht wusste, was ich sagen sollte. Eine Mutter, deren Kinder schon aus dem Haus waren und deren Freundin und erste Geliebte sie verlassen hatte, schrieb:

«Nach dem Duschen, wenn das Handtuch fällt, streichle ich meinen warmen und weichen Körper. Aber nur bis sich meine Augen im Spiegel begegnen und mir das Herz schwer wird. Wird mir das auf Dauer reichen? Soll ich mir das wünschen?»

Wie sollte ich darauf antworten? Ich schrieb ihr: «Vielleicht wird etwas Wunderbares geschehen.»

Ein Mann schrieb mir aus einem Zimmer, in dem er die ganze Nacht aufrecht gesessen hatte: «Meine langjährige

Freundin, der ich vertraute und für die ich lebte, sagte vor einiger Zeit einfach: ‹Der Traum ist aus. Es ist vorbei.› Vertrauen, Aufrichtigkeit und Sexualität gehören zusammen. Wie kann ich meinen Lebenssinn wieder finden?»

Ich weiß es nicht. Auch ihm schrieb ich, dass etwas Wunderbares passieren könnte. Obwohl ich mir eingestehen musste, dass es mir nicht widerfahren war. Und dann wurde mir eines Tages bewusst, dass es doch geschehen war. Dass es diese Flut von Briefen war, in denen Menschen mir vertrauten. Sie waren «etwas Wunderbares».

Aber es nahm den Menschen nicht den Schmerz. Eine Frau, die Weihnachten allein verbrachte, schrieb mir:

«Mit dreißig fing ich ein Verhältnis an, das vier Jahre andauerte, eine wundervolle Zeit. Er ist verheiratet, hat Kinder, liebt seine Familie, und aus irgendeinem unerfindlichen Grund liebte er einige Jahre auch mich. Jetzt sehe ich ihn nicht mehr, liebe ihn immer noch abgöttisch und denke ständig an ihn. Mittlerweile kann ich die meisten Tage glücklich sein. Ich habe immer gekränkelt und bekomme regelmäßig Bluttransfusionen. Ich weiß, dass ich gut dran bin. Weil ich echte Liebe erfahren habe, kann ich jetzt alles ertragen.»

Ich weiß nicht, wie man angesichts solcher Verluste Trost spenden kann. Und was den Schmerz sexueller Einsamkeit angeht, scheinen die Menschen von allen Göttern verlassen und müssen allein damit fertig werden. Nichts fand ich in der Kirche, in der ich saß, das mir hätte helfen können, einer Frau zu helfen – die ich kaum kannte und die einst eine berühmte Schönheit gewesen war –, die mir zu einer Stelle in meinem Buch schrieb: «Heute Morgen stolperte ich wieder über Ihren Satz: Die Erinnerung an das Verschmelzen mit einer anderen Person ... Ich habe es niemals erlebt, Nuala. Seit ich mich erinnern kann, kreise ich ängstlich und einsam hinter meinen Barrieren aus Büchern und Plänen für das Haus und einem vierundzwanzigstündigen Radioprogramm. Ich habe Angst, in den Spiegel zu schauen, in dem ich meinen Vater, den Wahnsinn oder die Leere erblicke.»

Die Geschichten aus diesen Briefen haben in mein Leben Einzug gehalten. Sie wurden mir gegeben und ich bewahre sie auf, obwohl ich genauso wenig etwas an ihrem Leben ändern kann, wie die Leser meines Buches in mein Leben eingreifen können.

Als ich an jenem Karfreitag die Kirche betrat, glaubte ich, es sei nur ein Platz, wo man sich hinsetzen und nachdenken konnte. Wären die Pubs schon offen gewesen, hätte ich auch einen Frühschoppen nehmen können. Aber als ich mich in der Kirche umsah, erinnerte ich mich an all die Briefe und sah die violetten Tücher, mit denen die Bilder in der Karwoche verhängt werden, um an das Leiden Jesu zu erinnern. Was ist mit dem Leid der gewöhnlichen Menschen?, dachte ich. Wie viel wissen doch normale Männer und Frauen darüber, gekreuzigt zu sein! Kein Wunder, dass wir uns so anstrengen, nur um zu glauben, dass es einen Gott gibt, der uns liebt.

Eine Leserin sandte mir einen Vers aus einem langen Gedicht. Sie hatte es von einer Glückwunschkarte abgeschrieben. Ich rief sie sofort an und bat sie, mir das ganze Gedicht zu schicken. Sie schickte es noch am selben Tag und hätte mir ebenso gut Gold schicken können. Das Gedicht heißt: In the Wake to Home von Adrienne Rich. Ich zitiere nur Ausschnitte daraus:

Die Familienspirale   so verdreht, eng und locker
jeder, der versucht zu entrinnen
muss das Feld bombardieren
das Grundstück niederbrennen
Elternhäuser
Trugbilder   Erinnerung vernebelt die Küchenfenster

der Berufsverkehr draußen
hat die gleichen alten Gezeiten
Auf der Straße in der Dämmerung
ruft jemand nach dir
Nacht für Nacht   dann nie wieder
Nutzlos für dich, zu wissen,
dass sie versucht haben, was sie konnten
bevor sie für immer gingen.

Das Gedicht schien mir mehr sagen zu wollen als alles, was mir bis dahin gesagt worden war, als erzählte es die Wahrheit über bestimmte Kindheiten und als könnte es mir zeigen, wie ich auch meine annehmen konnte. Denn noch immer suchte ich nach meinen Eltern. Von den Briefen, die ich erhalten hatte, waren mir einige besonders wichtig, weil sie mich zu ihnen zu führen schienen, sie erkennbar machten, als hätte man Fotos von ihnen in einen Entwickler geworfen, die nun unscharfe Einzelheiten zutage förderten – hier ein Ellbogen, dort eine Schuhschnalle.

Ich konnte mir meine Mutter nie als Kind vorstellen. Sie hatte es selbst verdrängt. Ich wusste nicht einmal, dass ihr Name Caitlin war. Mein Vater nannte sie Katherine. Eine Frau, die mit ihr in der Volksschule gewesen war, schrieb mir:

«Ich kannte deine Mutter und liebte sie. Sie war unsere Anführerin in allen möglichen Bandenkriegen. Caitlin schrieb ein Theaterstück für Weihnachten. Es handelte von einem armen Wesen vom Lande, das die Woolworth-Cafeteria suchte – die erste, die es in der Stadt gab, damals in den dreißiger Jahren. Wir lachten uns kaputt bei dem Stück. Natürlich spielte Caitlin die Landpomeranze, und zwar perfekt mit Make-up und allem Drum und Dran. Wir müssen damals etwa zwölf gewesen sein. Ich habe dein Buch geschenkt bekommen, aber ich war so traurig wegen deiner Mutter, dass ich es nicht lesen konnte.»

Eine ältere Nonne schrieb mir. Sie war Mammys beste Freundin im Internat von Donegal gewesen. Dort hatte sich Mammy in ein älteres Mädchen verliebt. Ihretwegen flog sie von der Schule – ein Rauswurf, der sie ihr ganzes Leben traumatisierte. Die Nonne schickte mir ein vierundsechzig Jahre altes Foto von einem Mädchen – meiner Mutter – in ihrer Schuluniform – und ich erkannte sie kaum darauf. Es war das einzige Foto meiner Mutter als junges Mädchen, das ich je gesehen habe. Die Nonne hatte mein Buch «bei einem Sandwich und einer Tasse Kaffee im Café angefangen. Obwohl ich so hungrig war, ließ ich das Sandwich zurück und ging zu meinem Auto, wo ich für mich sein konnte – so traurig war ich.»

Meine Mutter sei so erschreckend intensiv gewesen, schrieb mir die Nonne. «Als Caitlin erst einmal Feuer für das schöne Mädchen aus der sechsten Klasse gefangen hatte, konnte ich ihre Leidenschaft auch mit meiner Bodenständigkeit nicht mehr bremsen. Du kannst dir denken, wie ihre Phantasie außer Rand und Band geriet, wenn sie Stift und Papier zur Hand hatte! Eine Nonne fand einen schmutzigen Wäschesack voller Notizen am Fußende ihres Bettes. Es waren diese Meisterwerke, die zu ihrem Rauswurf führten. Sowohl das Mädchen aus der sechsten Klasse wie auch Caitlin wurden nach Hause geschickt. Caitlin riss auf dem Weg nach Hause aus und wurde in Belfast aufgegriffen. Das Schicksal deiner Mutter brach mir das Herz. Sogar rückblickend waren wir doch bloß unschuldige naive Teenager – wahnsinnig romantisch, aber nicht mehr.»

Ich erinnere mich nicht daran, dass Mammy Belfast jemals erwähnt hat. Aber sie kann es nicht vergessen haben. Niemals.

Eines Abends, lange nachdem ich diese Briefe erhalten hatte, hörte ich auf meinem Anrufbeantworter die Stimme einer alten Dame, unsicher und langsam – nicht daran gewöhnt, Nachrichten zu hinterlassen. «Hallo? Hallo?», sagte die Stimme. «Bin ich bei Nuala? Ich möchte Nuala sprechen. Ich war in der sechsten Klasse, als deine Mutter in der Schule war – diejenige, derentwegen sie so viel Ärger hatte. Ich möchte Sie unbedingt treffen, weil ...»

Hier brach die Nachricht ab und der Piepston kam. Sie hatte weder eine Nummer noch eine Adresse hinterlassen, und ich wusste ihren Namen nicht.

Aber es war gar nicht diese alte Geschichte, die mich am meisten bewegte, sondern das Lob für meine Mutter, das einzige Lob, das ich in meinem ganzen Leben über sie hörte ...

«Vor zwanzig Jahren», so begann ein Brief von einer Frau, «arbeitete ich in der Bibliothek von Howth. In dieser Zeit traf ich Ihre Mutter. Ich sah, wie sie mit Büchern beladen aus dem Auto stieg – ja, ich wusste, dass sie ein Alkoholproblem hatte, aber was wichtiger war: Sie war eine Dame! Sie sprach mit mir, als sei ich ihresgleichen: ‹Dies Buch sollten Sie lesen, es ist ein Genuss; das hier hab ich gehasst – es erzählt keine Geschichte.› Für mich war Ihre Mutter eine Frau, die meine Leidenschaft für Bücher teilte. Wenn sie sagte: ‹Das hab ich nochmal gelesen – ich konnte nicht anders›, dann wusste ich genau, was sie meinte. Ich habe sie nie als Mutter, Ehefrau, Alkoholikerin gesehen – für mich war sie eine Leserin. Ihre heisere Stimme war nie ordinär. Warum ich mich so genau an sie erinnere, weiß ich nicht.»

«Sie war eine Dame» – man stelle sich das vor. Wir – die Familie – waren es, die sie zur «Mutter, Ehefrau, Alkoholikerin» gemacht hatten.

Und mein Vater ... Eines Abends klingelte das Telefon und eine zögerliche, nervöse Stimme war dran. Die Frau brauchte eine Weile, bis sie sagen konnte, was sie wollte. Wie sich herausstellte, war sie einige Jahre lang Therapeutin von Carmel gewesen, der Geliebten meines Vaters. Carmel war offenbar eine schrecklich unglückliche Frau gewesen, und ein Fahrer in einem großen Auto hatte sie regelmäßig zu der Therapeutin gebracht.

Meiner Mutter hatte mein Vater nie seinen Wagen zur Verfügung gestellt, damit sie zu einer Beratung gehen konnte, dachte ich bitter. «Wussten Sie, dass Carmel sich umgebracht hat?», fragte die Frau am Telefon.

Nein, ich hatte nicht gewusst, dass Carmel sich umgebracht hatte. Ich nahm mich zusammen, um zu fragen: «Hat sie sich umgebracht, bevor oder nachdem mein Vater gestorben ist?»

«Oh, vorher, sie brachte sich wegen Ihres Vaters um. Ich habe noch nie eine Frau gesehen, die so viel Angst davor hatte, verlassen zu werden. Ich glaube, es war eine Überdosis. Ihr Sohn fand sie morgens.»

Das muss ziemlich am Ende des Pas de trois gewesen sein. Zuweilen ist mein Herz voller Mitleid für meinen Vater. Aber das vergeht, wenn ich den Brief von einer Frau lese, die mit meiner kleinsten Schwester zur Schule ging. Meine Schwester war ein Kind damals, um das sich niemand kümmerte, nur mein Vater, weil meine Mutter zu betrunken und zu krank war, um dazu noch in der Lage sein zu können. «Unsere Lehrerin war eine verbitterte Frau», stand dort, «und die Strafen, die sie an uns kleine Mäuse austeilte, waren schrecklich. Meine Mutter gab mir immer Brote für deine Schwester mit, weil sie selten welche mithatte. Ich erinnere mich daran, dass deine Schwester einmal ohne Höschen zur Schule kam. Wir waren alle überrascht, und unser nervöses Kichern und Lachen lenkte die Aufmerksamkeit der Lehrerin auf sie. Anstatt dass sie ihr geholfen und sie getröstet hätte, prügelte sie sie windelweich und sagte: ‹Geh nach Hause, vielleicht ist die Party noch im Gange.›»

Selbst heute, nachdem ich Zeit hatte, das Ganze zu verdauen, bin ich noch von der Grausamkeit dieser Lehrerin erschüttert. Und von ihrem eigenen Unglücklichsein. Was für lüsterne Bilder muss sie über die angebliche Party im traurigen Heim meiner Schwester im Kopf gehabt haben? Und doch gab es zwischen der Lehrerin, den anderen und uns selbst, den O'Faolains, ein gemeinsames Band: Es war Irland, die ganze irische Gesellschaft, die so etwas zuließ.

Als wir alle noch zu Hause waren, lebten wir eine Zeit lang in einem Haus am Strand von Clontarf. Zwischen dem Meer und den Reihenhäusern lag die Straße und ein schmaler Streifen grasbewachsener Promenade. Es war ein trostloser Ort. Aber während der Winterstürme stiegen manchmal riesige Wellen auf und klatschten über die Promenade hinweg auf die Straße. Meine Schwester in London hat ein vergrößertes Zeitungsfoto von einem besonders stürmischen Tag an der Wand hängen. Im Vordergrund türmen sich schaumgekrönte riesige, kraftvolle Wellen auf, und hinter ihnen kauert sich die Häuser zusammen. Wie bedrohlich die Atmosphäre auch in den Häusern war, zeigten mir die Briefe zweier Frauen, die als Mädchen links und rechts von unserem Haus gewohnt hatten.

«Ich hasste Clontarf und hasse es immer noch», schrieb die eine. «Wir mussten oft hungern in diesem grässlichen Haus an der Clontarf Road. Nach außen hin wurde so getan, als sei alles in Ordnung – das war das Schlimmste – diesen Schein wahren zu müssen.»

Der andere Brief, geschrieben zwanzig oder dreißig Türen weiter auf der gleichen Straße: «Obwohl man in unserem Heim so etwas wie Wohlstand sehen konnte, sehne ich mich doch nach der Art von Bildungsreichtum, den Sie durch Ihre Eltern hatten. Unser Haus schien eins zu sein, in dem man alles hatte. Aber jeder Hilferuf, jeder Versuch, über die physische wie psychische Brutalität zu sprechen, die bei uns herrschte, wurde von Eltern und Lehrern im Keim erstickt.

Heute würde mein Vater für seine Brutalität seinen Kindern gegenüber in den Knast gesteckt.»

Adrienne Rich beschreibt in ihrem Gedicht eine glückliche Kindheit:

> Du schläfst in einem Zimmer mit blaugrünen Vorhängen
> Poster   Steifftiere auf dem Bett
> Eine Frau und ein Mann, die dich lieben
> und einander   die Tür einen Spalt offen
> du bist fast eingeschlafen   sie knien an deinem Bett
> um deine Haare zu streicheln   du wachst nie auf davon
> So war es jahrelang jede Nacht
> So war es nie.

Die Mädchen in Clontarf hatten keine glückliche Kindheit, genauso wenig wie meine Mutter oder ich und Millionen und Abermillionen andere. Aber dieses Gedicht bietet uns unglücklichen Kindern eine Zugehörigkeit an. Es stellt uns, die wir zufällig irisch und weiblich sind, in ein größeres Ganzes, und da gehören wir hin. Hier haben wir eine gemeinsame Muttersprache:

> Was, wenn ich dir erzählte, dein Zuhause
> sei dieser Kontinent von Obdachlosen
> von verkauften Kindern   weggerissen
> aus dem Land ihrer Mütter
> getötet von ihren Müttern, um sie vor der
> Gefangenschaft zu bewahren
> – dieser Kontinent von geänderten Namen und
> vermischtem Blut
> von verbotenen Sprachen
> unbekannten Diasporas
> unzähligen Flüchtlingen
> Untergrund Eisenbahnen   Pfade von Tränen

Was, wenn ich dir sage, dein Zuhause
ist dieser Planet kriegserschöpfter Kinder
Frauen und Kinder die Schlange stehen oder sich
durch die Menge
schieben und unablässig nacheinander rufen.
Was, wenn ich dir sage, dass du nicht anders bist
dass die Familienalben lügen
– würde es dich trösten
und wie sollte es dich trösten?

*

Eine Kirche scheint ein eher ungewöhnlicher Ort zum Sitzen zu sein. Ich muss ausgesehen haben wie eine der üblichen Andächtigen am Karfreitag; eine Frau mittleren Alters mit ihren Einkäufen. Aber in mir drin ist überhaupt nichts Feines, was das Leben betrifft. In mir ist es, als lebte ich ständig in Turbulenzen, als bewegte ich mich ständig zwischen den Extremen hin und her – Wohlbefinden und Traurigkeit, Aufregung und Langeweile, Zustimmung und rastlosem Bedauern. Seit das Buch herauskam, ist nicht ein Tag vergangen, an dem mir nicht irgendjemand erzählt hätte, dass auch sein Leben ständig in Bewegung sei, obwohl es so statisch aussehe.

In mir hatten Liebe und Schmerz eine Art Abkommen geschlossen, auch weil ich es gewagt hatte, meine Memoiren zu schreiben. Eine Zeit lang wollte ich das Buch «Kontaktanzeige» nennen. Es war nun mal eine Beichte, wenn auch ausweichend und beschönigend – über sexuelles Verlangen, das ich nicht besänftigen konnte. Als die ersten Reaktionen eintrafen, begann ich sogar zu hoffen, dass vielleicht irgendjemand käme und mein ganzes Leben ändern würde. Aber nichts passierte. Außerhalb meiner vier Wände erhielt ich Lob und Aufmerksamkeit und erlebte sogar ein kleines Drama. Eine tränenüberströmte Frau stand eines Tages vor mir und sagte: «Danke für das, was Sie geschrieben haben, danke, danke.» Aber wenn ich in mein stilles Zuhause kam, sagte ich zur Katze und zum Hund: «Kein Prinz oder keine Prinzessin durch den Kamin gekommen, während ich weg war? Nein? Hätt ich mir ja denken können.»

Und dann sprach mich doch ein Mann an. Er sagte, er habe mein Buch gelesen. Ich traf ihn auf einen Drink auf dem Heimweg. Er hatte keine Ausgabe des Buches bei sich, und ich erwähnte es nicht. Als wir aus dem Pub in den dunklen Flur kamen, war er plötzlich hinter mir, bog meinen Kopf zurück und saugte an meinen Lippen. Und als ich nach hinten griff, um sein Gesicht zu fühlen – das erste fremde Gesicht, das ich seit Jahren anfasste –, da schnappte er mit seinem Mund nach meiner Hand und kaute darauf herum, als sei er völlig ausgehungert und wollte mich fressen. Und als ich mich so begehrt fühlte, brach bei mir der Frühling aus. Ich blühte auf, ließ Blätter und Knospen und saftige Wiesen sprießen. Ich summte vor Leben. Er brachte mich zum Taxistand, und die leisen Worte, die er zu mir sagte, waren wundervolle Versprechen, dass wir uns noch näher kennen lernen würden. Diese kurze Begegnung war die Sorte von Liebe, die in mein Leben trat.

Was den Schmerz angeht: In derselben Nacht erhielt ich einen Anruf aus London, dass mein Bruder Don tot in seiner Wohnung aufgefunden worden war. Ich sank vor Kummer neben dem Telefon auf den Boden, rief den kleinen Hund und drückte ihn an mich. Unser Don, der sich immer im Schrank versteckte, wenn er hörte, dass Daddy Mammy verprügelte. Don, der zur britischen Armee gegangen war, um zu überleben, und der es überlebt hatte, wieder entlassen zu werden. Er starb am Alkohol. Und weil er nicht aß. Und an Traurigkeit. In den letzten Monaten hatte er wieder Kontakt mit seiner Schwester Deirdre in Dublin aufgenommen, die wir alle lieben und der wir vertrauen. Deirdre wusste, dass er sich zu Tode trank, und sie versuchte, einige seiner lustigen kleinen Aufsätze zu veröffentlichen, die er geschrieben hatte, um ihm Mut zu machen. Einer wurde angenommen – über das Schwein unserer Großtanten in Athlone, auf das er aufpassen sollte, und wie das Schwein den Beton auffraß, mit dem Don seinen Stall reparieren wollte, und wie dann das Schwein verkauft wurde und er sicher war, dass daraus Betonspeck gemacht werden würde. Es wurde in *Ireland's Own* in der Woche veröffentlicht, als er starb. Er hat es nie gesehen. Deirdre zeigte mir seinen letzten Brief, nach dem nichts mehr kommen sollte:

«Nuala hat mir ihr Buch geschickt. Ist es nicht seltsam, dass Geschwister den gleichen Vater in so verschiedenem Licht sehen können? Komisch. Nualas Buch ist nicht für solche wie mich geschrieben. Ein intellektuelles Buch, das mir zu hoch ist. Ich habe nie Flaubert oder Baudelaire gelesen oder bei McDaid's getrunken. Ich kenne viele, die darin vorkommen. Rob, der größte Möchtegern-Intellektuelle, den es gibt. Vor dreißig Jahren fand er mich ‹gewöhnlich und laut›. Was hat dieses Arschloch von mir erwartet? Ich versuche, meine geniale Schwester zu beeindrucken. Sie sprachen über Klassiker, italienische Pastellfarben, französische Impressionisten, und ich lerne die halb automatische Waffe und das schwere Maschinengewehr zu handhaben, mich ans Exerzieren und an militärische Disziplin zu gewöhnen. Ich werde ihr schreiben, aber erst später, noch weiß ich nicht genau, wie ich mit etwas umgehen soll, was mich trottelig aussehen lässt.»

Meint er, dass ihm dieses Buch das Gefühl gab, ein Trottel zu sein? Oder dass das Buch ihn als Trottel darstellt? Ich werde es nie erfahren. Wenn ich doch nur mit ihm hätte sprechen können – um ihm zu sagen, dass ich ihn niemals, niemals für einen Trottel gehalten habe. Kurz bevor er starb, versuchte er noch, mich anzurufen. Er stand in irgendeiner Telefonzelle. Sein Geld war alle, bevor er mehr als «Hallo» sagen konnte. In der eigenen Familie glaubt man ja nicht, dass etwas zu Ende ist, für immer. Ich habe Don nicht oft gesehen und auch nicht oft mit ihm gesprochen. Aber das war doch nur vorübergehend. Nichts war abgeschlossen, eines Tages würde es weitergehen.

«Als mir klar war, dass ich nicht noch einen weiteren Winter auf Londons Straßen machen konnte», schrieb Don in seinem Brief, «noch mich in meinen Lumpen Vaters Spott aussetzen wollte, trat ich in die britische Armee ein. Soweit es mich betraf, hatte ich keine Familie, niemand wusste, wo ich war, und wenn doch, war es mir auch schnurz. Ein freundlicher Rekrutierungssergeant gab mir ein Pfund und eine Zugkarte nach Sutton Coldfield. Dreizehn Wochen später hatten sie aus einem linkischen, naiven, total verwirrten Unschuldigen auch nur einen linkischen, naiven, total verwirrten Unschuldigen gemacht, aber ich konnte jetzt mit aufgepflanztem Bajonett zu den Klängen einer Kapelle und Trommelschlägen um einen Platz marschieren. Keiner wusste, dass ich Berufssoldat geworden war, aber ich war sowieso am Arsch der Welt. Parade vorbei. Ihr könnt jetzt eure Leute sehen, dahinten im Schuppen. Nuala. Eine kleine Welle. Ich bin zu erschrocken und zu gelähmt, um wenigstens ordentlich zu stottern. Sie war den ganzen Weg von London hergekommen, nur um fünf Minuten mit mir zu verbringen. Ich war damals achtzehn und bin jetzt mit einundfünfzig von ihrer Freundlichkeit immer noch gerührt. Komische alte Welt.»

Ich kann mich an die lange Reise nach Sutton Coldfield sehr gut erinnern. Als Don ein vernachlässigter Junge war, hatte ich einen ganz guten Draht zu ihm. Das ließ mich die Nachricht von seinem Tod überstehen. Als er ein Mann war, hatte ich gar keinen Draht mehr zu ihm. Genauso war es mit dem Mann, den ich getroffen hatte. Das Blut schoss mir durch die Adern; der Frost der Trauer konnte sich nicht auf ihnen niederlassen. Er hatte gesagt: «Ich ruf dich heute Abend an, Liebling», als wir uns trennten, aber er hatte nicht angerufen. Als ich ein paar Tage später nach London musste, um Dons Körper Lebewohl zu sagen, hatte er immer noch nicht angerufen. Aber ich wartete. Ich hatte die Hoffnung nicht aufgegeben.

Hoffnung war ein Verstoß gegen die Regeln. Eigentlich hätte ich während der ganzen Beerdigung nichts als Trauer empfinden dürfen. Ich hätte mich geschämt, wenn irgendjemand gewusst hätte, wie oft meine Gedanken spazieren gingen und an das Treffen mit dem Mann dachten und was er über die Zukunft gesagt hatte. Aber Don brauchte keine Hilfe mehr. Ich brauchte welche. Ich fuhr nach London zu dem Bestattungsunternehmen in Camden Town und sah in dem mit Polyester ausgelegten Sarg das gelbgraue Gesicht meines Bruders und seine gefalteten Hände über seinem dünnen Körper. Er hatte monatelang nichts gegessen, bevor er starb. Keiner hatte ihn dazu bewegen können: nicht seine Töchter, seine Nachbarn oder seine Freunde. Sein Mund war noch immer trotzig. Er würde nie mehr irgendetwas zu irgendjemand sagen. Mein Witze reißender Bruder, der aussah wie Tony Curtis. An seinen Fingerspitzen entdeckte ich die ersten Anzeichen schwarzer Fäulnis. Ich habe in meinem ganzen Leben nie etwas so Gleichgültiges wie diese Schwärze gesehen. Sein Körper gab gar nicht erst vor, noch einen Menschen zu beherbergen. Was oder wo Don war, wer konnte das wissen. Ich habe niemals so eine Stille gehört wie in diesem Raum mit seinem Körper. Ich habe nie etwas Bewegungsloseres als Don an diesem stillen Ort gesehen.

Seine Frau, die sich schon lange von ihm getrennt hatte, und sein Sohn kamen von Dublin rüber zur Einäscherung in einer auf Gotik gemachten Kapelle auf einem Friedhof außerhalb Londons. Aber es gab nicht nur traurige Momente. Dons Töchter und meine Londoner Schwestern hatten mit viel Liebe eine Kassette mit seiner Lieblingsmusik aufgenommen, die bei der Feier gespielt wurde. Sie hatten John Lennons «In my Life» aufgenommen und «The Daughter of the Regiment», weil es lustig war, eine überschwängliche Arie, wo Pavarotti eine Sequenz von hohen C singt, weil Don auch die Prahlerei liebte. Ich hatte diesen Mann, dem sie so liebevoll die Ehre erwiesen, kaum gekannt. Aber der Junge, den ich kannte, im Körper dieses dünnen, grauen Mannes, schlüpfte davon, als Elvis das Spiritual in der Mitte von «American Trilogy» sang.

Hush little baby, don't you cry,
You know your daddy's bound to die.
All my trials, Lord,
Soon be over ...

So klein die Versammlung der Trauergäste auch war, sie repräsentierte doch alle möglichen Typen von Menschen. So wie Dons Leben gewesen war. Manche rochen nach Alkohol, manche waren tadellos. Die britische Armee war anwesend. Auf seinem Sarg lag der Union Jack, obwohl sein Nachname O'Faolain war. Ein Hornist spielte den Großen Zapfenstreich. Er machte den Schmerz hörbar. «Wussten Sie, dass Ihr Bruder Golf mit dem Gouverneur der Falklands gespielt hat?», sagte hinterher im Pub irgendein Major zu mir. Kleine Kinder – die Kinder von Nichten und Neffen – rannten um Tische und Stühle. Sie waren fröhlicher, als wir je gewesen waren, sogar als wir noch so klein waren wie sie.

Am nächsten Tag waren wir bei meiner Schwester und spielten den Elvis-Song immer lauter und lauter. «Glory, glory, hallelujah!», grölten wir. Ich las ein paar humorige Briefe vor, die Don mir vor langer Zeit geschickt hatte, als er noch Soldat war. Aber niemand interessierte sich dafür. Ich war es, die in der Vergangenheit lebte, nur ich allein und meine Karikatur von Don. Ich erinnerte mich an sein verzweifeltes Gesicht, als ich ihn zufällig eines Winterabends am Eden Quay traf, er war ungefähr zwölf und schon vor einiger Zeit nach heftigen Auseinandersetzungen von zu Hause abgehauen. Ich sehe dieses Gesicht noch vor mir: halb mir zugewandt, halb auf dem Sprung. Er war völlig erschöpft und war doch noch ein Kind. Ich war so überrascht, dass sich alle anderen aus meiner Familie an einen erwachsenen Mann erinnerten, an den Don, der kürzlich starb. Ein Don, der Vater und Großvater war. Geliebt wurde. Ich bin gegenüber diesen Lieben, die meine Geschwister mit ihren Familien kennen, eine Fremde. Ich lebe noch immer in unserer Herkunftsfamilie. Nach der Zeremonie standen die Trauernden draußen vor der Kapelle. Ich hätte meine Geschwister schon an ihrer Unbeholfenheit erkannt. Niemand von uns ist jemals aus purer Lust auf den Arm genommen worden, von meiner Mutter nicht, und mein Vater hätte noch nicht mal für den Fotografen einen kleinen Körper im Arm gehalten. Die nächste Generation fasst sich gegenseitig gerne an.

Eine Tochter von Don las ein paar Texte vor, die Don gegen Ende seines Lebens geschrieben hatte. Er hatte sieben Jahre, in seine Bettdecke gewickelt, rumgesessen. Manchmal konnte er sein Gehirn nicht ganz mit Wodka stilllegen, dann schrieb er etwas mit Kuli auf liniertes Papier, nur für sich. Er schrieb auch ein Stück über Inzest. «Warum soll manches nicht innerhalb der Familie bleiben?» endete der Text. Sexualität und was damit zusammenhing, hätte Don retten können, und er wusste das. Aber er kam nicht aus seinem inneren Kiez heraus. Er musste beim vertrauten Saufen bleiben. Darin fand er sich blind zurecht. «Ich empfehle das Zölibat», sagte er zu seiner Tochter. «Ich habe seit Jahren keinen Sex gehabt, und mir fehlt nichts.» Er meinte das Gegenteil. Diese Angeber meinen immer das Gegenteil.

Wenn ich an ihn in seinem Sessel dachte, dann sah ich Mammy mit ihm, als ob ihr Schatten mit ihm im Sessel säße und mit ihm die Flasche zum Glas führte und mit ihm ein Buch läse. Aber er war sich im Gegensatz zu ihr seines Sterbens bewusst. Als er starb, lag neben ihm ein Jewtuschenko-Gedicht. Technisch gesehen war er betrunken, als er starb. Aber was bedeutet «betrunken» bei einem Menschen wie Don, der so genau wusste, was er tat? Das Gedicht erzählt, was in seinem Kopf war:

Herbst – jetzt komm, ich bin bereit.
Durchsichtig bin ich und die Kühle ist mir angenehm.
Traurig ist mir zumut, trübselig bin ich nicht.
Erfüllt bin ich von Demut und von Güte.
Und wenn ich manchmal wie ein Herbststurm tobe,
dann tob ich wie der Herbst beim Blätterwerfen.

Und in der Mitte heißt es:

Jetzt hat es in mir eingeschlagen –
die Stille hat's mir angetan:
Die Blätter, aufeinander liegend, sind's,
die klaglos neue Erde werden.

Dons Körper wurde zu Asche. Nachdem ich nach Dublin zurückgekommen war, schien mir auch meiner aus Asche zu bestehen. Es dauerte einen Monat, bevor der Mann mich anrief, der gesagt hatte, er wolle mich kennen lernen. Er würde mit einer Pizza und einer Flasche Wein vorbeikommen. Die Stunden vergingen. Wachsende Zweifel sollen ja komisch sein. Meine waren nicht komisch. Am nächsten Tag war mein Geburtstag. Er tauchte nie auf und er rief nie an.

Was spielt das schon für eine Rolle? Steht nicht schon der Tod hinter uns, hinter meinen Geschwistern und mir? Sind wir nicht wie Kinder, die «O'Grady sagt» spielen? Wer nicht schnell genug zur Statue gefror, dem rief O'Grady zu: «Aus!» Der Tod hatte «Aus!» zu Don gerufen. Demnächst wird er einem anderen von uns «Aus!» zurufen. Seitdem ich die Nachricht von Dons Tod bekam, habe ich bei jedem Anruf Angst. Nur deswegen spielt der Mann eine Rolle: weil der Tod im Anmarsch ist; weil ich leben will. Als ich am Karfreitag in der Kirche saß, war ich zornig auf Don und wund wegen des Mannes. Aber es gab auch Hunderte von Menschen, die mir ihre Liebe schenkten. Sie gaben sie freiwillig, jemandem, den sie kannten, wenn es auch nur meine eigene Beschreibung war. Ist es das, womit ich mich begnügen muss? Dass ich Liebe bekommen kann – aber nur von Leuten, die ich weder sehen noch berühren kann? Es gibt Wunden, so scheint Adrienne Richs Gedicht zu sagen, die nicht heilen.

> Immer wenn du zurückkehrst
> fängt dieses vertraute Pulsieren wieder an
> und hämmert: HEIM, HEIM
> und das Loch, aufgerissen und geflickt
> klafft wieder ungesehen auf.

Meine Schwester sagte, dass Dons Töchter seine Asche zurück nach Irland bringen und zu Mammy und Daddy ins Grab tun wollen. «*Was* wollen sie?», sagte ich. «Warum wollen sie ihn zu seinen Mördern legen?» Nach einer Weile hatte ich es mir überlegt: «Na ja, warum nicht? Wenn es einen Himmel gibt, sind sie alle wieder jung und voller Hoffnung und denken nicht daran, einander wehzutun.» Meine Schwester sagte: «Am Ende hatte er Bücher und Musik. Das hatte er von ihnen. Es ist nicht nichts.» Ich sagte: «Es ist nichts – verglichen mit dem, was du gerne von deinen Eltern hättest.» Aber als ich Karfreitag in der Kirche saß – Don war seit zwei Monaten tot –, konnte ich, ohne allzu verletzt zu sein, denken: «Mammy und Daddy wollen sogar, dass er im Himmel bei ihnen ist.»

In der nächsten Kirche die Straße runter gibt es einen Schrein für St. Valentine. Japanische junge Brautpaare besuchen ihn in ihren Flitterwochen. Ich gehe auch hin. Ich habe um Liebe gebetet. Wenn ich sie schon nicht bekommen kann, will ich wenigstens welche geben. Und wenn ich überhaupt keine haben kann, dann sollen wenigstens andere welche haben. Ich sehe diese Spur von Gewalt durch unsere Familie laufen. Wie Rost frisst sie sich tiefer und tiefer hinein. Meine Mutter hatte uns nicht gewollt. Sie selbst war auch nicht gewollt. Das Gedicht weiß keinen Ausweg daraus.

Die kindliche Seele muss ihre Kräfte sammeln
wo die Wunden aufgerissen sind
aber es gibt keine Wunder:
sogar Kinder können erschöpft sein
und wie sollen sie einander trösten
wenn sie so jung leiden müssen?
Wer wird ihre Verluste zählen
und was kann sie trösten?

Es war nicht die Heirat, die sie ins Unglück gestürzt hatte. Sie wollte ihn. Es war die Mutterschaft. Wir waren es. Aber wir haben ihr keinen Kummer bereitet. Es war Liebe und Leidenschaft, die sie leiden ließen und alle aushöhlte: meine Mutter, meinen Vater und Carmel. Es gab einen Grad von Leiden in ihrem Umgang mit Liebe und Leidenschaft, mit dem ich mich unerwarteterweise durch mein Buch abgefunden habe. Nicht durch das Schreiben, aber durch die Veröffentlichung. Die Wärme, die ich danach empfing, hat mich stark gemacht. Und komischerweise hat es sie auch stärker gemacht, so, wie ich jetzt über sie denke. Manche Dinge konnte ich nun in einem anderen Licht sehen, selbst die, die mir vorher als unerträglich traurig in Erinnerung waren.

Einmal bat mich Mammy, in einen Pub im Zentrum von

Dublin zu kommen. Ich war achtzehn und lebte in einer Pension. Sie hatte in der Manteltasche meines Vaters einen Brief von Carmel gefunden. Carmel war in England. «Meine Brüste sind größer geworden», schrieb sie, «du wirst es sehen, wenn ich wieder zurück bin.» Wir saßen nebeneinander und starrten auf den Brief auf dem schmierigen Tisch. Was konnte meine Mutter machen? Nichts.

Kurze Zeit später erklärte sie sich damit einverstanden, wegen ihrer Trinkerei in ein Krankenhaus zu gehen. Mein Vater und sein Auto waren nicht da. Ich brachte sie im Taxi hin. Aber wir hatten kein Geld für ein Taxi. Ich ließ den Fahrer vor einem Pfandleihgeschäft warten und versetzte ihren Ehering. Das Symbol ihrer Ehe war das Einzige, das ein paar Pfund wert war. Wenigstens starb sie schnell. Anders als Carmel. Wenn ich an meinen Vater denke – er war nicht fähig, mit einer der beiden Frauen über alles zu sprechen. Wenn man bedenkt, wie wir in seine Intimsphäre eindrangen, als Mammy und ich den Brief lasen; wenn man bedenkt, wie oft sein Selbstbild durch seine Bedürfnisse unglaubwürdig wurde.

«Aber ich bin genauso», brach es an diesem Tag in der Kirche aus mir heraus. «Ich lebe genauso wie diese drei!» Es gibt nichts, was ich nicht aufgeben würde, selbst für eine Karikatur von Liebe. «Vergib ihnen», hörte ich mich zu mir sagen, «so wie du dir vergibst, aus den gleichen Gründen.»

Und damit – mit diesem winzigen, aber wahrhaftigen Augenblick – löste sich zum ersten Mal etwas in mir, etwas, das mich aufgewühlt hatte, so weit ich mich erinnern kann. Ich fühlte mich nicht erleuchtet, so wie im Roman. Aber ich dachte: Warum habe ich das nicht früher gesehen? Dass auch sie nur ganz normale Menschen waren?

Ich hörte die Stimmen des Priesters und der Kinder, die immer noch übten – «Jetzt langsam, Jungen und Mädchen! Langsam!» –, wie man bei der Prozession durch den Mittelgang schreitet. Als sie alle würdevoll genug beim Altar angekommen waren, sagte er ihnen, dass sie jetzt gehen konnten, und sie rasten an mir vorbei und raus aus den großen Türen, die bei ihrer Flucht schwangen und schlugen, und dann war die Kirche bis auf mich still und leer. Ich machte mich auch fertig, um zu gehen. Ich gehe jetzt zurück in mein normales Leben, sagte ich zu mir. Die Sache mit dem Buch ist vorbei. Ich selbst endete nicht dort, wo das Buch endete. Die Geschichte war nicht im Schnee auf dem Hügel über dem Atlantik zu Ende. Ist das nicht ungewöhnlich? Ich war nicht verantwortlich. Ich kontrollierte nichts. Ich wusste nicht, dass dieser Bericht über ein unbeachtetes Leben so unvorstellbar vielen Menschen etwas sagen würde. Genauso wenig, wie ich wusste, dass Don still in seinem Sessel saß und dass er am Ende ganz steif und für immer gegangen war.

Was kann ich anderes tun als die Gelegenheiten wahrnehmen, die das Leben bietet?, dachte ich etwas zusammenhanglos, als ich aus der Kirche kam und in das Mittagslicht trat. Und was kann ich noch machen? Mich um meine Zähne kümmern, so viel Musik wie möglich hören und weitermachen. Weiter an meinen Fluchttunneln aus der Vergangenheit arbeiten. Weiter darauf hoffen, dass ich irgendwann ans Hier und Jetzt stoße. Dass ich nur ich selbst bin, wie die Katze, die so perfekt und selbstverständlich eine Katze ist und nicht weiß, dass sie eines Tages sterben wird. Was kann ich anderes tun, wo alles so vielfältig und jenseits meines Verstandes ist, als weitermachen und Gott, an den ich nicht glaube, danken, für all die Wunder, die er über mich ausgeschüttet hat?

Quellen

«Herbst» von Jewgeni Jewtuschenko, aus dem Russischen übersetzt von Godehard Schramm, in «Herzstreik: Gedichte», München, Wien 1996.
«Dem Sextus Propertius zur Huldigung» (VI), in: «Ezra Pound, Lesebuch Dichtung und Prosa», herausgegeben von Eva Hesse, Zürich 1985.
Wallace Stevens, «Sonntagmorgen», in: «Menschen aus Worten gemacht», übersetzt von Karl-Heinz Berger, Kurt-Heinrich Hansen, Klaus-Dieter Sommer, Berlin 1983.
Robert Frost, «Das Seidenzelt», in: «In Liebe lag ich mit der Welt im Streit», übersetzt von Karl-Heinz Berger, Helmuth Heinrich, Berlin 1973.
Adrienne Rich, «In the Wake of Home», in: «Your Native Land, Your Life», New York 1986.
«Late Fragment», in: «A New Path to the Waterfall» von Raymond Carver, New York 1989.
«Here», in: «Collected Poems» von Philip Larkin, New York 1988.
«Happy Days: My Mother, My Father, My Sister & Me» von Shana Alexander, New York 1995.